本项目受国家民委领军人才项目和国家民委西
特色农产品营销创新团队项目资助

经营文库

U0671417

农产品服务供应链与
品牌价值共创研究

杨保军◎著

Research on Agricultural Products Brands Value Co-creation in
the Context of Service Supply Chain

经济管理出版社
ECONOMY & MANAGEMENT PUBLISHING HOUSE

图书在版编目（CIP）数据

农产品服务供应链与品牌价值共创研究 / 杨保军著 . —北京：经济管理出版社，2021.2
ISBN 978-7-5096-7779-7

Ⅰ.①农… Ⅱ.①杨… Ⅲ.①农产品—供应链管理—研究—中国②农产品—品牌战略—研究—
中国 Ⅳ.① F724.72 ② F326.5

中国版本图书馆 CIP 数据核字（2021）第 031094 号

组稿编辑：王格格
责任编辑：杨国强　白　毅
责任印制：黄章平
责任校对：陈晓霞

出版发行：经济管理出版社
　　　　　（北京市海淀区北蜂窝 8 号中雅大厦 A 座 11 层　100038）
网　　　址：www.E-mp.com.cn
电　　　话：（010）51915602
印　　　刷：唐山昊达印刷有限公司
经　　　销：新华书店
开　　　本：720 mm × 1000 mm/16
印　　　张：12.25
字　　　数：227 千字
版　　　次：2021 年 2 月第 1 版　2021 年 2 月第 1 次印刷
书　　　号：ISBN 978-7-5096-7779-7
定　　　价：88.00 元

前　言

营销学家菲利普·科特勒（Philip Kotler，2011）相信："思维的第三次浪潮、价值驱动和被称为营销 3.0 的时代，已经让我们超出了过去以产品为中心和以消费者为中心的模式。营销 3.0 的三个中心趋势是：更多的消费者参与和协同营销，全球化，创造型社会的崛起。"这样的判断为今天的营销研究提供了新的视角，如何认识消费者？如何评价消费者在营销中的作用？如何促进消费者参与以提升营销价值？各类营销相关群体如何协同为营销价值创造服务？如何面对创新以更深入地认识营销价值？一系列问题彰示新的营销创新思维和营销判断，为研究提供新的思考。

事实上，营销新问题的研究不仅来自理论的探索，也来自一个个鲜活的营销实践。农业对于国家来说是牵涉国计民生的重要产业，从 1982 年开始，每年的中央一号文件都以农业、农村和农民为主题，涉及农村改革、农业发展、农业现代化、农业产业结构升级等诸多"三农问题"。来自一线的广大农户、农产品龙头企业、农产品流通企业、农产品物流企业更在各自领域探索具有中国特色的农产品营销。山东寿光从 1979 年起选定蔬菜作为主导产业，在地方政府政策的指导下，促进制度创新、技术创新、市场创新，充分发挥政府、企业、农户作用，打造农产品品牌，获得了"中国蔬菜之乡"美誉。褚时健先生年近 80 种植橙子，打造的"褚橙"品牌享誉国内。伴随着"互联网＋农业"的发展，农村电商成为农产品营销的重要方式，2015 年，淘宝平台上线农资频道，改造农资销售链条，整合农资供应链，推进了农村电商营销模式。"三只松鼠"以农产品为营销对象，通过打造互联网品牌，向消费者倡导"慢食快活"的生活方式。以上实例充分说明农产品营销在当前市场环境下能够取得成功。类似的例子还有各地的特色农产品营销、生鲜农产品的营销等等，许多地方政府为促进本地区农产品营销纷纷打造区域品牌，利用各种营销资源开展特色农产品营销。但是，农产品营销并不仅仅在于产品本身，还需要多种供应链主体协同才能达到目标。浙江农产品基于本地区雄厚的产业集群基础构建农产品供应链，使临安的竹笋、庆元的食用菌、德清的花卉享誉世界，打造了具有影响力的区域品牌。因此，从服务供应链情景探索农产品品牌价值共创机理、路径与政策设计具有重要的现实意义。本书力图从服务供应链视角分析宁夏农产品品牌发展轨迹和经营特色，研究促进宁夏农产品品牌建设的模式，这对提升地区特色农产品品牌竞争力、为农产品品牌建设提出相应的对策具有重要的实践价值。

伴随着竞争全球化，组织之间的关系变得十分紧密和复杂，已经从传统的企业之间的竞争发展成供应链与供应链之间的竞争（Neiger，2009），供应链模式构建、供应链体系、供应链协同成为企业获取竞争优势的关键因素。伴随着现代服务业发展，供应链不仅仅是产品供应链，服务也逐步嵌入到供应链体系中，基于服务主导逻辑的服务供应链通过协议或联合方式形成供应链条，促使供应链合作伙伴通过合作创造绩效。因此，基于发现并满足消费者需求的服务供应链成为企业营销的基础。农产品品牌价值需要服务供应链各方共同创造。2020年中央一号文件指出："支持各地立足资源优势打造各具特色的农业全产业链，建立健全农民分享产业链增值收益机制，形成有竞争力的产业集群，推动农村一二三产业融合发展。"加快推进农产品区域品牌建设是实现乡村振兴、推进消费扶贫的重要举措。农业是宁夏地区基础产业，多年来已经积累了"中宁枸杞""宁夏甘草"等特色农产品区域品牌。但相对东部地区企业来说，宁夏农产品品牌辨识度与知名度较低；集约化、联盟化的营销渠道联系不够紧密；服务供应链协同效应没有显现；基于服务供应链的品牌体系没有完善，这些都制约着地区特色农产品品牌建设。基于服务供应链协同分析农产品品牌价值共创，以促进宁夏农产品区域品牌建设，这是本书写作的初衷。

本书的研究内容是由国家民委"西部地区特色农产品营销创新团队"共同完成的一项课题，景娥副教授、雷萍副教授、张锐博士、黄晓华馆员都参与了本课题的讨论、调研工作；我指导的硕士研究生秦艳昭同学和黄晓华馆员撰写了第三章第一节和第三节；硕士研究生梁永斌、陈宁、冯雨婷同学分别撰写了第一章、第四章的部分内容；北方民族大学商学院工商管理专业2016级本科生马巧燕、马存女、杨振南等同学参与了第五章的第一、第二、第三节内容的撰写。本书可以说是集体智慧的结晶，而本书的出版也是本人作为"国家民委领军人才项目"的阶段性成果，同时，项目也得到了"国家民委工商管理重点学科"的支持。本书在研究过程中参考了众多学者的研究文献，在文末都详细注明，并对他们的辛勤付出表示衷心的感谢。当然，对于本书的错误和疏漏我都将文责自负，并将会在今后的进一步研究中补足短板。感谢我的研究团队，感谢我所在的北方民族大学的领导和同仁，没有你们的支持想要完成此项工作是不可能的。

2020 年 8 月于银川

目　录

第一章

绪　论

　　加快推进农产品区域品牌建设是实现党的十九大报告提出的乡村振兴战略的重要内涵。随着经济全球化的深入，我国农业市场中涌现了大量的具有国际竞争力的大型农业企业，凭借其品牌优势、技术优势和资源优势在逐步掌控全球价值链。我国农产品企业在参与全球农产品市场竞争中，由于区域品牌影响力较小，较长时间处于全球价值链底端。2018 年中央一号文件明确提出："壮大特色优势产业、保障农产品质量安全、培育提升农业品牌是加快农业转型升级的重要举措。" 2020 年出台的一号文件更是提出："继续调整优化农业结构，加强绿色食品、有机农产品、地理标志农产品认证和管理，打造地方知名农产品品牌，增加优质绿色农产品供给。" 将打造地方知名农业品牌作为重要的提升农产品竞争力的战略。农产品区域品牌是由农户、企业以及政府等多个利益相关者所共有，是在特定区域内与区域形象密切联系的品牌体系。伴随着服务主导理念的深入影响，农产品区域品牌逐步形成了以服务为核心的价值创造模式，在农产品流通的过程中，农户、农产品生产企业、物流企业、销售企业等都以不同的形式参与到整个过程中，以客户需求为导向，通过多个供应主体之间的互动与协调，对各方资源进行整合，形成了农产品服务供应链。[①] 从服务供应链的视角分析区域品牌的价值创造过程，整合各方资源有效降低成本、提高效率，共同创造顾客价值。近年国内外文献多聚焦于农产品区域品牌价值的维度模型、建设模式、影响因素以及合作绩效等方面的研究，而基于服务供应链视角研究各价值创造主体对特色农产品区域品牌影响的文献，以及从价值共创维度和绩效角度出发的实证研究相对较少。服务供应链为分析区域特色农产品品牌价值共创提供了重要的研究视角。

① 彭建仿. 农业社会化服务供应链的形成与演进 [J]. 华南农业大学学报（社会科学版），2017，16（4）：45–52.

第一节　问题的提出

在没有足够支持企业产品生产与流通的供应链存在的情况下，即使产品质量再好也无法到达消费者手中。在现代以供应链体系为竞争资源的时代，每一个企业都需要深入研究供应链运作机制与商业模式才能获取竞争优势，无论是工业企业还是农产品企业。中粮集团是一家以农业及粮油食品为主业的大型企业集团，覆盖稻谷、小麦、玉米、油脂油料、糖、棉花等农作物品种以及生物能源生产与销售。在长期的农产品生产与销售运营过程中，中粮集团提出了"全产业链"的概念，探索"多元化＋单品"的深度产业融合方式，以期打造从田间到餐桌，包括农业服务、种植、收储物流、贸易、加工、养殖屠宰、食品制造与营销等多个环节的管理，在产业链的基础上通过协同供应链提升产业控制力。在农业产业领域，各类农产品生产、销售越来越依赖协同的供应链体系，上海两鲜商贸公司通过全球化供应链体系，自建物流以及拼柜模式，精耕上海生鲜农产品市场，获得了后来居上的竞争优势。完善的供应链体系成为农业企业营销的重要保证。

伴随着现代经济的快速发展，每一家企业都需要明确"我们的业务是什么"，这个问题在复杂的营销市场并不易回答。西奥多·韦尔（Theodore N.Vail，1845~1920）在一个世纪之前就将美国电话电报公司的业务作了定位："我们的业务是服务。"从业务的性质、服务的目标等方面阐述了公司的业务内涵。时光转到2020年的今天，对服务的理解已经有更进一步的认识。芬兰著名学者克里斯汀·格罗鲁斯在《服务管理与营销》一书中认为，服务不仅仅是传统意义上的，还包括各种从账面上体现不出来或无法体现出来的服务。"服务决定了企业竞争力"，格罗鲁斯将服务视为"与顾客保持长期关系的战略性要素"。[①] 这是理解农业产业的重要视角。农业是人类社会发展的立足之本。人类从传统的以人力和畜力为主的农业社会，经历了工业社会、后工业时代的信息社会，再到今天的网络经济社会，社会组织、产业形态、技术水平日新月异，农业也从传统的1.0时代发展到4.0时代。[②] 这一变迁过程中，服务对农业的支持作用越来越明显。社会化服务成为现代农业的显著特征，农产品服务供应链是农业社会化服务体系的核心。在自给自足的农业社会，农户对社会

[①] 克里斯汀·格罗鲁斯.服务管理与营销［M］.韦福祥，等，译.北京：电子工业出版社，2008：2-6.
[②] 温铁军，张俊娜，邱建生，罗加铃.农业1.0到农业4.0的演进过程［J］.当代农村财经，2016（2）：2-6.

化服务需求很低，单个家庭可以满足几乎所有的农业生产性服务。但伴随着现代农业的发展，受到成本、技术、市场等多方面的影响，农户已不可能满足农业生产性服务，很多服务需要依赖市场提供，由此，连接农户与大市场的农业社会化服务体系逐步形成。"农业社会化服务体系是指在家庭承包经营的基础上，为农业产前、产中、产后各个环节提供服务的各类机构和个人所形成的网络与组织系统，包括物资供应、生产服务、技术服务、信息服务、金融服务、保险服务，以及农产品的包装、运输、加工、贮藏、销售等内容。"[①] 在农产品生产到顾客需求的过程中，农户及龙头企业、各类功能服务机构、集成商构成了农产品服务供应链，从而为现代农业生产、流通和消费提供了重要的供应链基础，也为农产品区域品牌奠定了营销基础。

农产品区域品牌是区域优势农产品在该地区集聚（Keller 等，1998）。伴随着农产品生产、销售范围的扩大，在特定区域内的优势农产品具备了显著的市场价值，基于优势产品的地域产品也具备了品牌价值，逐步形成了农户、物流商、中间商、服务商共有的品牌资产。农产品区域品牌不同于农产品地理标志，也不同于农产品绿色标志，是区域内相关者共同拥有的无形资产，具有显著的区域公共性特征，是众多农产品的生产经营者及其协作者合作拼搏的结果，是多元主体共同形成的建立在服务供应链基础上价值共创的结果。在服务主导逻辑背景下，可从服务供应链角度分析从农户到顾客中间的多个服务供应商与顾客共同参与农产品区域品牌价值创造过程，以整合服务资源，共同创造顾客价值（刘伟华等，2009）。因此从服务供应链角度探索农产品区域品牌价值共创的路径具有重要意义。

第二节　研究的背景与意义

一、课题研究背景

（一）农产品流通体系面临的挑战

我国是一个农业大国，农产品市场连接着数亿农户和庞大的消费者群体。改革开放以来，国家致力于农产品流通体制改革，计划经济模式逐步让位于市场化改革，市场组织体系逐步由分散化、粗放化的集贸市场向规模化、集团化方向发展，农产品流通体系改革取得了较大的成绩。据统计[②]，2019 年，中国

---

① 高强，孔祥智 . 我国农业社会化服务体系演进轨迹与政策匹配：1978~2013 年［J］. 改革，2013（4）：5-18.
② 参见《中国 2019 年国民经济和社会发展统计公报》。

城镇居民人均可支配收入为 42359 元，农村居民人均可支配收入为 16021 元；全年社会消费品零售总额为 411649 亿元，比上年增长 8.0%。按经营地统计，城镇消费品零售额为 351317 亿元，增长 7.9%；乡村消费品零售额为 60332 亿元，增长 9.0%。农产品流通产业已成为农村经济发展中较活跃的产业之一。2019 年批发和零售业增加值为 95846 亿元，比上年增长 5.7%。为促进农产品流通业的发展，2016 年 10 月 20 日，国务院印发《全国农业现代化规划（2016—2020 年）》（以下简称《规划》），明确提出"推进农产品商贸流通，完善农产品市场流通体系"的战略布局，该战略布局为中国农产品流通指明了发展方向。但总体上我国的农产品流通体系还较为落后，农产品流通组织化程度偏低、物流成本较高、流通信息化薄弱、流通基础设施不足以及农产品流通政策供给不足等导致农产品销售难，卖不出去、卖不上好价的问题依然存在。

（二）农业社会化服务的发展

农业社会化服务的发展源于农户生产性服务需求[①]。农产品流通体制改革推动农户生产性服务需求的扩大，对农业社会化服务的需求也随之增大。我国农业社会化服务体系建设是农村改革的中心工作。在改革开放之初，中央提出"发展农业社会化服务，促进农村商品生产发展"，极大地调动了农户参与农业生产和流通的积极性。进入 20 世纪 90 年代后，中央明确提出要"建立健全农业社会化服务体系"，并将农业社会服务提升到与稳定家庭承包经营同等重要的高度。此后，历年发布的中央一号文件都提出建设与健全农业社会化服务体系。党的十八大报告对如何健全农业社会化服务体系提出了更加明确的要求，从构建集约化、专业化、组织化、社会化相结合的新型农业经营体系角度提出发展各类农民专业合作组织、农业社会化服务组织和农业产业化经营体系。党的十九大报告标志着中国特色社会主义进入新时代，对健全农业社会化服务体系有了更深入的认识，侧重于科技、信息、资金、人才等现代生产要素有效植入农业产业链的保障，通过"构建现代农业产业体系、生产体系、经营体系，完善农业支持保护制度，发展多种形式适度规模经营，培育新型农业经营主体，健全农业社会化服务体系，实现小农户和现代农业发展有机衔接"。发展高效农业、绿色农业、质量农业，促进农村三产融合发展。经过四十多年的建设，我国农业社会化服务体系取得了显著的成绩，服务主体多元化、服务内容多层次、供给模式多形式、服务机制多样化的格局基本形成，这对于现代农业的发展起到了重要推动作用，但我国农业社会化服务体系建设过程中农产品服务供应链不完善等问题依然存在，急需加快发展。

① 彭建仿. 农业社会化服务供应链的形成与演进 [J]. 华南农业大学学报（社会科学版），2017，16（4）：45–52.

（三）服务供应链的发展

服务供应链的发展建立在服务的迅速发展的基础上。随着市场竞争的深入，市场环境发生了变化，顾客对服务的需求的扩大促使企业不断适应环境和客户价值变化，企业供应链的组织方式和运作也逐步从自发转向协作，服务从产品运营补充变成实现价值的方式，从而形成服务供应链。服务供应链的研究起源于 Anderson 和 Morrice（2000）的《服务导向型供应链管理教学模拟：信息共享是否有助于管理人员进行服务能力决策？》一文。目前对服务供应链的研究主要基于产品服务化的视角（Waart 和 Kremper，2004）、服务外包视角（Ellram，2004）、服务资源整合视角（金立印，2006）。服务供应链及其管理是随着服务外包的盛行而出现的，服务供应链具体表现为在服务外包过程中形成的服务流，而服务供应链管理就是在从服务提供商到最终顾客的服务交付过程中对信息流、服务流、资金流、服务过程、服务绩效的管理。我国农产品流通体系形成于 20 世纪 90 年代初，农产品流通体系包括农产品生产、生产服务、流通服务和消费等过程，其基本特征是以农产品批发市场为中心，以城乡集贸市场为基础的市场网络，并开展了农产品网上交易试点。伴随着农产品流通体系和网络经济的发展，服务供应链管理逐步进入农产品流通体系，形成以农产品龙头企业或服务集成商为组织核心，为农产品采购、物流运输、商品销售提供服务的供应链整体。我国农产品服务供应链研究比较晚，学术界主要在服务供应链运营机制、影响因素与维度等方面开展研究，但从服务嵌入视角分析农产品供应链主体协同机制、共同推进农产品区域品牌建设等方面的研究还比较少，本书从服务供应链协同与区域品牌价值共创视角分析农产品社会化服务体系建设为相关问题的研究提供了一个全新的视角。

（四）农产品区域品牌建设的要求

党的十九大报告提出："要坚持农业农村优先发展，按照产业兴旺、生态宜居、乡风文明、治理有效、生活富裕的总要求，建立健全城乡融合发展体制机制和政策体系，加快推进农业农村现代化。"农业农村部提出推进质量兴农、品牌强农，加强农产品区域品牌建设是农产品供给侧改革的重要目标。宁夏几年来在大力推进农产品区域品牌建设方面取得了显著成绩。根据《宁夏回族自治区 2019 年国民经济和社会发展统计公报》资料[①]：2019 年全区生产总值达到 3748.48 亿元，按可比价格计算，比上年增长 6.5%。其中，第一产业增加值为 279.93 亿元，增长 3.2%；第二产业增加值为 1584.72 亿元，增长 6.7%；第三产业增加值为 1883.83 亿元，增长 6.8%。第一产业增加值占地区生产总值的

---

① 数据来自《宁夏回族自治区 2019 年国民经济和社会发展统计公报》。

比重为 7.5%；第二产业增加值比重为 42.3%；第三产业增加值比重为 50.2%，比上年提高 0.6 个百分点。但农业依然是区域发展重要的基础产业。围绕培育壮大特色优势产业、延长产业链条、促进提升区域特色优势农产品品牌形象和市场竞争力，自治区先后制定出台了《宁夏回族自治区农业特色优势产业发展布局"十三五"规划》《龙头企业带动大米、肉牛、滩羊、蔬菜、硒砂瓜产业融合发展推进方案》等一系列政策意见和规划措施，构建促进特色农产品发展的政策框架体系，推进特色优势产业集聚升级。经过多年政策推进和市场发展，宁夏已经积累了"枸杞之乡""滩羊之乡"等多个特色农产品区域品牌。自治区农业农村厅信息处资料显示："2018 年，我区大力实施特色产业品牌工程，新评选发布宁夏菜心、宁夏牛奶等区域公用品牌 7 个、知名农业企业品牌 10 个、产品品牌 20 个，各类特色农业品牌达到 317 个，'三品一标'农产品 687 个。中卫硒砂瓜、西吉马铃薯、灵武长枣产区被列为第二批中国特色农产品优势区，贺兰山东麓葡萄酒、中宁枸杞、盐池滩羊品牌价值分别达到 271.44 亿元、172.88 亿元、68 亿元。加大特色农产品宣传推介，拍摄制作宁夏大米、盐池滩羊等 10 集特色农产品专题片，在中央电视台等媒体播放，'五大之乡'品牌影响力不断增强。"① 自治区咸辉主席也在 2019 年政府工作报告中提到："扎实抓好'五个百万亩'基地建设，整合提升现代畜牧、酿酒葡萄、枸杞、瓜菜等特色优势产业，做大做强区域公用品牌，不断提高'原字号''老字号''宁字号'农产品品质和市场占有率，把'五大之乡'擦得更亮、打得更响。"② 加快推进宁夏特色优质农产品区域品牌建设是宁夏重点战略目标。宁夏特色产业区域化发展格局已经形成，区内已经培育了 13 个优势特色产业，特色农产品科技和质量安全水平明显提高，构建起了联通城乡、辐射区内外的农产品营销网络。但是，从公开发表的统计公报、政府工作报告、专题研究报告以及课题组调研资料来看，当前，宁夏特色农产品区域品牌建设依然存在较大的问题，《宁夏回族自治区农业特色优势产业发展布局"十三五"规划》提到："农产品加工业发展滞后，农产品加工产值与农业总产值的比重远低于全国 2.2∶1 的平均水平。加工企业小而散，全区年销售收入 10 亿元以上的企业只有 8 家，主要农产品加工转化率低于全国平均水平 4 个百分点。农民合作社等产业化组织覆盖面小、带动力不强，抵御市场风险的能力弱。产业集中度不高，一二三产融合不够，缺乏知名品牌和优势龙头引领。"③ 总结现有资料从营销视角来分析，当前宁夏特色农产品区域品牌建设主要存在以下问题：第一，

---

① 数据来自 2019 年宁夏农业农村厅信息处。
② 数据来自宁夏回族自治区 2019 年政府工作报告。
③ 数据来自《宁夏回族自治区农业特色优势产业发展布局"十三五"规划》。

特色农产品服务供应链还没有形成，农产品的生产、加工、物流、销售等供应链合作还没有形成；第二，农产品区域品牌建设主体还不够明确，基于农户、顾客、加工物流销售企业、行业协会以及政府等主体对特色农产品区域品牌价值共创的机制还没有形成；第三，基于特色农产品区域品牌价值共创的政策机制还不够完善。由此，本课题从服务供应链视角出发，对农产品区域品牌价值共创的维度和绩效进行深入的研究，以期探索出有效的农产品区域品牌价值共创路径和策略。

（五）农产品国际市场竞争的挑战

进入 21 世纪以来，伴随着经济全球化的发展，现代科学技术、资本与人力资源逐步向农业投入，农产品国际市场的竞争日趋激烈，一些西方发达国家通过高效的农业组织和农产品服务供应链结合形成了十分具有竞争力的农业产业。美国是世界上农产品发展水平较高的国家之一，从 20 世纪 80 年代，美国就组建了农产品供应链一体化的农业合作社，协调合作社内的农业生产主体以及各外部供应链企业，形成信息共享的农产品供应链体系，有效支持了美国的农业龙头企业的发展。日本在 1947 年开始逐步组成了以农协为供应链管理的核心成员的农产品供应链体系，通过农协协调农户、物流供应链企业、中间商，实现信息共享。以色列 1948 年建国以来，在仅有的 2 万平方千米贫瘠的国土上实现了现代农业的发展。一方面，该国积极发展农业科学技术提升农业水平；另一方面，建立基布兹、莫沙夫与莫沙瓦等组织方式促使农业的规模化与集约化，并通过信息共享不断构建市场导向的农业供应链体系。欧洲大陆的德国是农业基础水平较高的发达国家，农产品供应链以超市为中心包括贸易联合体、综合型超市、消费者，综合大型超市在其中发挥着管理农业供应链的作用，它能够有效联结农户与市场的关系。相对西方较为发达的农业和农产品供应链体系，中国农产品供应链还有较长的路要走，面对竞争日益激烈的农产品市场，借鉴发达国家农业发展经验，不断完善我国的农业发展水平和农产品供应链体系意义重大。

二、课题研究意义

（一）从研究内容来看，本课题从农产品服务供应链管理和品牌价值共创两方面关注农产品区域品牌，具有重要的创新价值

通过扎实的田野调查，从企业、消费者、相关利益者几个方面深入分析，利用结构方程实证分析农产品区域品牌价值共创的传导机理与效应，构建区域品牌价值创造模型，并深入宁夏特色农产品产区，通过问卷调查和案例研究分析宁夏特色农产品区域品牌的成长轨迹，寻找促进农产品区域品牌建设路径，为区域农产品品牌建设提出相应的对策。

（二）从政策设计来看，本研究将从应用角度研究发展宁夏特色农产品区域品牌建设的政策建议

通过对宁夏特色农产品区域品牌价值创造问题研究，提出促进宁夏特色农产品区域品牌建设对策与建议，从而为区域政府相关政策的改进提供决策依据。2018 年，宁夏主要粮食作物产量达 370 万吨，蔬菜产量达 680 万吨，葡萄产量达 18 万吨，枸杞干果产量达 8.8 万吨；已培育区级以上农业产业化龙头企业 360 家，其中国家级 19 家，年收入亿元以上企业达 60 家，农民合作社达 5371 个，家庭农场达 2244 家。这些新型经营主体在农产品生产、加工、流通贸易、电商等领域发挥着积极的作用。但在农产品流通方式方面，流通渠道单一、区域品牌知名度较低，本课题的研究将对提升宁夏特色农产品区域品牌竞争力具有重要的推广意义。

（三）从课题研究方法来看，本研究具有一定创新价值

本课题针对宁夏特色农产品研究区域品牌价值共创问题，通过扎实的田野调查，深入农户、企业获取一手数据；根据调查问卷，利用 SPSS 和 AMOS 分析方法开展实证研究，得出的研究结果具有普遍适用性。根据实证研究结论，从宁夏特色农产品发展实际出发，得出宁夏特色农产品区域品牌建设的路径，提出促进宁夏特色农产品区域品牌发展的政策建议。

第三节 研究内容与方法

一、本研究的主要目标

本研究是一项基于理论文献到实证的课题，研究目标主要是以下三个方面：

（1）从文献角度探索农产品服务供应链的特点和趋势，并在实际调研中获得实证。

（2）探索宁夏特色农产品区域品牌的影响因素，从理论分析区域品牌价值共创模型，并通过实际调研获得实证。

（3）提出基于服务供应链的宁夏特色农产品区域品牌假设路径与对策。

二、本研究的难点和重点

服务供应链基础上的农产品区域品牌价值共创是由顾客需求拉动的，基于对品牌构建路径与政策的研究，本课题旨在从服务供应链视角实证探讨宁夏农产品区域品牌价值形成的内在机制：区域品牌培育过程中的关键利益相关者是谁？品牌价值共同创造活动的主要维度有哪些？这些价值共创活动如何共同影响顾客认知以及最终的品牌绩效？由此构建农产品区域品牌价值共创的研究假设与研究模型，通过结构方程实证分析、中介作用分析和调节作用分析，寻找农产品服务供应链中区域品牌建设的路径，为推动农产品区域品牌建设提供政策的理论与实践依据。

（1）农产品区域品牌的形成是服务供应链背景下品牌利益相关者共同创造的过程。服务供应链是农产品市场发展的重要趋势，农产品服务供应链的研究为区域品牌建设提供独特的研究视角。服务供应链的提出标志着区域品牌价值创造从产品主导转向服务主导逻辑。本研究整合品牌价值共创和服务价值链的理论框架，分析农产品区域品牌拥有者和品牌利益相关者（服务员工、顾客企业、上游供应商、下游用户）共同创造品牌价值的过程，提出品牌价值共创的路径。

（2）服务供应链是品牌研究的逻辑起点。农产品服务供应链管理的核心问题在于整合服务资源，共同创造区域品牌价值。课题把服务供应链和品牌价值创造两个问题整合作为研究主题，通过研究企业、顾客、利益相关者之间互动提出农产品区域品牌的价值创造过程和管理策略。

（3）基于实证研究的方法探索服务供应链视角的区域品牌建设路径和品牌价值共创是全新的探索。理论的归纳和整合，系统的调研和实证分析，是本课题研究的难点所在。

三、本课题具体的研究方法

（1）规范研究。课题组在原有研究的基础上收集了国内外关于服务供应链、区域品牌、品牌价值共创等方面的文献资料，在已有的文献研究的基础上，界定关键概念和理论内涵，作为本次研究的基础，并通过归纳演绎，建立分析框架和假设模型。

（2）实证研究。本课题的主要数据源包括：深入宁夏的特色农产品企业、竞争对手、顾客三个方面开展调查研究，积累调查资料和问卷数据。本课题结合实证研究和规范研究的方法，并以实证研究为主，试图在理论上有所突破：通过利用 SPSS 和 AMOS 结构方程等统计分析软件对模型进行检验。从中归纳出宁夏特色农产品市场特点和所处的阶段，构建服务供应链视角的宁夏特色农产品区域品牌的影响模型。

（3）案例研究。课题组将开展深入的田野调查，走访相关企业、顾客，利用扎根理论对高技术企业进行案例研究，包括典型案例研究、多案例研究等，从实证角度探索宁夏特色农产品区域品牌建设路径、动态变化规律，并进行相应的假设检验，提出有针对性和可操作性的公共政策建议。

第四节   技术路线与可能的创新

本课题以宁夏特色农产品产业市场为研究对象，深入宁夏枸杞和葡萄酒产地产业市场进行系统调研，力求从服务供应链视角探索宁夏特色农产品区域品牌建设路径，研究的总体框架如图 1-1 所示：

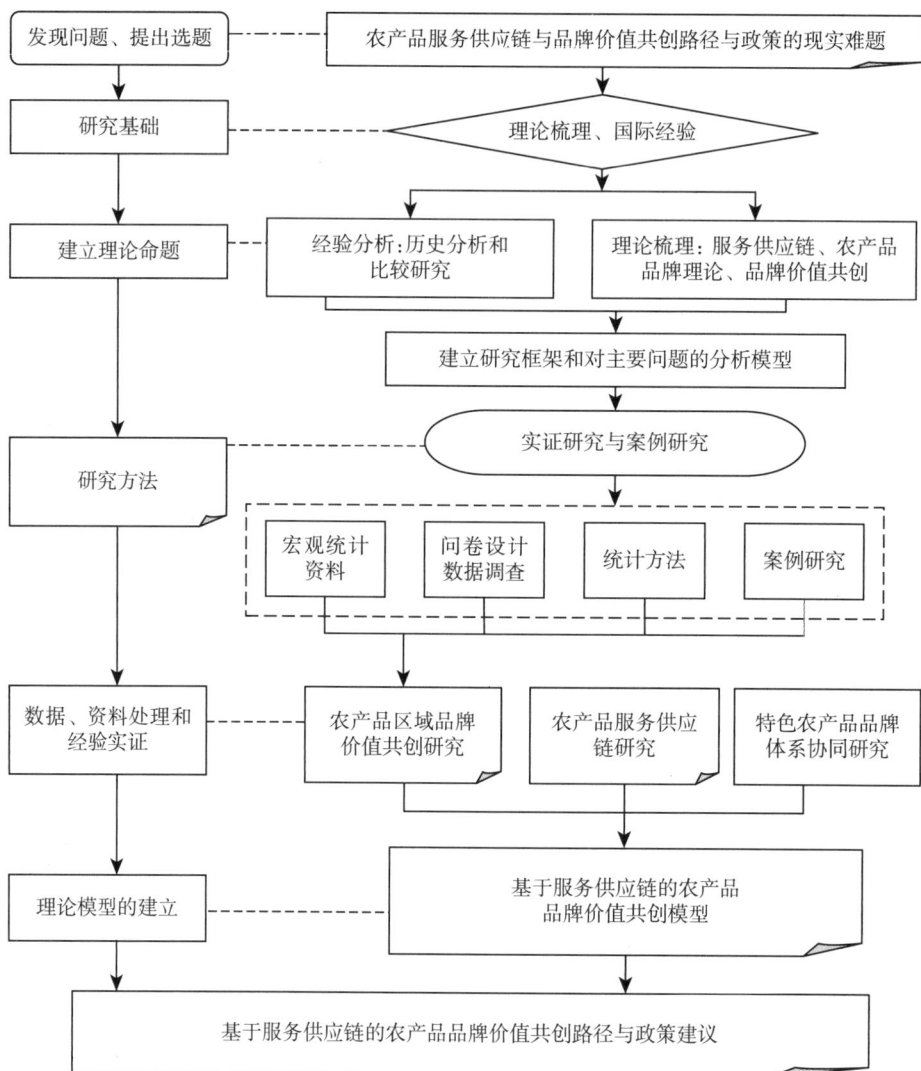

图 1-1   技术路线

基于以上的研究技术路线，本课题可能的创新主要体现在以下几个方面：

（1）在研究内容上，本项目针对宁夏特色农产品研究区域品牌价值共创问题，通过探索性因子分析、验证性因子分析、相关系数分析、中介作用分析和调节作用分析等实证研究，得出的研究结果具有普遍适用性。研究表明，只有通过服务供应链协调运作才能将各个节点企业的资源、知识、能力和服务转化为服务供应链价值，发挥服务集成商竞争力形成机理的助推力作用，从而探索出宁夏特色农产品服务集成商区域品牌价值创造路径。根据实证研究得出的有益结果，形成特色农产品服务集成商竞争力的培育机制，以期从总体上为宁夏特色农产品服务企业竞争力提升提供借鉴和管理启示。

（2）在研究方法上，本项目以实证研究的方法构建区域品牌价值创造模型，并深入宁夏特色农产品产区，通过问卷调查和案例研究分析宁夏特色农产品区域品牌的成长轨迹，做出了开创性的工作。

（3）在政策实践上，通过对宁夏特色农产品区域品牌价值创造问题的研究，提出促进宁夏特色农产品区域品牌建设对策与建议，从而为区域政府相关政策的改进提供决策依据。

第二章

服务供应链：形成与演进

第一节　服务供应链形成 [①]

在经济全球化不断发展的今天，传统的以产品为核心的供应链管理模式已无法适应现代企业的要求，以服务为核心的供应链管理模式应运而生，深刻影响着企业运营。供应链经历了由以产品为中心阶段到产品与服务相融合阶段的发展过程，其内在的商业运行逻辑由以商品主导逻辑向服务主导逻辑转变。在这一过程中，服务逐步由商品运营补充走向了商品运营中心，企业与顾客的关系从交易导向向关系导向演进，顾客逐步参与到企业运营和服务供应链环节中，共同创造价值，通过服务供应链体系的完善更好地满足顾客的需求。结合产品服务化维度、服务供应链维度，可全面认识商品主导逻辑下产品服务供应链的运行情况，判断未来产品服务供应链的演化趋势，即在客户极致性服务体验需求的驱动下，产品供应链将向服务供应链发展。

一、从产品供应链到服务供应链

（一）产品供应链时代

20 世纪 80 年代，学术界基于企业生产与销售供应的状态，提出了供应链（Supply chain）的概念，反映在经济活动中由供应商、生产商、批发商、零售商、物流商和消费者构成的商品供需网络。由此形成的供应链管理是以提高质量和效率为目标，通过整合资源实现产品采购、设计、生产、销售和服务，以满足顾客的需求，实现企业之间的协同管理。供应链的范围不仅包含企业的供应链，还包括产业供应链。企业供应链是围绕核心企业，供应商、生产商、销售商相互协作形成的功能网络结构，以满足消费者需求的供应网络关系。产业

---

① 本节是北方民族大学商学院 2019 级硕士研究生冯雨婷同学参与课题研究的成果，收入本书时略作修改。

供应链通过协调产业链上下游关系，连接着农业、制造业、物流服务业。在传统的以产品为中心的时代，整合和优化供应商、制造商、零售商之间的资金流、信息流和物流，形成了以产品生产、流通与销售的网络体系，产品是网络结构的核心。伴随着物联网、大数据、云计算、人工智能等前沿技术的发展，全球范围内的传统产业都迎来了新一轮的深刻变革，无论是早期的通用汽车、宝洁、沃尔玛等传统优势企业，还是此后出现的以汽车、服装、医药和建材为典型代表的产业供应链，或者各类互联网企业，都从战略高度把握最终用户需求，通过企业与企业、产业与产业之间的有效合作，在成本、时间和柔性等方面获得了极佳的管理效果。实质上这是产业运用集成理念和思想通过整合优化各项资源的全方位的供应链改革，以持续提升供应链的效率。

从商业逻辑来看，以产品为中心的供应链是以商品为主导逻辑的。企业在生产、销售过程中，商品是所有供应体系的主体，衍生的服务也是围绕产品品牌开展的。供应链思想在农业和工业制造业的运用获得了巨大的成功。在产品和服务多样化的今天，几乎所有的商品都具备互换性。消费者无论使用什么品牌的产品，享受到的售后服务和资源都没有什么显著的区别，这个时候能抓住各自的客户群体，就等于抓住了市场。

（二）服务供应链时代

20世纪90年代以来，传统制造业的生产能力急速膨胀，许多国家的制造业已经开始供大于求，而消费市场也逐渐开始饱和。随着人们生活质量的提高和人均经济收入的增加，消费者已经不再满足于标准化的产品，开始追求高质量、优质化的服务，全球服务业开始异军突起。人们的生产方式、消费方式以及交易方式都有了很大的改变。制造业与服务业相互融合，基于服务搭建的桥梁促进产业协同共同创造价值。随着制造业的产品供应链的成熟，供应链的下游发展不断扩大，逐渐开始指向了服务业。现代企业在战略规划中不似以前把产品放在第一地位，而是把客户放在第一地位，供应链的中心也变得不同。供应链管理开始向服务行业或服务扩散，出现了制造和服务融合、相互支持发展的态势。

二、服务供应链发展动因及发展趋势

英国著名供应链管理专家马丁·克里斯托弗于1992年指出："21世纪的竞争不再是企业和企业之间的竞争，而是供应链和供应链之间的竞争。"[1] 发达国家普遍将供应链上升为国家战略，竞相掌握全球供应链主导权。

---

[1] 马丁·克里斯托弗.物流与供应链管理［M］.北京：电子工业出版社，2006.

（一）服务供应链发展动因

早期的企业管理观点认为，从原材料采购、生产到销售的过程是一个经营的全部，市场可以将企业生产的产品流向顾客手中，因此企业管理的核心是优化业务流程，降低成本、提高效率就能够实现利润最大化的目标。伴随着服务经济的快速发展、制造业服务化的兴起以及供应链管理思想的成熟，以服务为主导的集成供应链，不仅涉及服务业，而且还延伸到农业、制造业以及第三产业活动中，服务供应链由此形成。从供应链发展的角度来看，服务供应链产生动因一方面是由外部环境推动而发展的，如市场竞争、政府政策扶持、顾客需求等环境要素；另一方面基于内部动力机制形成，如企业学习能力、企业服务创新能力、技术创新能力推动等方面。本文认为核心因素包括以下三个方面。

1. 产品服务化推动

在传统的以产品为中心的商业逻辑中，供应链被理解为企业的内部过程，原材料采购、物料生产、生产转换和成品传递、产品销售都在企业内部完成，各个供应以及生产销售节点都被认为是企业自身的运作模式，企业与顾客的关系是供应商与购买者之间的交易关系。随着市场竞争的深入，内部节点的供应链管理难以达到预期的目标，部分企业希望通过前向一体化和后向一体化以提升供应链节点效率，但通过产权交易或投资难以快速满足企业的需求，因此相互协同以产品服务化为核心的外部供应链成为企业重要的选择方向。物流服务供应链是最早随着产品供应链的不断发展而形成的，是依附于产品供应链而存在的外部供应链。产品服务化为传统产品供应链的转型升级提供了新的契机，从而逐步形成服务供应链。

2. 服务创新能力推动

服务供应链的发展也是伴随着现代服务业发展而快速发展的。对于顾客来说，对企业提供的实体产品已经不仅满足于产品本身，对服务质量也提出更多的要求。如何更好地满足顾客的需求，如何实现服务创新就成为企业转型升级的重要方向。由此企业识别为顾客服务的机会，提供具有创新性的服务，需要有效整合服务资源、重构市场的能力，这就需要企业具备服务创新能力。在传统的供应链体系中，企业只能局限于内部的资源，但在外部服务不断发展的市场里，通过不断与外部供应链企业构建网络关系，协同服务供应链上各成员的活动，对供应链中多元且分散化的优势资源进行获取、整合、重构[1]，从而形成相对竞争对手更多的优势。因此，服务供应链不仅是企业产品运营的保障，更

---

[1] Breidbach C. F., Reefke H., Wood L. C., et al. Investigating the formation of service supply chains [J]. Service Industries Journal, 2015（35）：5-23.

是企业竞争的手段。

3. 技术创新能力推动

随着企业竞争战略逐步由以产品为中心转向以客户体验为核心，供应链也由传统的产品供应链或服务供应链逐步转变为产品与服务相融合、相集成的产品服务供应链，这是随着信息技术和互联网的发展出现的。服务供应链的网络关系基于信息技术的支撑而得以整合，使供应商、制造商、分销商、物流商和最终用户通过信息共享和网络技术相互沟通，从而实现了服务供应链一体化。建立在 Internet 基础上的电子商务为服务供应链能力升级提供了保证，能够对市场需求做出快速反应，通过合理改进提高市场占有率。支持技术不断成熟，为服务供应链构建提供技术支持，企业技术创新能力成为服务供应链发展的基础和推动力。

（二）服务供应链发展趋势

1. 供应链协同化

伴随着竞争全球化，组织之间的关系变得十分紧密和复杂，竞争已经从传统的企业之间的竞争发展成供应链与供应链之间的竞争（Neiger，2009）。供应链协同成为企业获取竞争优势的关键因素。供应链协同是从系统角度出发，推动供应链企业内部与外部的协调发展，实现供应链成员企业效益最大化，提高供应链整体竞争力（Rosenzweig，2009）。服务供应链协同是提供服务的各节点企业通过协议或联合方式形成服务供应链条，促使供应链合作伙伴实现合作创造绩效。研究表明，服务供应链协同更有利于企业发现消费者的价值需求（吴绒等，2016）。在未来研究中，服务供应链协同成为未来重要的研究趋势。

2. 服务供应链模式多元化

对于服务供应链的概念理解，我国学者有不同的看法。其主要有两种不同的说法：第一种是供应链与服务业相关的各个环节和活动；而第二种则是服务供应链是制造业或者制造部门的相关供应链与服务业或者服务部门的相关供应链之间的关系网[①]。在服务供应链的模式研究方面，同济大学的张大陆教授、徐健等以服务为基础，对服务供应链进行了算法复杂的建模，提出了两种较为抽象化的模式：一种是简单的服务供应链模式，另一种则是较为复杂的树状服务供应链。其实，简单的服务供应链模式也就是一个服务供应主体，其余的下游服务客体都有着类似的服务需求，也可以抽象理解为一条主线下的同一富裕个体的不断延续，并且有着类似的需求。而树状服务供应链则与其相反，服务供应链上的实体需求情况有所不同，有许多服务主体的关系网，每一个主体对于

---

① 宋华.服务供应链[M].北京：中国人民大学出版社，2011.

服务的需求可以相同，也可以是相互补充，最终向不同的层次、不同维度和深度去拓展，形成关系复杂的树状服务供应链。他们的建模使得服务供应链有了较为严谨的逻辑关系，也因此这一建模对于服务供应链模式的研究，以及后续的发展都具有很大的启发性。此外，我国学者还以不同行业为基础，通过研究提出了不同的模式，如产品售后服务供应链模式；物流服务供应链模式；旅游服务供应链模式；医疗服务供应链模式；会展服务供应链模式；农产品服务供应链模式；等等。

服务供应链在以集成服务为主导下，通过上下游资源的整合、信息的共享，以服务拉动供应链的管理和运作，能够快速地满足客户的服务需求，在服务主体之间的相互协作也得到改善。基于现代产业服务化，服务供应链的应用将不局限于物业、旅游业和物流行业，许多产业供应链之间也将融入服务，如农产品供应链中融入服务链的概念将大大改变传统的农产品供应链运作模式，工业企业同样也不例外。所以对服务供应链模式的研究具有深刻的发展意义。

第二节　农产品供应链演化与服务融合 ①

我国是农产品生产大国，同样也是农产品消费大国。国家统计局统计，2018 年我国主要农产品像稻谷、小麦、玉米的产量分别是 21212.9 万吨、13144 万吨和 25717.4 万吨，谷物产量总计达到 61003.6 万吨；肉类、水产品产量也分别达到了 8624.6 万吨和 6457.7 万吨。民以食为天，农产品的生产、供应以及质量安全问题深受人们的关注。农产品运输、加工、仓储、销售等环节，最终到餐桌的过程成为重点对象。农产品供应链，主要是由农户（农资供应商）、农产品供应商、制造商、物流企业、分销商、批发商以及顾客等主体构成。伴随着消费者对农产品消费需求水平的提升，农产品服务化成为重要的趋势。在互联网信息技术的急速发展和经济全球化的背景下，农产品供应链的发展可能与服务业供应链相互作用、相互交错，最后融合成供应链的一体化组织模式。因此，研究分析农产品供应链的演化路径以及其与服务供应链的关系对供应链的研究和未来发展趋势具有积极意义。

一、问题的提出

随着经济的发展和科技的进步，人口的增长加快，对于粮食等主要农作物

---

① 本节是北方民族大学商学院 2018 级硕士研究生梁永斌同学参与课题研究的成果，收入本书时略作修改。

产品的需求也越来越大。虽然生产设备的现代化加速了农产品的生产速度，产量也有所提高。国家统计局统计，2018 年人均主要粮食消费量达到 716.3 千克，意味着国民对农产品的需求在不断加大。但是，受庞大的人口基数以及人口老龄化的影响，农产品的供求依旧存在很大的缺口。因此，对农产品供应链的发展以及改善越来越受到国内外许多学者的关注。

国外学者对供应链问题的兴趣来自供应链管理出现的现实问题，自 20 世纪 60 年代以来，针对供应链库存、运输和配送问题、供应链管理新技术问题的研究推进着相关问题的深入。国内对供应链问题的研究开始相对较晚，20 世纪 90 年代，伴随着信息技术的不断发展，一些企业供应链的现实问题相继出现，如何认识供应链、如何构建供应链管理系统、如何构建供应链信息系统，如何提升供应链管理的运作决策水平等问题接踵而至，为学术界提出了新的现实问题。马士华等较早系统地论述了供应链管理，他们在《供应链管理》一书中认为，"供应链管理是指以最小成本并满足客户需要的服务水准下，对供应商、制造商、分销商、零售商直到最终用户间的整个渠道的整体管理"①，由此掀开了供应链问题研究的热潮。

国内学者对农产品供应链的研究始于 2000 年，主要是介绍国外学者研究成果，针对国内农产品供应链管理的现实问题提出对策等。综合相关研究成果主要涉及食品供应链、蔬菜供应链、生鲜农产品供应链、畜产品供应链等内容；研究的问题包括供应链各环节关系，农产品供应链宏观调控问题，农产品供应链的管理模式优化、监督和法律约束，农产品的质量安全等问题。如王纪龙等（2013）针对食品安全问题，利用农产品供应链的相关理论，提出要建立相关的奖惩机制，进一步完善食品安全相关的法律法规，对农产品供应链的管理起到约束作用②。同时，不少学者研究了在"互联网＋电子商务"模式下，生鲜农产品和农产品供应链的体系构建问题。王晓宇等（2014）研究了基于电子商务模式下生鲜农产品供应链的流通模式，给生鲜农产品供应链的发展和完善提供理论支撑和决策参考③。邓彬（2016）则通过研究分享农产品供应链体系，提出要建立以长期合作为基础的战略伙伴关系④。张素勤（2016）将农产品供应链的各种资源虚拟成"云"之后，在云服务平台上储存起来，并协同线上

① 马士华，林勇.供应链管理［M］.北京：机械工业出版社，2005.
② 王纪龙，陆琳.农产品供应链食品安全保障研究［J］.理论观察，2013（9）：60–61.
③ 王晓宇，郑文生，郑亚琴.电子商务视角下的生鲜农产品供应链模式研究［J］.重庆科技学院学报（社会科学版），2014（12）：60–63.
④ 邓彬.农产品供应链管理机制博弈分析与反思［J］.商业经济研究，2016（12）：154–156.

线下营销，给顾客提供相关的服务①。在农产品供应链基础研究较为详细的背景下，国内学者结合我国农村的特性对农产品供应链的管理模式、约束条件，以及相关的完善措施作了进一步的研究，并且结合互联网和物联网的优势提出了供应链的新方向和信息共享机制。

二、农产品供应链演化路径

从 20 世纪 90 年代研究美国杂货店危机开始，国内外学术界围绕农产品供应链进行了多角度的研究，涉及农产品供应链组织模式、资源的优化和整合。农产品供应链信息等多方面的内容，一方面来自企业界的实践，另一方面来自信息技术和管理理论的推动。考察农产品供应链演进的路径主要从以下几个方面来分析。

（一）农产品供应链组织模式发展

农产品供应链组织模式的变迁是农业改革的必然结果。姜阳光、孙国华（2009）提出了"农户＋市场"模式、"公司＋农户"模式以及"公司＋农户＋基地模式"三种模式并认为"公司＋合作社＋农户"模式是一种相对有效的模式②。罗峦等（2014）从治理结构视角出发提出了非资格伙伴的关系型治理与有资格伙伴的关系型治理等五种模式③。对农产品供应链组织模式来说，采取什么模式是由供应链发展阶段决定的，是伴随着供应链节点企业数量、发展水平和管理水平不断演进变化的。对于农产品组织模式的创新是农产品组织模式一体化的主要内容，金廷芳（2011）④针对传统农产品供应链为主体的二元结构，提出"建立一个由农户、农民专业合作组织、龙头企业、零售企业、消费者组成的战略联盟型供应链，并通过新型农业合作组织，以龙头企业为核心、以利益为纽带、以契约为手段构建新型的联盟化、一体化农产品供应链模式"，从而降低农户的生产风险，稳定农产品供应，保证产品安全。以农村当地的合作社和龙头企业为核心的一体化供应链模式逐渐成为了农产品供应链发展的新模式。

（二）农产品供应链的整合

农产品供应链也从不断的发展中开始进行了资源等结构框架的整合。纪

---

① 张素勤 . 农产品供应链"四流"的创新与整合——基于云服务平台的农产品供应链新模式［J］. 商业经济研究，2016（5）：145-147.

② 姜阳光，孙国华 . 我国绿色农产品供应链的组织模式分析［J］. 物流技术，2009，28（11）：151-153.

③ 罗峦，李崇光，谭果 . 治理结构视角下的我国农产品供应链组织模式与质量安全保障［J］. 农业现代化研究，2014，35（2）：196-199.

④ 金廷芳 . 发展农村物流的对策研究［J］. 知识经济，2011（6）：115-116.

良纲等（2015）提出要以供应链增值能力水平为主要参考指标，构建出一个资源整合、组织整合和信息整合的理论研究框架，在实践中找到可行的供应链整合，从而实现农产品供应链整合的有效突破[①]。林德萍（2016）认为要从消费者角度出发，以消费者利益为导向分析农产品供应链整合过程中存在的问题，提出要提高农产品的质量、安全性、价格水平，健全农产品产地与城乡供应链的整合，优化"南菜北运"的供应链整合[②]，完善基础设施建设，提升"农超对接"的应用程度，构建基于消费者利益视角下有效地进行农产品供应链整合的相关对策。农产品供应链经过不断发展，其模式和机制得到了不错的整合，并且也提出了像"农超对接"和"南菜北运"等较为实用的模式应用。

（三）农产品供应链的信息化

由于农产品自身的特殊性，即农产品易腐烂、易损耗、产品的差异化程度小、物流过程较长、环节多且复杂。这些特征决定了农产品物流与商业物流和工业物流有所不同。它要求农产品物流反应能力快、物流时间较短、各个物流环节的动态可控性等。因此，农产品供应链也随之融进了信息共享、可视化等特点。王宁、黄立平（2005）在互联网信息网络架构下构建出一个供应链信息共享和供应链全程的可视化的农产品物流供应链运行模式[③]。

在当今经济全球化、产业相互融合发展的环境下，农产品供应链发展逐渐与服务业的发展有所交集。服务供应链与农产品供应链的融合在未来也是大势所趋，服务供应链管理和优化的目标，针对的不仅是服务业本身，还要考虑到与相关产业融合的因素。在经济全球化的浪潮下，农产品供应链的进一步发展与演化将与服务供应链的发展相互融合，提高自身的运作效率，使得供应链的总体效益最优化。

目前，我国农产品供应链的发展已经较为完善了，但是依然存在一些问题和不足。基于农产品供应链信息研究层面，我国存在各级农产品市场的信息网络设施落后、信息服务技术滞后、农产品消费信息服务形式单一、信息内容不丰富、农产品信息服务针对性不强、农产品流通中的各种信息资源没有进行有效整合等问题[④]。而信息的及时传递与共享又是协调农产品流通中各利益主体的基础，是促进农产品的合理流通、实现农产品供需平衡的重要保证，对建立我

---

① 纪良纲，刘东英，郭娜.农产品供应链整合的困境与突破［J］.北京工商大学学报（社会科学版），2015，30（1）：16-22.

② 林德萍.基于消费者利益的农产品供应链整合［J］.商业经济研究，2016（3）：158-160.

③ 王宁，黄立平.基于信息网络的农产品物流供应链管理模式研究［J］.农业现代化研究，2005（2）：126-129，144.

④ 李美云.论服务业的跨产业渗透与融合［J］.外国经济与管理，2006（10）：25-33，42.

国现代化的农产品流通体系具有重要的意义①。在对农产品流通过程以及信息不对称等问题的研究中有关服务的交融已经有所体现，这意味着服务在农产品供应链中的作用已经不可忽视了。

我国学者喻立（2017）②基于农产品的流通过程，对服务供应链展开了研究，他认为在现代化的基础上，农产品的流通可以结合服务供应链的视角来分析，找到一种有效的协同方法，可以将农户、农产品、物流商、加工商以及最终的顾客进行有效的整合，形成内部和外部客户；根据服务供应链的运作机制，使得供应链上的企业和客户变得更加灵活，资源的配置也可以在虚拟化的网络中变得更加方便灵活，这在客户多样化的环境下会有不错的应用。贝斐（2018）则是以农产品合作社为研究对象，认为农产品流通服务供应链是在服务供应链的基础上提出的，提高农产品流通服务供应链的集成度有助于减少流通成本和提升农产品流通的绩效③。可见，农产品在现代化物流快速发展的环境下已经开始与服务供应链有所交融，服务供应链的运作机制也对农产品的流通起到了不可忽视的作用。

服务业、旅游业、物流业的服务供应链较为集中于对于服务信息的管理和运作，通过服务主体与客户之间的直接对接，以集成服务为主导，形成系统化的服务链体系，使得上下游企业之间的直接服务对接大大减少了时间成本、交易成本等相关运作成本，中间过程没有太多复杂的环节。那么，如果农产品供应链中融入服务链，对于农产品的信息共享和协调管理都会有积极的影响。同时，在农产品的配送、运输，以及仓储环节融入相关服务链体系，比如物流业服务链模式，可以在农产品供应商与集成物流服务供应商之间构建销售桥梁；相应的供应链的下游主体，如零售商、批发商之间有相互合作的关系网，那么只需要通过互联网、电子商务平台下单，农产品供应商就可以直接将产品打包配送给下游的零售商、批发商和顾客，可以省去很多复杂的中间环节，提高销售的效率，减少了其中很多的自我运输、仓储等相关费用。像一些生鲜农产品，因为要保鲜，所以对物流运输、冷冻仓储等环节要求十分苛刻。但是，由于农产品供应链上下游主体之间的联系不足，信息的延迟性可能会导致农产品的销售决策较为滞后，产品的保鲜问题就更加难办了。而在港口型服务链中，它们将各类依赖于港口的服务供应商和客户有效地结合在一起，将正确的商品数量在正确的时间内送达。如果其与农产品物流供应商建立合作伙伴关系，就

---

① 于兊兊. 服务供应链的模型与构建［J］. 现代商业，2007（21）：156-158.

② 喻立. 面向农产品流通的服务供应链构建研究［J］. 西南科技大学学报（哲学社会科学版），2017，34（3）：82-88.

③ 贝斐. 农产品流通服务供应链集成对流通绩效的影响［J］. 商业经济研究，2018（6）：132-134.

能很大程度上减轻生鲜农产品销售和配送过程中的成本问题和保鲜问题，最大程度保证农产品的鲜活性。彭建仿（2017）对传统农业社会服务组织的问题进行分析比较，将农业社会化服务供应链的演进机理作了简要的研究分析。他认为构建协同响应为基础目标的农产品社会化服务供应链有利于农业供给侧改革，同时也对农产品供应链的完善有积极作用①。可见，服务供应链的理论与运作机制在农产品流通以及社会化过程中都起到重要的作用。

随着互联网技术的发展，服务供应链的理论和运作将通过供应链的动态资源配置，更加灵活地融入农产品的流动服务中。农产品的未来也将向智能化、机构化以及服务化的方向发展。制造供应链的相关理论的完善也对服务供应链的完善有很好的启发和引导。通过实践，逐步完善相关的理论和模式机制研究，农产品服务供应链必将形成一套完整严谨的理论体系。

---

① 彭建仿.农业社会化服务供应链的形成与演进［J］.华南农业大学学报（社会科学版），2017，16（4）：45-52.

第三章

农产品区域品牌价值共创
研究逻辑与维度

第一节　基于文献视角的研究 [1]

在"一带一路"大背景下，农产品作为重要的交易对象被重视，区域品牌作为推广农产品的重要标志成为学术界研究的重要话题。区域品牌是农产品品牌发展的主流模式 [2]，对增加地区吸引力、增强农产品品牌识别具有重要意义 [3]。农产品区域品牌是以"区域名 + 品类名"的形式出现，通过在农产品名称前冠以地理产地名称，形成区别于其他地区的重要农产品地理标志 [4]。伴随着消费升级和服务主导逻辑的深入，农产品如何通过服务获取消费者信任以提升区域品牌价值？农产品区域品牌如何在消费者升级背景下与服务供应链融合发展？农产品区域品牌价值如何创造？面对服务供应链的延伸与发展，企业、雇员、供应商、分销商以及政府等形成的服务供应链共同提升了品牌价值 [5]，伴随着"一带一路"倡仪的推进和实施，为促进农产品区域品牌传播与升级带来了历史性机遇，建构在服务供应链基础上的农产品区域品牌是获取市场竞争优势的关键因素。

---

① 本节是北方民族大学商学院 2017 级硕士研究生秦艳昭同学参与课题研究的成果，收入本书时略作修改。

② 黄蕾. 区域产业集群品牌：我国农产品品牌建设的新视角 [J]. 江西社会科学，2009（9）：105-109.

③ 孙丽辉，毕楠，李阳，等. 国外区域品牌化理论研究进展探析 [J]. 外国经济与管理，2009，31（2）：40-49.

④ Stephen F.Thode, James M., Maskulka.Place-based marketing strategies, brand equity and vineyard valuation [J]. Journal of Product & Brand Management, 1998, 7 (5): 379-399.

⑤ Jones R.Finding sources of brand value: Developing a stakeholder model of brand equity [J]. Journal of Brand Management, 2005, 13 (1): 10-32.

一、农产品区域品牌价值共创研究逻辑

农产品区域品牌价值共创的研究是伴随着服务主导逻辑开始的。从早期的商品主导逻辑开始，顾客在品牌价值中的作用逐步被重视，直到基于服务主导逻辑的提出，顾客成为品牌价值创造的一个重要部分[①]。Vargo 和 Lusch 基于服务主导逻辑提出服务逻辑、服务科学和服务生态系统三个视角，对价值共创的内涵、主体间关系以及创造过程进行了研究，并发现价值共创并非只是"企业 + 顾客"的二元互动，而是一个需要多元主体共同参与的过程，服务供应链理论的研究深化了多元主体共同创造品牌的内涵。品牌价值共创则是将多元主体进行融合，通过各主体间的互动交流，对其资源进行整合与利用，构成农产品品牌价值共创的研究逻辑。

亚当·斯密认为生产性的商品才是创造和积累国民财富的核心要素，奠定了政治经济学的理论基础，形成了企业的商品主导逻辑，认为服务从属于商品，商品是整个价值交易体系的核心。商品主导逻辑是以企业为中心的，顾客仅仅作为交易的对象消灭商品的使用价值而存在，经济增长的核心在有形的商品中，其他要素仅仅是价值链条的辅助因素[②]。伴随着全球化竞争的日益加剧，各企业都在调整竞争战略，改变营销思想，制造企业和服务企业也在不断地加速融合，"非生产性"的服务成为核心竞争力，商品主导逻辑逐步让位于服务主导逻辑的竞争思维。Vargo 和 Lusch 等认为这主要是商品主导逻辑的内在缺陷所致，即过分关注有形商品的作用而忽略服务价值的创造[③]。由此，Vargo 和 Lusch 基于资源优势理论和核心竞争理论提出了服务主导逻辑理论体系："所有社会经济主体都是资源整合的主体，其价值是由所有利益相关者共同决定的，它强调动态无形资产（知识、技术和创新）的重要性。消费者在社会体系中具有能动的资源整合能力，可以利用自己的知识、技能、社会角色和社会地位等资源，通过社会互动整合其他资源来创造价值。"[④] 服务主导逻辑为品牌价值共创拓展了思路，Payne 等将服务主导逻辑引入品牌管理，指出消费者是构成品牌价值的共同创造者[⑤]。品牌更像一个资源连接器，将企业、消费者以及创造该

① Merz M. A., HeY., Vargo S. L.The evolving brand logic：A service dominant logic perspective［J］.Journal of the Academy of Marketing Science，2009，37（3）：328–344.

② 刘林青，雷昊，谭力文.从商品主导逻辑到服务主导逻辑——以苹果公司为例［J］.中国工业经济，2010（9）：57–66.

③ Vargo S. L.，Lusch R. F.Evolving to a new dominant logic for marketing［J］.Journal of Marketing，2004，68（1）：1–17.

④ Vargo S. L.，Lusch R. F.Service–dominant logic：Continuing the evolution［J］.Journal of the Academy of Marketing Science，2008，36（1）.

⑤ Payne A.，Storbacka K.，Frow P.，et al.Cocreatingbrands：Diagnosing and designing the relationship experience［J］.Journal of Business Research，2009，62（3）：379–389.

产品过程中其他的参与者连接在一起①。从商品主导逻辑向服务主导逻辑转变为品牌价值共创提供了理论支撑，品牌价值共创正是通过彼此之间的互动沟通将各方利益相关者的资源进行整合，从而达到共同创造品牌价值的目的。商品主导逻辑下，商品是企业运营的核心，企业内部创造商品，通过市场与消费者进行交换而实现价值。服务主导逻辑下，作为重要组成部分的消费者逐步参与到企业的价值创造过程里，与更多相关者共同创造价值。作为企业价值重要组成部分的品牌，在服务主导逻辑下品牌价值的创造依赖于企业与消费者甚至更多的相关主体共同创造。企业通过吸引消费者参与到品牌建设和传播过程中，吸纳和传递顾客知识以不断创造品牌价值。

二、农产品区域品牌价值共创与服务供应链关系

（一）农产品区域品牌价值共创的理论来源

农产品区域品牌价值共创的研究发端于"品牌价值"和"价值共创"两个重要概念。"品牌价值"一词最早出现在 20 世纪 80 年代末，是营销学领域中最重要的概念之一，这一术语又被称为品牌资产或品牌权益。学界主要从消费者视角、市场营销视角和财务视角开展研究，形成了品牌价值研究的重要方向。价值共创是在服务主导逻辑背景下形成的重要理论，通过引入消费者变量推动了企业价值共创研究，目前主要从两个分支对价值共创进行研究：一个是由 Prahalad 和 Ramaswamy 基于消费者体验视角提出的价值共创理论；另一个是 2004 年由 Vargo 和 Lusch② 基于"服务主导逻辑"思想提出的价值共创理论。服务科学和服务生态系统视角研究的价值共创主体从企业和消费者拓展到更为广泛的服务生态系统，包括服务生态系统里所有参与者（受益人），比如：个体、团队、家庭、政府以及更多的社会要素等。并且 Payne 对价值共创也进行了研究，他认为价值共创是指存在至少两种或两种以上的资源整合者，通过个性化的互利合作最终实现彼此创造价值的一种交互式的过程 ③。价值共创是指价值创造的多方主体（如消费者、企业、政府及其他多种社会要素）在产品或服务设计、生产和消费过程中的不断互动与合作进行服务交换和资源整合而共同创造价值的动态过程，从而为企业和其他参与者带来更高的绩效。以产品供应链上进行价值共创的参与主体为依托而进行的品牌价值协同共创活动是品牌培育和发展的关键，Merz 等主张未来品牌研究应以价值共创理论作为

---

①③ Payne A., Storbacka K., Frow P.Managing the co-creation of value［J］.Journal of the Academy of Marketing Science，2008，36（1）：83-96.

② Vargo S. L., Lusch R. F.Evolving to a new dominant logic for marketing［J］.Journal of Marketing，2004，68（1）：1-17.

基础 ①。同时价值共创理论也为品牌管理提供了新的研究思路，品牌管理者对产品供应链上参与主体的所有资源进行整合，以达到共同创造品牌价值的目的。由此说明，农产品区域品牌价值共创理论是在品牌价值理论和价值共创理论二者综合的基础上，对品牌价值的创造过程、创造主体以及如何实现共同创造而进行的深入探讨。基于服务主导逻辑的思想，本文将品牌价值共创的内涵定义为：参与该品牌产品或服务在设计、生产、流通及消费过程中的相关主体（如生产商、供应商、零售商、消费者及其他社会要素）通过互动交流、资源整合、共同协作等方式为企业和各参与主体创造附加价值。

　　目前品牌价值共创是管理界和企业界关注的重点问题，通过对大量文献的阅读，本文将品牌价值共创的应用领域和研究内容概括为以下几种，具体如表3-1 所示。

表 3-1　品牌价值共创理论研究的应用领域

应用领域	研究内容	相关作者
基于互联网下的虚拟社区	概念模型、影响因素、形成机制、构建研究模型	彭晓东、张燚、简兆权、沈蕾、曾留馨、窦聪颖、田佳勉
农产品领域	关键维度、对品牌绩效的影响、共创的模型和模型的构成主体及策略	吴静、张月莉、张甜甜
旅游产业	旅游产业中虚拟社区对品牌价值共创的影响	吴小英、魏晓宇
城市品牌建设	将品牌价值共创理论运用到城市品牌建设中	杨礼茂
餐饮服务业	关键维度和路径、品牌价值共创机理及对策研究、关键维度及其顾客认知与品牌绩效的影响、品牌价值协同创造模型	杨保军、郭彦、张婧、Mina Tajvidi、Wen Jian Zheng

资料来源：根据文献资料整理。

（二）农产品区域品牌价值共创与服务供应链

　　服务主导逻辑思想将价值的创造由企业主导转向由企业提供价值主张，并与消费者及其他价值创造过程中的参与主体共同创造，合作已经从企业个体之间发展到供应链成员企业之间，由此形成了服务供应链理论。服务供应链所扮演的角色是将各成员企业的资源有效地进行整合，并把价值整体传递给最终顾客 ②，基于服务主导逻辑理论形成的服务供应链为品牌价值共创提供了扎实的

① Merz M. A., He Y., Vargo S. L.The evolving brand logic: A service dominant logic perspective [J]. Journal of the Academy of Marketing Science, 2009, 37（3）: 328-344.
② 简兆权、李雷, 柳仪. 服务供应链整合及其对服务创新影响研究述评与展望 [J]. 外国经济与管理, 2013, 35（1）: 37-46.

研究背景。根据服务科学理论，服务供应链是以服务为主导的供应链，由服务集成商响应客户需求，通过处于不同服务地位的服务提供者对客户请求逐级分解，由不同的服务提供者彼此合作，向客户提供系统集成化的服务，服务集成商承担各种服务要素、环节的整合和全程管理[①]。服务供应链也是当前国内学者研究的重点，随着对其理论的不断研究和发展，其应用领域也在不断拓宽，该理论当前主要应用于物流、港口、旅游、医疗以及农产品等行业。从农产品品牌建设角度来看，农产品从种植农户到顾客的一系列环节实质是一个服务供应链体系，每个环节都为农产品品牌建设做出自己的价值贡献，构成了品牌价值共创要素，学界对此开展了大量的研究。李腾等（2018）认为，生鲜农产品服务供应链是农产品供应链的子链[②]。蔡玉秋等（2014）分析了农产品供应链品牌的建设流程，提出建设农产品供应链品牌的对策[③]。基于以往文献，关于农产品的研究大多是基于农产品的生产、流通或销售环节中的其中一个部分进行剖析的，割裂了农产品在整个产业链上的有机联系，但随着现有农业产业化的不断推进，在农业方面需要引入新的系统论理念[④]，要充分考虑到农产品生产与流通中主体的多元化和各主体之间的相互交流、相互协作，并将各主体合理有序地组织起来形成一条有价值的服务供应链，共同创造农产品区域品牌价值。因此，本书认为基于服务供应链视角研究农产品区域品牌价值共创，不仅完善了服务供应链在农产品领域的理论知识，也为农产品区域品牌价值共创的研究提供了新思路。

三、基于服务供应链研究的农产品区域品牌价值共创维度

（一）农户维度

首先，农户在农产品区域品牌价值共创的服务供应链中处于上游位置，是供应链发展的源头，农户通过提供无公害高品质的初级农产品来保证品牌载体的质量；其次，农户一方面为企业提供了主要的生产资料——土地，另一方面还为企业提供了大量的劳动力。朱媛玲等（2016）利用层次分析法对农业品牌发展中的农户行为要素指标进行分析发现农户经营模式最为重要，它直接影响农户受益，进而影响农户生产积极性和产品品质，是区域品牌发展的关键影响因素[⑤]。邱小文（2013）认为农户在农产品品牌价值共创服务供应链中具有基础

---

① 宋华，陈金亮.服务供应链中服务集成商竞争优势影响因素的案例研究［J］.中国软科学，2009（S1）：296-300.

② 李腾，张盼盼.服务供应链视角下生鲜农产品品质不确定性因素研究［J］.保鲜与加工，2018，18（3）：116-126.

③ 蔡玉秋，郭琳，王刚毅.农产品供应链品牌体系创建和运营的信用管理机制、策略研究［J］.理论探讨，2014（3）：95-98.

④ 喻立.面向农产品流通的服务供应链构建研究［J］.西南科技大学学报（哲学社会科学版），2017，34（3）：82-88.

⑤ 朱媛玲，陈羽欣.吉林省农业品牌发展要素指标体系的构建与评价［J］.沈阳师范大学学报（社会科学版），2016，40（6）：63-67.

作用①。农户不仅是品牌农产品原材料的提供者，还是初级农产品质量安全与品质的保障者，更是品牌农产品发展的基础创造者。基于以上学者的研究发现，他们仅对农户在农产品服务供应链中的作用和地位进行了分析，但对于农户如何参与到整条服务供应链的实际运作中尚待研究。经过对文献的分析和实际调研，农户的产品种植技术、绿色种植理念等因素会提升区域品牌的农产品品质，农户与企业间的深度互动与合作不仅能够促进农产品品质的提升，更能增加彼此之间的信任，而且农户参与品牌价值共创过程也会进一步保证产品的来源，使产品品质更加稳定、产品质量更值得信赖。

（二）消费者维度

消费者在农产品服务供应链中处于最末端，但他们具有重要的作用。通过相关文献的梳理发现鲜有学者将消费者纳入农产品区域品牌价值共创主体中进行研究，仅有吴静（2017）通过 DART 模型与定性分析和定量分析相结合研究，认为消费者是农业集群品牌价值共创参与的主体之一②。从消费者角度来说，消费者的品牌感知和忠诚度对区域品牌产品的发展影响较大。本文认为消费者是品牌农产品的最终被服务者，更是品牌农产品的感知者，在整条供应链中有着重要的决定性作用。

（三）企业维度

在农产品服务供应链中，企业是该供应链中的主体，该"企业"不单指一家企业，它包括农产品从生产到被消费整个流通过程所有参与的企业，目前农产品流通最常见的模式为"农户—农业龙头企业—物流运输—销售商—消费者"。若想更大程度地提升农产品区域品牌价值，则需要对农产品服务供应链上每一个企业进行优化和管理，使整条供应链更加专业化和精细化③。农业龙头企业由政府有关部门认定，以"农业龙头企业＋基地＋农户"的模式对农产品进行收购，并以农产品加工流通为主，将经过处理的农产品以"批发＋零售"的方式进行销售，将整个过程有机结合成相互促进的一个整体。熊明华（2004）主张要想大力发展农产品区域品牌，则需要全力支持农业龙头企业，让它成为区域品牌价值共创的主体④。吴菊安（2009）认为农业企业在特定地域集聚促进了农产品区域品牌发展⑤。农业龙头企业参与品牌价值共创能够促进农产品区域品牌发展，并树立良好的品牌形象。农业龙头企业在农产品服务供应

---

① 邱小文.福建农产品品牌化发展战略研究［D］.福建农林大学，2013.
② 吴静.农业集群品牌价值共创关键维度研究［D］.浙江农林大学，2017.
③ 汪晓莉.供应链系统下外贸农产品物流管理研究［J］.农业经济，2018（12）：123-125.
④ 熊明华.地域品牌的形象建设与农业产业化［J］.中国农业大学学报（社会科学版），2004（2）：26-29.
⑤ 吴菊安.产业集群与农产品区域品牌建设［J］.农村经济，2009（5）：39-41.

链中是将农产品推向市场的重要推手，是农产品质量的把控者，更是农产品区域品牌的定位者和知名度的创造者，是农产品品牌价值共创的关键维度。杨欣（2018）认为农产品物流运输既可以满足人们的供需要求，又可以通过一些服务提升农产品的附加价值，增加整体收益[①]。江建秧（2018）发现随着社会经济的发展，人们不断提高的生活质量在很大程度上拉动了市场对优质农产品的需求，并对农产品在加工运输过程中减少损耗、降低营养流失、提高保鲜能力提出了更高的要求[②]。物流运输企业是连接农产品从产地走向销地的关键因素，是农产品品牌价值共创的保证。杨天剑等（2019）认为销售商努力销售会影响市场需求，如通过广告、促销等手段可以扩大市场份额[③]。销售商是与消费者互动交流、获悉消费者需求的桥梁，是农产品品牌价值共创的实现者。农产品区域品牌供应链体系的建立和完善，离不开供应链各个节点企业的支持，它们是提高区域品牌产品的质量、区域品牌的知名度以及消费者对区域品牌产品的认知度和满意度，实现农产品区域品牌价值的共同创造的重要因素。

（四）政府维度

政府在整条农产品服务供应链中虽然不具有实质性的操控作用，但其具有重要的导向作用，这一观点也是被众多学者认可的[④]。政府是质量标准化体系的制定者和产品质量的监管者，通过完善农产品质量监管法律法规、制定政策引导农产品品牌建设。政府对农产品区域品牌加强监管会提升产品安全质量并保护区域品牌，政府加大举办农产品展销会的力度、加强对区域品牌的推广也可以提升区域品牌的知名度。有了政府的参与不仅使得品牌形象更加深入人心、各方资源得到良好的整合，还能够丰富品牌的人文价值、获得消费者的信赖感和认同感，成为农产品区域品牌价值共创的基础分析维度。

四、结论与展望

农产品区域品牌价值共创是涉及多元主体的构建过程。当服务成为农产品区域品牌建设的核心时，基于服务主导逻辑思想将会促进农产品区域品牌价值的提升和传播。众多文献研究表明，基于服务主导逻辑将促进农产品服务供应链体系的形成，并推进农产品区域品牌体系的构建。企业与消费者的互动过程促进了资源整合和服务交换，从而形成服务主导逻辑理论的演进。本书以服务

① 杨欣.供应链视域下农产品物流与农业经济互动关系研究［J］.农业经济，2018（11）：126-128.

② 江建秧.农产品物流与农业经济协调发展机制探寻［J］.农业经济，2018（12）：138-140.

③ 杨天剑，张雪梅.考虑绿色偏好和销售努力的绿色供应链定价和产品绿色度决策［J］.北京交通大学学报（社会科学版），2019（1）：1-11.

④ 孙丽辉.区域品牌形成中的地方政府作用研究——基于温州鞋业集群品牌的个案分析［J］.当代经济研究，2009（1）：44-49.

供应链理论为支撑对农产品流通过程中的参与主体进行分析，并明确了农产品区域品牌价值共创的形成路径。因此，在"一带一路"大背景下，农产品区域品牌的建设将以服务供应链为基础，融合农户、消费者、企业和政府的力量，各方共同参与农产品区域品牌价值共创，才能获取市场竞争力。在未来的研究中深入探索服务主导逻辑下服务供应链与农产品区域品牌关系，开展基于实证的服务供应链视角与农产品区域品牌价值共创关系研究具有重要的研究价值。

第二节　企业品牌价值共创关键
维度与路径案例研究 [1]

在全球化时代，品牌作为一种国际语言沟通着不同国家企业与消费者之间的关系，品牌也凭借自身价值获得了顾客的认同。但传统经济背景下品牌限于企业价值链体系内，价值的创造决定于企业，而网络经济促进了顾客与企业品牌的联系，顾客更有意愿通过网络社区等多元方式将品牌消费的体验和感受表达出来，同时为获得更有效的消费体验，顾客逐步参与到品牌价值的创造过程中，从而使品牌价值的创造融合了来自企业、顾客等多元要素的参与。学者卫海英等提出了基于企业、顾客、利益相关者互动的品牌资产模型 [2]，品牌价值的创造依赖于品牌与顾客、相关利益者之间的关系。本文以老字号企业案例为研究对象，通过探索性研究分析老字号品牌价值共创维度，并构建品牌价值共创理论模型，寻找老字号品牌价值创造路径。

一、品牌价值共创研究文献综述

现代企业的发展是对企业品牌价值不断发掘的过程，也是不断创造品牌价值的过程。从企业角度看品牌价值反映了资产和市场影响力，而从顾客角度来看品牌价值则反映了顾客对品牌的感知价值，即顾客感知的利得与其付出的成本之间的关系。品牌与利益相关者、顾客以及企业员工的互动就是构建品牌关系，创造价值的过程。"企业作为一个普通节点与顾客、软件商、硬件商、云服务商、销售渠道、物流商和社交媒体等形成社会化网络生态体系，通过互动

---

[1] 杨保军.企业品牌价值共创关键维度与路径案例研究［J］.北方民族大学学报（哲学社会科学版），2019（02）：73-81.

[2] 卫海英，姚作为，梁彦明.基于企业—顾客—利益相关者三方互动的服务品牌资产研究：一个分析框架［J］.暨南学报（哲学社会科学版），2010（1）.

和资源整合而共创价值"。① 从动态成长的角度来说，品牌价值是不断变化的，品牌可以在市场中通过不断的品牌战略和策略的应用获得成长，也可以在市场的发展中逐步萎缩老化直至退出市场，因此探索品牌价值创造维度和途径将有效提升品牌价值。

价值由谁创造？在商品主导逻辑时代，企业创造了价值，消费者仅仅是价值的消费主体和接受主体。在企业主导的消费市场中，企业生产什么消费者就接受什么；或者企业认为只要生产有吸引力的产品，消费者就会购买。但是伴随着以消费者为中心的时代的到来，消费者成为市场决定因素，竞争推动企业必须吸纳消费者的体验并参与到价值的创造过程中，从而形成了 20 世纪末的价值共创理论。美国学者 Prahaladck（1990）认为，消费者与企业共同创造了企业的价值②。由此掀开了价值共创研究的序幕，众多学者都从用户体验、服务、企业与顾客互动等视角分析价值共创的概念、维度。国内学者对此也投入了巨大的热情，对知网里发表在 CSSCI 期刊的文献分析，2011 年至今，共发表相关文献 145 篇，其中根据主题分类包括：价值共创（95）、企业管理（19）、服务主导逻辑（14）、案例研究（11）、顾客参与（8）、价值创造（7）、虚拟品牌社区（6）、知识服务（5）、价值共创行为（5）、动态能力（4）、图书馆（4）、模式创新（4）、消费者（4）、商业模式创新（4）、中介作用（3）（括号内数字为篇数，对文献进行检索，主要指标为：总参考数 9976、总被引数 1387、篇均参考数 68.8、篇均被引数 9.57）。

价值共创是在消费者主导市场的大背景下产生的，为了更好地创造顾客价值，企业从相互合作转变为与顾客合作，通过吸引顾客参与、互动从而实现价值的提升，顾客参与创造价值成为企业创新的源泉。从价值创造过程来看，互联网为顾客参与到企业价值创造提供了可能和便利。顾客参与、与企业产品和服务的创造互动可以得到更适合的产品和服务，享有消费的主动权。企业吸引顾客进行价值共创活动可以充分了解顾客需求，从而创造更具竞争力的产品和服务。价值共创理论的研究为品牌价值共创提供了重要的研究基础。品牌的精髓是功能性利益、情感性和自我表现型利益，可以为企业带来显著的持续优势③，品牌价值共创就是创造挖掘各种价值元素的过程。基于商品主导逻辑的理论与实践表明，品牌价值主要来源于企业资源、广告与营销传播，品牌价值是品牌商品或服务对非品牌商品或服务的增值。顾客不参与品牌价值的创造，

---

① 简兆权，令狐克睿，李雷.价值共创研究的演进与展望——从"顾客体验"到"服务生态系统"视角［J］.外国经济与管理，2016（9）.

② Prahaladck，Hamelg.The core competence of the corporation［J］.Harvard Business Review，1990（68）.

③ 戴维·阿克，埃里克·乔基姆塞勒.品牌领导［M］.耿帅译.北京：机械工业出版社，2012.

是价值的消耗者；企业运营的过程是价值链增值的过程，企业是品牌价值增值的核心。进入 21 世纪以来，信息技术革命促使企业向市场提供的不仅是商品，更是以服务为核心的"解决方案"，由此形成了以服务为主导逻辑的运营理念，企业与顾客之间的关系不仅是传统意义的交换关系，顾客也是品牌价值的创造者。Vargo 和 Lusch（2008）较早研究顾客和企业共创价值的二元关系[①]并提出品牌价值共创理论。Grönroos（2008）进一步实证分析了在服务主导逻辑背景下顾客与企业互动过程中通过使用价值的交换共同创造价值[②]。国内学者对顾客参与品牌价值创造进行了深入研究，武文珍和陈启杰（2012）[③]、钟振东等（2014）[④]分别从服务主导逻辑分析了企业和顾客互动的价值共创模型。在此基础上，张婧等（2013，2016）从产业服务情景实证分析了品牌价值共创的维度及其对顾客认知与品牌绩效的影响[⑤]。随着服务供应链理论的提出，企业日益重视供应链体系的整合，进入供应链管理模式，企业通过供应链管理提升顾客感知以实现价值共创[⑥]。由此，品牌价值共创来源于多重主体，企业与员工、企业与顾客、企业与供应链共同合作创造了品牌价值。

二、研究假设与模型构建

（一）企业与品牌价值的创造

品牌价值构成的研究在学界各执一词，尚没有统一认识[⑦]。戴维·阿克认为品牌的价值由创造能力价值、消费者剩余价值、交易价值与内在价值构成，但从企业角度分析，品牌价值反映了企业生产的产品价值。每个企业都在努力为顾客创造更多更好的价值，包括给予顾客产品差异化的感知、不同的产品和品牌体验，这种基于差异化的产品和服务属性形成了品牌价值。企业在创造产品的过程中，创造不同质量水平的产品，形成差异化的产品特征，进行独特的产品风格和设计都是增加顾客价值的方法，也是企业创造品牌价值的基础。从"企业—员工"维度来分析，品牌价值的创造不仅建构在传统的观念基础上，还需要通过品牌名称、品牌定位、品牌设计塑造差异化的效应，获取市场价值。基于"企业—员工"维度的品牌价值研究体现在品牌内部化理论中。品牌

---

① Vargo S. L., Lusch R. F. Service-dominant Logic: Continuing the Evolution [J].Journal of the Academic Marketing Science, 2008（3）.

② Grönroos C. Service logic revisited: who creates value? And who co-creates? [J].European Business Review, 2008（4）.

③ 武文珍，陈启杰.价值共创理论形成路径探析与未来研究展望 [J].外国经济与管理, 2012（6）.

④ 钟振东，唐守廉，Pierre Vialle.基于服务主导逻辑的价值共创研究 [J].软科学, 2014（1）.

⑤ 张婧，邓卉.品牌价值共创的关键维度及其对顾客认知与品牌绩效的影响：产业服务情境的实证研究 [J].南开管理评论, 2013（2）.

⑥ 高志军，刘伟，高洁.服务主导逻辑下物流服务供应链的价值共创机理 [J].中国流通经济, 2014（11）.

⑦ 唐玉生，曲立中，孙安龙.品牌价值构成因素的实证研究 [J].商业研究, 2013（9）.

内部化是借助于企业内部管理者、员工理解品牌的理念、形象，并使品牌价值从内部生成、渗透和传递；强调员工对品牌内涵的理解，借助企业一些有形载体和员工行为表现传递品牌价值，促进员工买进并向外传递品牌内涵。由此，本文得到以下命题：

命题 1：企业通过品牌价值创造获得市场价值；企业通过品牌内部化促进员工参与品牌价值创造，从而使品牌价值从内部生成和渗透传递，"企业—员工"是品牌价值创造的基础。

（二）顾客与品牌价值创造

从顾客对品牌的功能价值来看，品牌价值反映出产品质量、产品属性、产品特点表现的价值；从顾客对品牌的成本认知来看，品牌价值反映顾客对品牌的金钱、时间、精神上的付出，被称为成本价值；从情感角度来分析，顾客对品牌产生的依恋、社会认同、时尚追求以及使用品牌产品后的情感联系，被称为情感价值；同时顾客在消费品牌产品后所产生的服务认知、创新认知等都构成品牌价值。当市场竞争逐步深入的时候，仅仅从企业与员工的维度思考品牌价值已不足够，顾客决定了品牌价值的核心要素，差异化、关联度、品牌知识以及尊重是决定品牌优势的四个重要因素。在基于市场导向的企业运营中，顾客需求逐步被融入企业价值链体系，成为创造品牌价值的前提。由此，得到以下命题：

命题 2：融合了顾客需求的品牌理念和品牌形象才能获得市场，基于顾客的情感诉求、功能诉求演变为现代市场营销观念指导的价值增值活动，品牌价值也逐步显现，顾客是品牌价值共创的关键维度。

（三）供应链与品牌价值创造

供应链反映了围绕核心企业的外围供应商、分销商、第三方服务机构的网链结构。在以顾客为导向的背景下，围绕顾客的需求，企业通过制造、分销、物流等一系列供应链活动实现了从供应商到顾客的衔接，由此，供应链作为一个整体构成了企业产品营销的重要环节，也成为企业产品强大供应能力的背书。苏宁拥有完善的供应链从而成为企业营销卖点。周华从品牌共生的角度出发，认为企业拥有核心竞争力不仅需要强大的品牌，还需要企业拥有供应链[①]。从品牌价值角度来看，供应链是品牌价值的重要创造者，拥有强大供应链能力的企业具备了优势的品牌价值。品牌价值的创造不仅是基于企业、顾客的，供应商、中间商、第三方服务机构等网络合作伙伴同样参与品牌价值的创造。Keller 和

---

① 周华 . 供应链企业品牌共生机制研究 [J] . 中国流通经济，2009（2）.

Lehmann（2003）提出"基于品牌权益创造活动的品牌价值链"模型[1]，认为创建品牌权益是品牌价值链的核心与目标。Kurata 等（2007）研究了直销和非直销渠道下制造商品牌和零售商自有品牌定价策略，从供应链角度分析品牌价值问题[2]。李淑梅（2017）基于供应链理论提出[3]单一高端品牌策略下，供应链成员利润和消费者剩余只与产品生产成本相关。从供应链视角分析了品牌价值差异和创造问题。迈尔·波特认为，企业价值链由基本活动和辅助活动构成[4]，营销活动与企业价值链环节紧密相连，每一个价值链环节都在创造价值活动。企业的供应链连接着生产、营销、服务等基本活动，贯穿着资金流、物流和服务流，从而推动着企业价值活动的创造。在供应链运作过程中，消费者的需求信息必须通过经销商才能传递给核心企业，核心企业接到消费者的需求信息后，拟定生产方案、后勤服务方案，以及营销服务方案，推动企业价值链的运行。由此，得到以下命题：

命题 3：信息流、资金流、物流、服务流支持供应链运行，拥有完善的供应链体系将有效促进企业的价值链运行，不断创造企业价值和品牌价值，从而形成市场竞争优势，供应链体系是品牌价值创造的重要来源。

（四）品牌价值共创模型

基于以上研究，可以得到如图 3-1 所示的品牌价值共创模型。

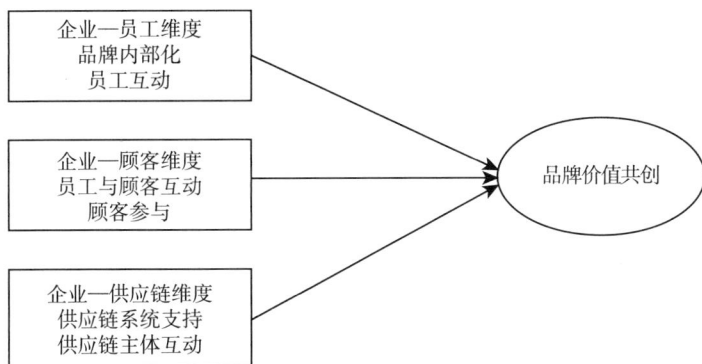

图 3-1　品牌价值共创维度

图 3-1 描绘了企业、顾客和供应链主体互动背景下品牌价值共创的过程。

① Keller K. L., Lehmann D. R. How do brands create value? [J]. Marketing Management, 2003（3）.

② Kurata H., Yao D. Q., Liu J. J. Pricing policies under direct vs. indirect channel competition and national vs. store brand competition [J].European Journal of Operational Research, 2007（1）.

③ 李淑梅.供应链产品销售与定价策略研究——基于品牌价值差异化的分析与选择 [J].价格理论与实践, 2017（12）.

④ [美] 迈克·波特.竞争优势 [M].北京：华夏出版社, 1997：16.

以提高品牌绩效为目的的品牌价值创造过程通过企业内部文化推动、员工参与和品牌内部化活动构成了品牌价值创造第一层次。顾客参与到企业的产品研发、营销活动中将需求融入其中重塑了顾客价值，实现了顾客与品牌价值的创造。同时，顾客与同企业紧密连接的供应链系统的互动支持了营销活动，从而推动了品牌价值的创造，并实现了企业品牌绩效的提升。

三、品牌价值共创路径案例分析

基于特定情境下的企业管理实践研究可以发现管理一般理论，这是案例研究方法的共识[①]。品牌价值的创造是在企业营销实践的大背景下演进的过程，在特定的营销实践中，企业聚集员工、顾客、供应商的知识资源不断创造品牌价值，从而形成强势品牌。因此，本书基于企业案例的纵向研究和横断面的问题剖析，来揭示品牌价值共创来源，从而分析出品牌价值共创路径。

（一）案例数据来源

选择适合案例分析的样本案例一方面需要有较为详实的企业发展历程以供理论分析的历史参考；另一方面，需要研究进行深入访谈，从多个现实视角采集案例资料以验证理论的自洽性。本研究选取的样本案例是回族老字号企业宁夏敬义泰公司。开展调研之前，课题组通过报纸、期刊数据资料等公开文献查阅公司发展的文史资料、对外宣传资料、视频资料并进行整理，形成公司发展历史的研究资料。课题组根据研究内容事先制定半结构访谈问题，并与公司联系，以公司高层管理人员和员工为访谈对象，并期望通过与公司内部沟通等方式得到较为详实的案例资料。标本资料来源汇总如表 3-2 所示。

表 3-2　样本案例企业资料来源[②]

信息来源	信息类型
半结构化访谈	根据受访者对访问提纲的回答进行整理
档案文件	公司内部资料、对外宣传资料、公司宣传视频资料、文史资料
二手资料	报纸、期刊数据资料等

（二）案例描述

自唐以降，宁夏就成为丝绸之路的重要通道，形成了较为繁荣的区域市场，遗留了众多老字号企业，宁夏敬义泰公司是其中的佼佼者。清同治末年，晋商李文蔚与其子李敬修、李敬义自山西入宁夏创建敬义泰商号，取姓名中

---

① 杨保军，黄志斌. 基于知识进化视角的技术创新与品牌进化耦合机制研究［J］. 自然辩证法研究，2014（12）.
② 本案例的一部分资料来自宁夏区政协文史资料委员会编的《宁夏老字号》，宁夏人民出版社，1997 年 3 月版。另一部分来自课题组采访，感谢宁夏敬义泰公司张宏毅总经理及其团队。

"敬""义"字，意为敬重、厚道、平安。彼时宁夏地处西北，与山西依靠黄河进行联络。山西敬义泰商号派遣王秉初到宁夏开设分号，地址位于今宁夏银川的玉皇阁西，股本为 1000 两白银，主营商业贸易，兼营制作酱油、黄酒、陈醋、玫瑰露酒和糕点。敬义泰在初创时，山西商号负责批发，经陆路驼运和水路河运在宁夏零售经营，分号还负责代办汇兑，争取顾主，便利客商。由于经营得当，敬义泰成为远近闻名的字号，被列为当时宁夏八大商号之首。20世纪 30 年代战乱频发，民生凋敝。受到军阀压迫，敬义泰商号的经营受到很大冲击，1933 年缩股经营改名为"大同庆"，经营日渐衰微，惨淡经营至新中国成立。

1949 年，新中国成立开启了老字号发展的新篇章。宁夏敬义泰商号接受和平改造，调整战略敞开经营，将兰州的资金、货物、人员全部调回银川，与大同庆合并，由原来的批发转为零售。1956 年，大同庆在社会主义改造中参加公私合营，当时大同庆有股金 8 万余元，国家把当时一些小糕点商号、酱园都合并到了敬义泰总店，阎寿菴为私方代表，由其负责管理，大同庆成为公私合营的敬义泰总店。1959 年，国家又将公私合营的敬义泰转成了国营企业。在三年困难时期，有关部门又将敬义泰的生产车间和前面的门市部划分给两个部门管理，后厂归到了银川市糕点加工厂（现在的银川清真食品厂），前面的门市部划归给银川市糖业烟酒公司，这段时间敬义泰基本停止了生产经营活动。到 1964 年国民经济有所好转后，银川市糖业烟酒公司又从糕点厂抽回部分工人，在原敬义泰的厂址上恢复了后厂生产糕点，被称为东街后厂。这时东街后厂的生产任务是满足前面商店的销售，进行少量的生产，基本是一个班十几个人生产。由于不供应其他副食商店的销售，东街后厂的产品产量和经济效益很低，经营时断时续。

1984 年是中国众多老字号企业获得新生的重要节点。银川市政府决定将东街后厂正式恢复为当时的老字号敬义泰的厂名。因考虑到企业的产品销售范围和银川地区回族人口众多，东街后厂于是就改做清真糕点，更名为"敬义泰清真糕点厂"。企业的产品销路不断扩大，产值和经济效益也不断提高，人员从最初的不到 20 人增至 45 人。1991 年企业的产值和利润分别为 110 万元和6.6 万元，实现了企业较快增长。

1998 年，银川市推进国有企业改革。敬义泰清真糕点厂经全体职工大会表决通过由原"敬义泰"老字号的骨干员工买断敬义泰清真糕点厂股份，转为民营股份制企业。2002 年 7 月，敬义泰清真糕点厂申请注册了"敬义泰"商标，延续老字号的生产技术，以各式清真糕点和月饼系列产品为主，过硬的生产质量使产品通过了 ISO 9001 质量管理体系认证。2006 年敬义泰被商务部认定为"中华老字号"单位。2008年敬义泰成立清真主食加工配送中心，为银川市零售业、社区、单位提供主食加工配送服务。2010年7月敬义泰由宁夏云河煤业有限公司收购，公司通过改造原有的设施，开发新产品，逐步扩大敬义泰老字号的品牌影响力，力求将宁夏敬义泰清真食品有限公司打造成清真食品生产加工的龙头企业。

（三）案例数据分析

在现代市场里，消费者对品牌的认知、信赖越来越重要，成为消费决策的重要依据。宁夏敬义泰150多年历史发展表明，企业、顾客、供应商共同塑造了敬义泰高知名度、高美誉度的品牌价值，使敬义泰获得了较高的社会声誉和市场影响力。对于品牌价值的认知不仅取决于品牌本身的价值，还包含着来自企业、消费者、供应商对品牌的认知价值、审美价值、社会价值、市场价值等多方面，也就是说，老字号的品牌价值依赖于企业、顾客与供应商共同创造。为验证这个命题，课题组深入敬义泰公司进行调研，并查阅相关资料形成的案例数据，下面从三个方面详细分析。

1. 基于"企业—员工"维度的品牌价值创造

企业内部组织结构、知识分布决定了企业内部的管理水平，从"企业—员工"建立起来的知识共享机制形成了品牌价值的知识基础，因此，基于"企业—员工"维度分析品牌价值创造可以从企业内部角度探索品牌价值形成的路径。为此我们将从三个方面来探索，即产品定位、时间价值与企业内部营销。

品牌是依托于产品形成品牌价值。宝洁公司的众多品牌在市场中发挥影响都是依赖差异化的产品，基于产品不同的功能，飘柔定位于秀发柔顺，海飞丝定位于去屑实力派，潘婷定位于滋润发根，从而塑造了不同品牌的市场定位。在品牌推广中消费者用海飞丝取得去屑、滋润的效果，用飘柔得到柔顺、滋润的效果，用潘婷得到柔顺、去屑的效果。敬义泰依托清真产品的定位和长期传承的产品技术，强化产品定位，在市场推广中不断提升品牌价值，从而形成了超越对手的品牌价值。当乔布斯重新执掌苹果公司后，通过高度聚焦的产品战略，把正在开发的15种产品缩减到4种，致力于生产高端产品。乔布斯在公司打造一种独特的苹果品牌文化：专注于产品设计，关注细节，懂得如何满足消费者的需求。正是这种独特的产品定位塑造了苹果的品牌价值，获得消费者的热爱。

从品牌价值的形成来分析，时间因素也是重要的影响因素。经历了历史的锤炼，老品牌在消费者心目中占据了重要位置。诞生于1883年的奔驰汽车经历了一百多年历史的洗礼在消费者心目中沉淀出顶尖品牌地位。福特汽车的阿斯顿·马丁虽然年产800辆，但经历一百多年的传奇故事和历史锤炼，阿斯顿·马丁轿车形成了时尚、冒险的品牌文化和汽车传奇，获得了极高的品牌价值。中华老字号北京烤肉苑饭庄开业于 1686 年，迄今已经有 300 多年的历史，以其口味独特、货真价实享誉京城，直到今天依然在消费者中拥有良好的口碑。经过时间的培育，历史悠久的品牌获得消费者的信赖，成为高品牌价值的重要来源。当然，品牌价值的来源还有很多，包括企业营销运作、市场推广、创新文化等都深刻影响着品牌价值的形成。敬义泰是一家 150 多年的老字号企业，多年的发展积累了较高的口碑，使其产品在市场中具有较高的知名度，时间提升了其品牌价值。

把员工当作内部顾客，通过提高内部顾客的满意度，保证提供给外部顾客优质的服务，最终实现外部顾客满意是内部营销的重要内涵。在营销管理实践中，员工是企业核心资源，员工的满意直接关系外部顾客的满意，对员工的内部营销活动也可以有效促进品牌价值的塑造。Malcolm（2001）等提出，品牌的建设不能仅关注企业的外部，还需要公司内部所有成员的一致行动[1]。企业长期的员工管理机制推动了品牌影响力的提升，促进品牌价值的形成；品牌自身所蕴含的内部文化、价值理念构成了品牌价值的来源。品牌传播中包含着企业文化、企业个性化形象、价值取向和文化品位，形成了仅属于企业的品牌社群，获得消费者的高度认同感和文化归属感，从而达到品牌价值增值的目的。敬义泰在长期的发展中，在员工管理方面积累了许多管理经验，如：

（一）善于用人。商号的经理、掌柜、账房先生等都是精明能干的老手。他们以商号为家，把个人与商号视为一体。所以能精心管理商号内的一切业务。

（二）了解商情。有关货物的价格变化、当地的脱销商品，及时写信、发电报与货栈和庄点联系（用代号或密码）。使所进货物适应市场需要，随进随销，不积压资金。

（三）讲究信用。批发货物采取付款提货和赊销分期付款两种办法，争取顾主。在零售方面，对熟悉可靠的顾主，也能赊销记账，在年终时开单索取。

（四）关心店员。逢年过节，股东和经理给店员学徒赠送衣服鞋袜，如遇婚丧大事，可以预支工资。以此来争取店员为商号效力。

（五）严格自律。经理和店员不占商号便宜，不浪费和损坏商号的东西。

（六）广开财源。为增加收入，便利客商，增加代办汇兑业务，每 1000 元（银元）收费 5 元到 8 元。[2]

---

[1] McDonald M. H. B., De Chernatony L., Harris F. Corporate marketing and service brands–Moving beyond the fast-moving consumer goods model [J]. European Journal of Marketing, 2001（3/4）.

[2] 宁夏区政协文史资料委员会编. 宁夏老字号 [M]. 银川：宁夏人民出版社，1997：12.

具体引文例证如表 3-3 所示。这些经营理念不仅促进了内部管理，也成为企业文化的重要组成部分，促进品牌建设，创造了品牌价值，由此，命题 1 成立。

表 3-3 样本案例企业对品牌价值共创引文例证 ①

样本企业	引文例证
敬义泰公司	敬义泰店规："（一）营业期间，店员必须衣帽端正；不准坐，不准背靠柜台。（二）店员对待顾客要和颜悦色，热情接待；不准出言不逊。（三）严禁店员在外酗酒、打架、抽大烟、嫖赌。（四）店员对待店东必须诚恳老实，不准说谎。（五）不准夜不归宿，违者解雇。（六）有事必须请假，不准超假不归。（七）不准带家属或亲友进店居住。"② 我们企业非常重视员工培训，新入职的员工都要接受专业的训练，掌握相应的技术，对企业文化有较为深入的了解；我们长期和高校的研究院所合作，这种灵感来自我们民族地区的顾客，他们为我们提供了很多建议，使我们的朝觐食品能够有机会打入中东市场

2. 基于"企业—顾客"维度的品牌价值创造

在传统的以商品为导向的营销逻辑中，企业单独创造品牌价值，顾客并不能参与到品牌价值的创造中。伴随着市场竞争，企业吸引顾客参与到品牌建设可以获取更多的营销价值，顾客为获得独特意义的体验参与企业互动，从被动受众变为主动行动者和企业共同创造个性化体验，由此参与到了企业品牌价值的创造过程，顾客与企业都获得了各自收益。伴随着服务在营销体系作用的扩大，服务经济时代促使顾客更为深入地参与到企业生产与交换活动过程中。著名学者 Vargo 和 Lusch（2004）将商品主导逻辑下分开的产品和服务统一，认为在服务主导逻辑下价值由顾客决定和共同创造。③

从品牌建设角度分析，基于服务主导逻辑下品牌价值的创造融合着顾客与企业的互动、顾客与企业共同生产品牌价值的感知，从而使顾客更为深入地参与到品牌价值的创造过程中。区域因素影响顾客价值创造。品牌一般与特定产品联系在一起，从一开始就带有区域的特点。法国波尔多盛产葡萄，所产葡萄酒口感柔顺细致，享誉世界，由此形成了独特的品牌价值；茅台酒产自贵州茅台镇，其特殊的风格来自历经岁月积淀而形成的独特传统酿造技艺，酿造方法与其赤水河流域的农业生产相结合，受环境的影响，季节性生产，端午踩曲、重阳投料，保留了当地一些原始的生活痕迹，从而形成了"酱香突出、幽雅细

① 课题组采访的资料见杨保军，黄志斌.基于知识进化视角的技术创新与品牌进化耦合机制研究［J］.自然辩证法研究，2014，30（12）：30-35.以下例证资料来源相同。
② 宁夏区政协文史资料委员会.宁夏老字号［M］.银川：宁夏人民出版社，1997：12.
③ Vargo S. L.，Lusch R. F. Evolving to a new dominant logic for marketing［J］. Journal of Marketing，2004（1）.

腻、酒体醇厚、回味悠长、空杯留香持久"的风格特点,形成了享誉世界的品牌价值。区域因素影响了消费者对品牌价值的判断,对品牌价值的形成具有重要影响。地处西北的敬义泰在长期企业经营过程中产品必然受到区域因素的影响。西北地区民风淳朴,饮食结构以面食为主,生产糕点及西北特色食品的敬义泰自然受到了顾客的青睐,由此形成了顾客的消费偏好、秉性与企业特色产品的情感连接,这为品牌价值本身的挖掘提供了前提。

文化因素影响的品牌价值创造。侯式亨(1998)认为:"(北京老字号)具有独特的传统文化特色,包含了深厚的古都文化内容;具有独到的经营思想、经营之道;独具特色的加工技术和高超的产品质量,俗称'绝活',而且大多数老字号的工艺是经几代传人继承和传续下去的。从某种意义上说,老字号的牌号、店训、传说、手艺和建筑已成为中华传统文化的一部分。"[1]老字号经营是民族文化、社会文化等文化特质的投射。独特的民族文化孕育了品牌的内涵,从而形成了品牌的价值。同仁堂"炮制虽繁必不敢省人工,品味虽贵必不敢减物力"的古训,形成了独特的产品价值。西北地区回族人口众多,独特民族文化影响下的企业与消费者的民族文化习惯密切相关,为敬义泰老字号品牌印上鲜明的民族文化特色,其生产的回族特色食品,构成品牌价值的重要组成部分。

品牌都是在社会文化的大背景影响下不断成长的,是与基层广大群众生产和生活实际紧密相连的。个人的品牌价值观与社会文化密切相关,并受到社会价值观、消费潮流的影响。当一个社会崇尚节俭注重个人健康和可持续发展时,消费者的品牌价值观具有保守、关注健康生活、支持环保的特点。当社会充斥着金钱至上的文化氛围时,消费者崇拜物质主义,争相攀比,奢侈品的品牌价值远高于普通商品。老字号能够传承至今,并不仅是传统历史的影响,也与老字号主动适应社会文化,引领消费者社会文化潮流有密切关系。在消费市场中,老字号品牌成为社会地位的象征、产品品质的象征、审美情趣的象征、个人财富的象征,老字号赋予品牌产品本身的特性,并由消费者在市场中得以实现,品牌的社会文化的象征性意义使其价值增值。作为区域标志性品牌的敬义泰在较长时间里都是时尚商品的代表,顾客将敬义泰糕点作为赠送亲友礼品的现象显示社会文化对品牌价值共创的影响。由此,命题2成立。样本案例企业引文例证如表3-4所示。

3. 基于"企业—供应链"维度的品牌价值共创

企业生产运营系统依赖于供应链的支持才能有效运转。作为企业重要的外

---

① 侯式亨.北京老字号[M].北京:中国对外经济贸易出版社,1998:1.

表 3-4   样本案例企业对品牌价值共创引文例证

样本企业	引文例证
敬义泰公司	顾客意见很重要，像我们现在这种朝觐食品在穆斯林地区一定符合民族习惯，这样顾客才认可；我们也经常到市场上去调研，收集顾客的意见；我们很重视顾客对老字号的评价；老字号要坚守传统，也要产品创新，这都需要顾客的参与。我们很注重顾客的消费行为；我们公司产品传承和坚守了传统清真食品的生产技艺，满足了传统文化和市场需求，产品已经成为宁夏的特色旅游产品 老字号要坚守传统，也要产品创新，这都需要顾客的参与 在宁夏这样的民族地区要处处考虑顾客的民族感受，技术创新也要从民族产品着手；清真食品既是企业发展的基础，也是技术研发的方向[①]

围支持系统，从原材料采购商、物流商、供应商到企业的制造加工、组装、分销等过程的供应商都为企业产品生产、运输、销售的价值创造活动做出重要贡献。这种或者紧密或者松散的合作伙伴关系构成企业供应链功能网络，形成物流、资金流、信息流，通过企业品牌产生竞争优势，由此，形成基于"企业—供应链"维度的品牌价值共创。

从供应链对企业的支持来看，品牌价值共创主要表现为两方面：其一，基于产品技术的品牌价值创造。产品是品牌的基础，企业通过与外部技术供应商建立合作伙伴关系，通过技术支持促进品牌价值的创造。敬义泰公司在企业发展过程中，由于外部食品制造竞争对手的技术推动、顾客需求拉动、竞争压力，企业一方面需要传承和保持企业原有的产品生产工艺和老字号品牌形象，另一方面又要通过技术创新和新产品开发创造更大的市场，并提升品牌形象。在此背景下敬义泰通过自身的创新机制、激励约束机制、保障机制，与中国农业大学专家开发清真食品速冻方便菜肴，利用自身的资源和能力为品牌进化和技术创新提供匹配性知识，使公司全面掌握了速冻方便菜肴制作过程中的关键技术。由此，敬义泰把技术创新知识转化为品牌传播和运作知识，逐步将公司打造为食品领域的领军企业的品牌形象[②]。其二，供应商资源形成的品牌价值共创。品牌竞争优势不仅存在于品牌产品本身具备的优势，还依赖于品牌背后供应商形成的资源支持。苏宁易购构建线上销售与线下实体店面协同的销售体系，企业与供应商紧密互动，依托网络购物平台形成大规模定制和设计能力；全国性实体物流、服务网络构成苏宁易购强大的供应商资源，逐步形成了独特的品牌价值共创模式。敬义泰公司作为一家多年运营的老字号企业，长期的合

①② 杨保军，黄志斌. 基于知识进化视角的技术创新与品牌进化耦合机制研究 [J]. 自然辩证法研究，2014, 30（12）：30–35.

作伙伴使企业在原材料供应、产品设计、技术研发等方面拥有了雄厚的供应商资源，奠定了企业品牌价值的基础，由此，命题3成立。样本案例引文例证如表3-5所示。

表3-5　样本案例企业对品牌价值共创引文例证

样本企业	引文例证
敬义泰公司	我们十分重视与中国农业大学的合作，这是我们技术研发的重要途径 敬义泰在长期经营中，供应商就是我们最大的后盾 我们有很多合作伙伴，这是多年的老朋友，对企业帮助很大

四、结论与展望

传统营销理论认为，品牌价值是顾客的功能和情感价值，是企业基于创意创造的。伴随着对顾客行为的深入研究，基于价值共创的理论推进了品牌价值共创的研究。学者郭彦、孙明贵认为："老字号品牌价值共创机理的核心是各方利益间的互赢关系。"[1] 本文基于老字号品牌敬义泰的研究认为，品牌价值是由企业—员工、企业—顾客、企业—供应链系统共同创造。企业通过产品定位、时间价值与企业内部营销的方式向员工传递企业品牌的定位、品牌文化，通过员工的行为、理念、态度显示出对品牌价值的理解和创造。在服务主导逻辑下，顾客为了自身利益逐步参与品牌价值的创造，在区域因素、文化因素的影响下，顾客与企业联系愈来愈紧密，形成对品牌经济价值、象征价值、情感价值的创造。供应链支持系统是创造品牌价值的保障，基于产品技术和供应商资源支持的品牌价值逐步被顾客认知，从而提升了品牌价值。老字号敬义泰多年的品牌发展历史表明了品牌价值共创的路径，因此老字号企业在服务主导逻辑背景下要积极主动地与顾客、供应商联系，在保持技术传承和产品质量的基础上要主动走出自我主导的营销模式，建立与顾客、供应商的情感联系和供应链支持系统，通过品牌价值共创建立对品牌身份的认同的共鸣，提升老字号品牌价值。

本书基于老字号敬义泰公司案例研究品牌价值共创的路径，通过敬义泰公司的历史发展，在访谈的基础上研究老字号品牌价值共创维度和路径。敬义泰公司在长期发展中积累了一定的品牌优势，企业自身的技术、产品质量使企业在区域市场中具有一定的品牌影响力，但在不断积累的市场竞争中企业如何适应竞争对手的竞争、顾客需求的变化，这就需要加强与顾客、供应商的联系，

---

[1] 郭彦，孙明贵.老字号品牌价值共创机理及对策研究——基于服务主导逻辑视角［J］.统计与信息论坛，2016，31（9）：89-100.

不断创造品牌价值。首先，研究仅以敬义泰老字号一家企业为案例分析，由于资料和访谈深入程度的限制，部分问题还没有发现，因此研究的深度有所欠缺，在进一步研究中将通过辅助问卷的方式作进一步定量分析以揭示问题；其次，案例研究方法的科学性有待进一步加强，通过扎根理论将访谈资料作深入编码分析，得出的结论将更为可靠，这也是今后案例研究的重要思路。

第三节　服务供应链视角的特色农产品区域品牌价值共创维度与绩效研究 [①]

随着经济全球化的深入，我国农业市场中涌现了大量的国际型农业企业，其凭借品牌优势、技术优势和资源优势在逐步掌控全球价值链。我国农产品企业在参与全球农产品市场竞争中，由于区域品牌影响力较小，较长时间处于全球价值链底端。农产品区域品牌是由农户、企业以及政府等多个利益相关者所共有，是在特定区域内与区域形象密切联系的品牌体系。伴随着服务主导理念的深入影响，农产品区域品牌逐步形成了以服务为核心的价值创造模式，在农产品流通的过程中，农户、农产品生产企业、物流企业、销售企业等都以不同的形式参与到整个过程中，以客户需求为导向，通过多个供应主体之间的互动与协调，对各方资源进行整合，形成了农产品服务供应链 [②]。从服务供应链的视角分析区域品牌的价值创造过程，整合各方资源有效降低成本、提高效率，共同创造顾客价值。近年国内外文献多聚焦于农产品区域品牌价值的维度模型、建设模式、影响因素以及合作绩效等方面的研究，然而基于服务供应链视角研究各价值创造主体对特色农产品区域品牌影响的文献，以及对价值共创维度和绩效的实证研究相对较少。本书以宁夏特色农产品为对象，从服务供应链视角出发，对农产品区域品牌价值共创的维度和绩效进行深入的研究，以期探索出有效的农产品区域品牌价值共创路径和策略。

一、文献回顾

（一）服务供应链理论与农产品区域品牌的研究

传统的企业运营管理"重商品轻服务"，商品主导逻辑支配着供应链体系。随着服务经济快速发展，大批传统制造企业向服务业转型，学术界围绕商品与

---

① 杨保军，秦艳昭 . 服务供应链视角的特色农产品区域品牌价值共创维度与绩效研究［J］. 上海商学院学报，2020，21（1）：96-110（在收入本书时略作修改）.
② 彭建仿 . 农业社会化服务供应链的形成与演进［J］. 华南农业大学学报（社会科学版），2017，16（4）：45-52.

服务的界定和属性进行了激烈的讨论，始终没有给出一个明确的结论。Vargo
和 Lusch（2004）提出"服务主导逻辑"理论，认为一切经济都是服务经济，
商品仅仅是提供服务的分销机制①。Anderson 和 Morrice（2000）发表了《服务
导向型供应链管理教学模拟：信息共享是否有助于管理人员进行服务能力决
策？》一文，首次提出了"服务供应链"一词。综合现有文献，目前关于服务
供应链的观点基本可以分为三种：①从产品服务化的视角来定义服务供应链，
主要强调产品的售后服务在企业维持竞争优势和获取利润方面所起到的重要作
用。Warrt 和 Kremper 认为服务供应链是在产品服务化过程中对所涉及的服务
计划、分配资源、配送和回收、分解、修理恢复等活动进行集成化的管理②。
②随着服务外包的兴起，服务供应链被定义为在服务外包过程中对从最初的服
务提供商到最终顾客的服务交付整个过程中的信息流、服务流、资金流、服务
过程及服务质量等进行规划管理③。③将传统的制造业供应链管理思想应用于服
务业供应链管理系统中，强调制造业与服务业中供应链管理的区别。在服务经
济盛行的时代，服务业必须借鉴制造业的供应链管理模式从而提供高质量、低
成本、柔性化、专业化的服务，快速高效地满足消费者不同的需求④。尽管观点
各有不同，但服务供应链的本质始终是：整合供应链上所有节点的资源，共同
创造价值⑤。赖俊明基于案例研究的视角提出服务供应链资源整合提供了价值创
新的平台⑥。张建军等从"供应链 +"理念的角度出发提出产品供应链与物流服
务供应链协调⑦。服务供应链不仅限于服务业，而是延续了现代供应链的管理思
想，以顾客为中心，以服务为主导逻辑，用服务拉动供应链的管理和运作，整
合所有相关主体的资源，相互配合，相互协作，共同创造价值。

　　农产品区域品牌研究是借鉴工业品区域品牌建设的经验开展的研究，众
多学者从区域品牌建设的主体、模式、机制开展研究。其中，政府、行业协
会、农业企业或合作组织作为农产品区域品牌主体被众多研究文献所引用⑧。随
着服务供应链理论在港口、旅游、医疗、物流管理以及农产品等领域的研究深

① Vargo S.L.，Lusch R.F.Evolving to a new dominant logic for marketing［J］.Journal of Marketing，2004，68，（1）：1–17.

② Warrt D. D.，Kremper S. Five steps to service supply chain excellence［J］.Supply Chain Management Review，2004，8（1）：28–35.

③ Ellram L.M.，et al.Understanding and managing the services supply Chain［J］.Journal of Supply Chain Management，2004，40（4）：17–32.

④ 简兆权，李雷，柳仪.服务供应链整合及其对服务创新影响研究述评与展望［J］.外国经济与管理，2013，35（1）：37–46.

⑤ 金立印.服务供应链管理、顾客满意与企业绩效［J］.中国管理科学，2006，14（2）：100–106.

⑥ 赖俊明.服务供应链中资源整合及其演化关系的案例研究［J］.中国流通经济，2019，33（3）：10–18.

⑦ 张建军，赵启兰.产品供应链与物流服务供应链协调发展研究：一个研究框架［J］.当代经济管理，2019，41（2）：31–37.

⑧ 胡正明，王亚卓.农产品区域品牌形成与成长路径研究［J］.江西财经大学学报，2010（6）：64–68.

入，学术界也深入推动农产品服务供应链的研究。李腾等将从服务供应链视角构建的生鲜农产品服务供应链作为农产品供应链的子链[①]。贝斐以服务供应链理论为背景，论证了农产品流通服务供应链集成对农产品流通绩效会产生显著的正向影响[②]。服务供应链为农产品区域品牌研究提供了新的视角，从集成角度整合了农户、顾客、政府、参与企业等众多利益相关者以探索对农产品区域品牌建设的影响机制和作用机理，为分析农产品区域品牌价值创造奠定了重要的理论基础。

（二）品牌价值共创与特色农产品区域品牌的文献分析

"品牌价值共创"一词根植于价值共创概念之中，其理论基础主要来自"品牌价值"和"价值共创"两大理论。价值共创是品牌价值共创的基础，品牌价值是品牌价值共创产生的结果[③]。品牌价值的创造是企业一直以来不断努力的方向和追求的目标。根据分析发现，文献主要从营销、顾客和财务三个角度对品牌价值做出解释：品牌价值反映了资产和市场影响力，反映顾客对品牌的感知价值[④]，反映在品牌效应和品牌模式下为企业带来的经济收益。到底由谁创造品牌价值？在商品主导逻辑背景下，企业是价值的创造者，消费者被认为是价值的消耗者。但随着社会经济的发展，商品主导逻辑的观念早已不符合现代消费者的生活方式和生活水平，不能满足消费者对产品多样化的需求。因此，Vargo 和 Lusch 提出了"服务主导逻辑"这个更加符合时代的理论，认为消费者也是品牌价值创造的主体并对消费者和企业共创价值的二元关系进行了研究，认为企业通过与消费者互动并利用消费者所具有的知识、技能、社会角色和社会地位等资源，共同创造更满足消费者需求、更具有竞争优势的产品和服务，实现价值共创[⑤]。不久，Payne 等将服务主导逻辑引入品牌管理，指出消费者是构成品牌价值的共同创造者[⑥]，诠释了基于"服务主导逻辑"思想的品牌价值共创理论，并为品牌价值共创后续研究奠定了扎实的理论基础。田佳勉等认为品牌价值共创是各利益主体共同创造的互动关联过程[⑦]，即企业界愈加重视的对产品供应链上参与主体所有资源的整合过程，其核心是服务供应链思想，

① 李腾，张盼盼.服务供应链视角下生鲜农产品品质不确定性因素研究［J］.保鲜与加工，2018，18（3）：116-126.

② 贝斐.农产品流通服务供应链集成对流通绩效的影响［J］.商业经济研究，2018（6）：132-134.

③ 沈蕾，何佳婧.平台品牌价值共创：概念框架与研究展望［J］.经济管理，2018，40（7）：193-208.

④ 杨保军.企业品牌价值共创关键维度与路径案例研究［J］.北方民族大学学报（哲学社会科学版），2019（2）：73-81.

⑤ Vargo S.L., Lusch R.F.Service-dominant logic：Continuing the evolution［J］.Journal of the Academy of Marketing Science，2008，36（1）.

⑥ Payne A., Storbacka K., Frow P., et al. Cocreatingbrands：Diagnosing and designing the relationship experience［J］.Journal of Business Research，2009，62（3）：379-389.

⑦ 田佳勉，沈蕾，陈叶.网络共享情境下平台企业品牌价值共创及策略研究——基于顾客产消视角［J］.现代经济探讨，2018（2）：127-132.

通过将参与品牌价值创造的多重主体，如企业、员工、生产商、制造商、零售商、消费者等内部主体以及行业协会和政府等外部主体合理有序地组织起来，使得各主体之间信息相互流通、资源相互共享、彼此协作、共同发力，形成一条既灵活又高效的服务供应链，共同创造品牌价值。

基于服务供应链视角的品牌价值共创理论为特色农产品品牌建设提供了重要的基础。特色农产品一般被定义为具有独特地理位置和厚重人文历史的农产品，特色农产品区域品牌形象由农产品的产品形象、区域形象、消费者形象和企业形象组成[①]。由此，特色农产品区域品牌与产品、区域、消费者以及企业密切相关，涉及影响特色农产品生产、供给、销售的供应链环节，成为分析特色农产品区域品牌价值共创的重要维度。构建基于服务供应链背景的农产品区域品牌价值共创体系具有重要意义。本书从理论与实践两个方面来研究农产品区域品牌价值共创的关键维度，探索农产品区域品牌价值共创的管理活动对最终绩效的影响，从而构建起农产品区域品牌价值共创体系。

二、研究假设与构念模型

在农产品交易市场上，农产品区域品牌对农产品的销售具有至关重要的作用，形成对地产农产品的背书。因此，在农产品销售过程中，农户、农产品生产企业、物流企业、销售企业等都以不同形式参与到生产与销售过程中，形成了农产品的服务供应链，共同参与农产品区域品牌的创造。张婧等认为，在产业市场上顾客是品牌价值共创的关键维度[②]。顾客在购买农产品的过程中基于自身的经验、兴趣也共同为区域品牌的传播发挥着重要的作用；从区域品牌农产品质量安全角度出发，政府对农户的生产行为具有显著影响，也进而影响区域品牌的价值[③]。因此，企业、农户、顾客以及政府对农产品区域品牌价值创造具有显著影响，由此提出如下假设：

H1：顾客、服务供应链及政府对农产品区域品牌价值共创产生显著的正向影响；

H1a：顾客的参与对农产品区域品牌价值共创具有显著影响；

H1b：服务供应链的协作对农产品区域品牌价值共创具有显著影响；

H1c：政府的政策导向对农产品区域品牌价值共创具有显著影响。

在传统农业社会里，服务仅仅是指为生产者（农户）服务，服务内容单

---

① 许基南，李建军.基于消费者感知的特色农产品区域品牌形象结构分析［J］.当代财经，2010（7）：71–78.

② 张婧，邓卉.品牌价值共创的关键维度及其对顾客认知与品牌绩效的影响：产业服务情境的实证研究［J］.南开管理评论，2013，16（2）：104–115，160.

③ 程杰贤，郑少锋.政府规制对农户生产行为的影响——基于区域品牌农产品质量安全视角［J］.西北农林科技大学学报（社会科学版），2018，18（2）：115–122.

一，农户大多为自我服务，这是一种小规模的、低水平的服务过程。伴随着农业社会化程度的逐步提升，农业技术的推广、农业组织化程度的提升，专业化、系统化的服务需求逐步增加。由此，相应的社会化机构逐步向农业靠拢，形成了以需求为导向的服务供应链，各主体相互协作，分享信息，发挥各自专长，构成服务协同的供应链伙伴关系[①]。在服务供应链背景下，农产品逐步以区域品牌的形象展现到顾客面前。农产品区域品牌价值并不仅是某一地名标志、某一特色产品，而是在长期的品牌传播过程中，通过与顾客互动、服务供应链成员之间的相互协作以及政府的支持，共同创造出的农产品区域品牌价值。池仁勇与何明明[②]选取"浙江制造"区域品牌进行实证分析，认为区域品牌价值能够显著产生绩效。由此，我们提出如下假设：

H2：农产品区域品牌价值共创对绩效产生显著影响。

H3：在服务供应链背景下，顾客、服务供应链体系以及政府对绩效产生影响，农产品区域品牌价值共创对绩效起中介作用。

H3a：顾客的参与对绩效产生直接影响。

H3b：服务供应链的协作对绩效产生直接影响。

H3c：政府的政策导向对绩效产生直接影响。

基于以上假设，本文构建以下理论模型，如图3-2所示：

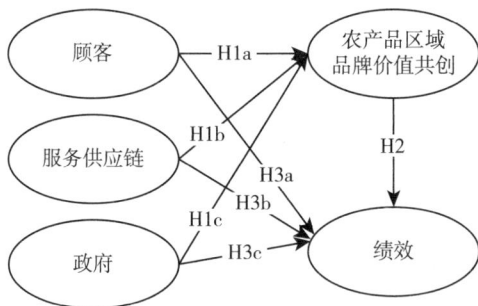

图 3-2　假设结构模型

三、研究方法

（一）行业选择与数据收集

为获取数据验证本研究假设，课题组以宁夏特色农产品"中宁枸杞""贺

① 彭建仿.农业社会化服务供应链的形成与演进［J］.华南农业大学学报（社会科学版），2017，16（4）：45-52.
② 池仁勇，何明明.区域品牌对企业绩效的影响机理——以"浙江制造"为例［J］.技术经济，2017，36（8）：40-47.

兰山东麓葡萄酒"为研究对象进行实证分析，这两个产品在本地具有较高的知名度，是地方政府大力发展的拳头产品，顾客众多，具有较好的代表性。课题组首先以特色产品区域品牌建设为研究方向，分别对宁夏百瑞源公司、贺兰红葡萄酒公司的高层管理人员进行走访，了解行业发展状况、龙头企业经营情况、政府政策支持情况等相关信息，加深对研究对象和行业的了解。课题组针对研究内容和研究对象，参考 Vargo 和 Lusch[①]、Prahalad 和 Ramaswamy[②]、武文珍[③]、王永贵[④]、张婧[⑤] 等的文章和量表进行设计开发，最终形成了具有 38 个题项的调查问卷。本次问卷主要分为三大模块：品牌价值共创的影响因素量表、品牌价值共创的途径量表和绩效量表，具体量表内容如表 3-6 所示。课题组首先选择某高校的 28 名本科生和研究生作为被预调查对象，通过对问卷内容的解释，事前进行预调研，并征求被预调研同学的意见，课题组结合实地调查和反馈意见对问卷进行修改和补充，从而形成最终的调查问卷。

正式调研从 2018 年 11 月初开始，至 2019 年 3 月初结束，课题组成员到农产品生产与营销企业和农户家中调研，对门店购买者采取随机采访方式发放问卷。本次共发放研究问卷 400 份，回收 351 份，其中不完整问卷 27 份，无效问卷 15 份，剔除存在数据缺失的问卷，最终获得 309 份有效问卷，有效回收率为 87.75%，符合探索性因子分析的样本容量要求。

样本的人口统计特征描述性统计如表 3-7 所示。其中男性、女性人数分别为 153 人和 156 人，男性样本与女性样本数量几乎各占一半；年龄在 30~50 岁的样本占总数的 60.8%；受教育程度为高中或专科及以下的人数居多，占样本总量的 75.4%；所调查的群体中农户共有 152 个，占样本总量的 49.2%；政府公务人员数量较少，占样本总数的 7.1%；公司员工与顾客的数量大概各占 1/4。综上，该样本在各方面的分布基本合理，可以展开研究。

① Vargo S.L., Lusch, R.F. Service-dominantlogic: What it is, what is not what it might be [A].Lusch R.F., Vargo S.L.The service-dominant logic of marketing: Dialog, debate and directions [C].Armonk, NY: ME Sharpe, 2006: 43-56.

② Prahalad C. K., Ramaswamy V. Co-opting customer competence [J].Harvard Business Review, 2000, 78（1）: 79-90.

③ 武文珍，陈启杰. 价值共创理论形成路径探析与未来研究展望 [J]. 外国经济与管理, 2012, 34（6）: 66-73, 81.

④ 王永贵，马双. 虚拟品牌社区顾客互动的驱动因素及对顾客满意影响的实证研究 [J].管理学报, 2013（9）: 1375-1383.

⑤ 张婧，邓卉. 品牌价值共创的关键维度及其对顾客认知与品牌绩效的影响：产业服务情境的实证研究 [J]. 南开管理评论, 2013, 16（2）: 104-115, 160.

表 3-6　问卷调查设计及研究变量的测量题项

模块划分	统计变量	题项	题项描述	来源
品牌价值共创的影响因素	顾客	A1	顾客关于产品提出的意见或建议对区域品牌价值共创有显著影响	Vargo 和 Lusch（2006）Prahalad 和 Ramaswamy（2000）武文珍（2012）袁婷，齐二石（2015）钟振东（2014）
		A2	顾客在消费后给产品做出评价对区域品牌价值共创有显著影响	
		A3	顾客被邀请参与征求意见会对区域品牌价值共创有显著影响	
	服务供应链	A4	企业产品技术研发投入对区域品牌价值共创有显著影响	
		A5	企业与科研机构的合作对区域品牌价值共创有显著影响	
		A6	企业与顾客深度互动对区域品牌价值共创有显著影响	
		A7	企业与农户的沟通对区域品牌价值共创有显著影响	
		A8	企业与政府的沟通对区域品牌价值共创有显著影响	
		A9	农户的种植技术和理念对区域品牌价值共创有显著影响	
		A10	农户为企业提供优质的产品对品牌价值共创有显著影响	
		A11	农户与企业之间的沟通对品牌价值共创有显著影响	
	政府	A12	政府提供财政补助对区域品牌价值共创有显著影响	
		A13	政府给予企业税收优惠等政策对品牌价值共创有显著影响	
		A14	政府加强品牌监管对品牌价值共创有显著影响	
		A15	政府举办农产品展销会、加强品牌推广对品牌价值共创有显著影响	

续表

模块划分	统计变量	题项	题项描述	来源
品牌价值共创的途径	顾客互动	B1	顾客的意见会提升区域品牌价值理念	王永贵（2013）
		B2	顾客的评价会提升区域品牌知名度	
		B3	顾客与企业之间的互动会提升顾客对区域品牌的满意度	
	服务供应链协作	B4	企业加大技术研发投入会提升区域品牌产品品质和质量	
		B5	企业与科研机构合作会提升区域品牌产品的生产技术	
		B6	企业与顾客深度互动会增强顾客对区域品牌的认知	
		B7	企业与农户之间的沟通会保证区域品牌产品质量	
		B8	企业与政府之间的沟通会帮助品牌获得更大的支持	
		B9	农户的产品种植技术和绿色种植理念会提升区域品牌产品品质	
		B10	农户与企业的合作，促进了产品品质的提升	
		B11	农户与企业的合作，增强了彼此间的信任	
	政府支持	B12	政府提供财政补助会促使区域品牌推广获得支持	
		B13	政府给予企业税收优惠等政策使企业降低了品牌建设成本	
		B14	政府加强品牌监管会提升产品安全质量保护区域品牌	
		B15	政府举办展销会和区域产品品牌推广提升了品牌知名度	

模块划分	统计变量	题项	题项描述	来源
绩效	财务绩效	Y1	顾客、企业、农户、政府的参与提高了区域品牌产品的销售量	张婧（2013）申光龙（2016）唐玉生（2016）郭彦，孙明贵（2016）
		Y2	顾客、企业、农户、政府的参与增加了区域品牌产品的销售额	
		Y3	顾客、企业、农户、政府的参与降低了区域品牌建设的成本	
		Y4	顾客、企业、农户、政府的参与提升了区域品牌产品利润	
	市场绩效	Y5	顾客、企业、农户、政府的参与提升了区域品牌美誉度	
		Y6	顾客、企业、农户、政府的参与提升了顾客的品牌忠诚度	
		Y7	顾客、企业、农户、政府的参与提升了区域品牌的知名度	
		Y8	顾客、企业、农户、政府的参与提升了区域品牌的满意度	

表 3-7 样本的人口统计特征描述性统计

统计变量	测量项目	频数	百分比（%）	累计百分比（%）
性别	男	153	49.5	49.5
	女	156	50.5	100.0
年龄	30 岁（含）以下	87	28.2	28.2
	30~40 岁	73	23.6	51.8
	40~50 岁	115	37.2	89.0
	50 岁以上	34	11.0	100.0
学历	初中及以下	141	45.6	45.6
	高中或专科	92	29.8	75.4
	大学	53	17.2	92.6
	大学以上	23	7.4	100.0

	公司员工	56	18.1	18.1
职业	政府公务人员	22	7.1	25.2
	农户	152	49.2	74.4
	顾客	79	25.6	100.0

（二）测量信度与效度检验

信度与效度的分析是保证问卷有较高的可靠性和有效性的前提。基于量表的信度分析而言，本问卷主要包括 9 个维度 38 个观测变量，共分为三个模块，其信度系数分别如表 3-8 所示：

表 3-8 量表的信度检验

量表	项数	Cronbach's α	N
品牌价值共创的影响因素量表	15	0.799	309
品牌价值共创的途径量表	15	0.832	309
绩效量表	8	0.701	309
总量表	38	0.911	309

从信度系数的接受度来讲，总量表的 Cronbach's α 系数最好在 0.8 以上，如果在 0.9 以上，则信度更佳，因子层面的 Cronbach's α 系数最好在 0.7 以上[1]。从表 3-8 的数据可知，本套问卷各因子量表的 Cronbach's α 系数值均大于 0.7，总量表的 Cronbach's α 系数值也在 0.9 以上，说明该问卷有很好的内在一致性。

利用 SPSS20.0 对数据的 KMO 和 Bartlett 系数进行检验，结果如表 3-9 所示：

表 3-9 KMO 和 Bartlett 的检验

取样足够度的 Kaiser-Meyer-Olkin 度量		0.865
Bartlett 球形度检验	近似卡方	3717.141
	df	703
	Sig.	0.000

根据表 3-9 显示，KMO 的值为 0.865，介于 0.8 与 0.9 之间，Bartlett's 球形检验的 χ^2 值为 3 717.141（自由度为 703），达到显著性水平（P=0.000<0.001），

---

[1] 吴明隆，涂金堂．SPSS 与统计应用分析［M］．大连：东北财经大学出版社，2012．

说明总体的相关矩阵间有公共因子存在，适合进行统计分析。

（三）各变量相关性及回归分析

1. 顾客互动与农产品区域品牌价值共创相关性验证

在回归分析中将顾客作为自变量，农产品区域品牌价值共创作为因变量，结果发现，指标符合线性关系，可以建立线性模型。且数据（见表 3-10）显示顾客与农产品区域品牌价值共创显著相关。H1a 得到验证。

表 3-10　顾客与农产品区域品牌价值共创的相关性

检测模型	R	调整 R^2	标准 R^2	估计误差	F	Sig.
1	0.510	0.248	0.260	0.44641	21.261	0.000

2. 服务供应链与农产品区域品牌价值共创相关性验证

在回归分析中将服务供应链作为自变量，农产品区域品牌价值共创作为因变量，结果发现，指标符合线性关系，可以建立线性模型。且数据（见表 3-11）显示服务供应链与农产品区域品牌价值共创显著相关。H1b 得到验证。

表 3-11　服务供应链与农产品区域品牌价值共创的相关性

检测模型	R	调整 R^2	标准 R^2	估计误差	F	Sig.
2	0.693	0.472	0.480	0.37408	55.978	0.000

3. 政府与农产品区域品牌价值共创相关性验证

在回归分析中将政府作为自变量，农产品区域品牌价值共创作为因变量，结果发现，指标符合线性关系，可以建立线性模型。且数据（见表 3-12）显示政府与农产品区域品牌价值共创显著相关。H1c 得到验证。

表 3-12　政府与农产品区域品牌价值共创的相关性

检测模型	R	调整 R^2	标准 R^2	估计误差	F	Sig.
3	0.597	0.346	0.356	0.41628	33.539	0.000

4. 农产品区域品牌价值共创与绩效相关性验证

在回归分析中将顾客互动、服务供应链协作和政府支持作为自变量，农产品区域品牌价值共创作为因变量，结果发现，指标符合线性关系，可以建立线性模型。且数据（见表 3-13）显示顾客、服务供应链、政府与绩效显著相关。H2 得到验证。

表 3-13　农产品区域品牌价值共创与绩效的相关性

检测模型	R	调整 R^2	标准 R^2	估计误差	F	Sig.
4	0.666	0.431	0.444	0.38140	34.354	0.000

四、研究结果

（一）模型构建

在农产品区域品牌价值共创过程中，企业绩效的提升是以促进农产品区域品牌价值共创为基础。通过文献梳理发现顾客的互动、服务供应链的相互协作以及政府支持对绩效并没有直接影响，而是通过顾客、供应商和农产品流通企业、农户组成的服务供应链和政府等相互交流、相互协作形成农产品区域品牌价值共创路径，进而对绩效产生影响。由此根据假设结构模型形成模型 1，如图 3-3 所示：

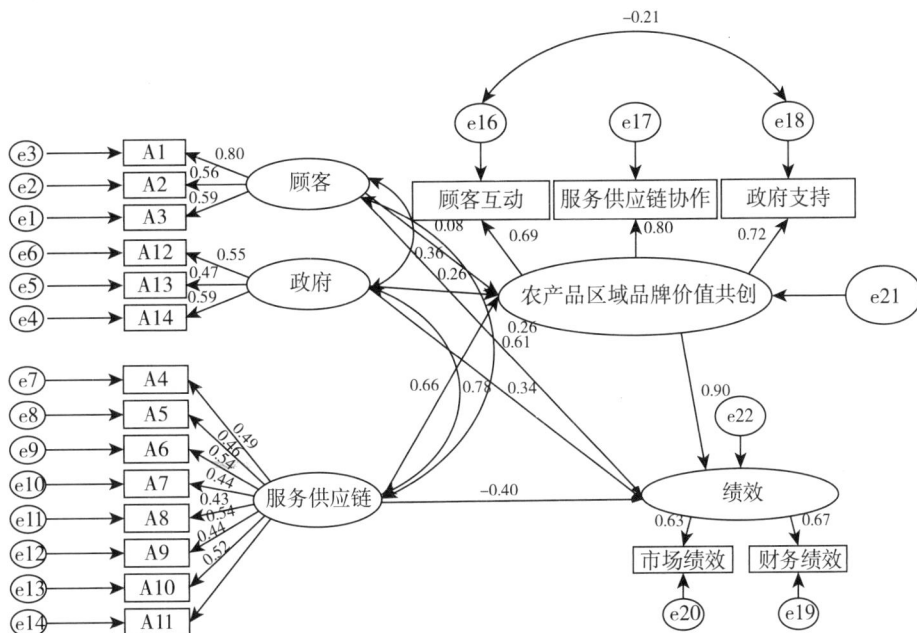

图 3-3　模型 1：农产品区域品牌价值共创中介模型

基于以上分析，利用结构方程软件 AMOS22.0 对模型 1 进行估计，如果给出的绝对拟合指数、相对拟合指数、简约拟合指数符合给定的指标，则说明数据与模型拟合效果较好。经过计算获得模型 1 的拟合优度指标，符合判别标准。表 3-14 为模型假设检验结果分析：

表 3-14　模型 1 的拟合效果

	绝对拟合指数			相对拟合指数			简约拟合指数		
	CMIN	CFI	RMSEA	TLI	NFI	IFI	PNFI	PCFI	$\chi^2/$ df
模型	344.34	0.872	0.068	0.844	0.804	0.874	0.663	0.719	2.442

（二）预设模型数据测算结果分析

基于表 3-14 对拟合指数的计算，并进一步对数据分析，可以得到以下结果（见表 3-15）：

表 3-15　假设检验结果

序号	路径	路径系数	标量估计	临界比	显著性水平	对应假设
1	农产品区域品牌价值共创←顾客	0.064	0.075	0.849	0.396	H1a
2	农产品区域品牌价值共创←服务供应链	0.680	0.197	3.444	***	H1b
3	农产品区域品牌价值共创←政府	0.266	0.158	1.682	*	H1c
4	绩效←农产品区域品牌价值共创	0.706	0.297	2.379	*	H2
5	绩效←顾客	0.176	0.080	2.199	*	H3a
6	绩效←服务供应链	−0.322	0.308	−1.045	0.296	H3b
7	绩效←政府	0.271	0.183	1.483	0.138	H3c

注：* 表示在 0.05 水平（双侧）上显著相关；** 表示在 0.01 水平（双侧）上显著相关；*** 表示在 0.001 水平（双侧）上显著相关。

1. 顾客、服务供应链和政府对农产品区域品牌价值共创的结果分析

根据模型测算，顾客与农产品区域品牌价值共创的路径系数较低，但回归分析显示顾客与农产品区域品牌具有显著的回归关系，说明在传统的商业模式下被调查者对顾客如何创造品牌价值的认识还不足；服务供应链在显著性水平下，路径系数为 0.680，二者具有显著的相关性，服务供应链的相互协作能够显著地提高农产品区域品牌价值；政府与农产品区域品牌价值共创的路径系数为 0.266，回归分析显示二者具有显著的回归关系。

2. 农产品区域品牌价值共创与绩效的结果分析

根据模型测算，在显著性水平下，农产品区域品牌价值共创与绩效路径系数为 0.706，说明农产品区域品牌价值共创对绩效具有显著影响。在农产品龙头企业的经营过程中，基于品牌价值创造的各相关主体相互共享、相互合作形成了显著的农产品区域品牌价值共创的路径，并通过整合各方资源和能力共同

提升农产品区域品牌的价值，从而提升品牌的知名度、美誉度以及顾客对品牌的满意度、忠诚度，最终实现了提高市场绩效和财务绩效的目标。

3. 顾客、服务供应链、政府与绩效的结果分析

根据模型测算，顾客、服务供应链和政府直接将路径指向绩效，其路径系数均偏低，且P值不显著。同时说明顾客、服务供应链和政府等因素对绩效的直接影响较小，且他们之间的相关性较低，只有通过顾客、服务供应链和政府之间的相互协作和配合，形成一条能够共创农产品区域品牌价值的路径才可以有效提升企业绩效。

（三）模型修正及模型数据测算结果分析

从模型1的检验结果发现，在没有其他因素的影响下，顾客、服务供应链和政府对绩效的路径系数较低，且估计值不显著。当路径指向"农产品区域品牌价值共创"后，农产品区域品牌价值共创对绩效的路径系数为0.706，说明农产品区域品牌价值共创与绩效具有较高的相关性。因此，说明顾客、服务供应链和政府与绩效之间的相关性很弱，对绩效没有直接的显著影响，且对模型的拟合效果很可能会产生较大的影响，因此需要将这三条路径删除。并对模型1进行调整和修正，从而得到模型2，形成修正后农产品区域品牌价值共创中介变量模型，如图3-4所示。

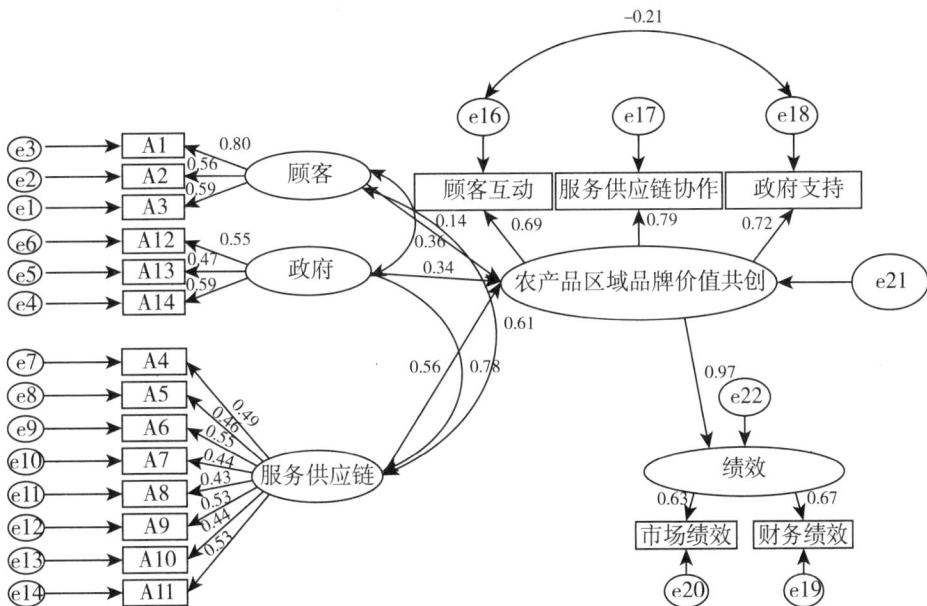

图 3-4 模型 2：修正模型

修正模型数据测算结果如表 3–16 所示。

表 3–16　模型 2 的拟合效果

	绝对拟合指数			相对拟合指数			简约拟合指数		
	CMIN	CFI	RMSEA	TLI	NFI	IFI	PNFI	PCFI	χ^2/df
模型	350.51	0.872	0.068	0.845	0.80	0.872	0.674	0.732	2.434

利用 AMOS22.0 软件对品牌进化中介变量模型重新计算并进行修正，根据各指标进行模型拟合优度评价的取值，从绝对拟合指数来看卡方值 χ^2 靠近自由度，CFI 为 0.872；RMSEA 为 0.068，小于 0.08。指标均符合判别标准，拟合程度较好，说明修正模型的改进程度高，符合理论设计。

对修正模型的路径系数进行分析：

1. 顾客、服务供应链、政府对农产品区域品牌价值共创的结果分析

根据模型测算（见表 3–17），顾客与农产品区域品牌价值共创之间的相关系数提高到 0.117，服务供应链与农产品区域品牌价值共创之间的相关系数为 0.572，政府与农产品区域品牌价值共创之间的相关系数为 0.341，表明在显著性水平下顾客、服务供应链和政府与农产品区域品牌价值共创具有正向相关关系，这与实地调研和访谈内容相符合。

表 3–17　假设检验结果

序号	路径	路径系数	标量估计	临界比	显著性水平	对应假设
1	农产品区域品牌价值共创←顾客	0.117	0.071	1.653	*	H1a
3	农产品区域品牌价值共创←服务供应链	0.572	0.184	3.112	**	H1b
2	农产品区域品牌价值共创←政府	0.341	0.154	2.222	*	H1c
4	绩效←农产品区域品牌价值共创	0.760	0.075	10.157	***	H2

注：* 表示在 0.05 水平（双侧）上显著相关；** 表示在 0.01 水平（双侧）上显著相关；*** 表示在 0.001 水平（双侧）上显著相关。

2. 农产品区域品牌价值共创与绩效的结果分析

在模型 1 中，农产品区域品牌价值共创与绩效之间的相关系数为 0.706，当对模型进行优化后，模型 2 中数据显示其路径系数达到了 0.760，且估计值更加显著，说明各主体共同创造农产品区域品牌价值有助于企业提升市场

绩效和财务绩效，两者具有较大的相关性。根据博尔顿等（1986）[①] 的研究，农产品区域品牌价值共创成为介于顾客、服务供应链、政府与绩效之间的中介变量。

综上，最终结构方程模型中所有路径系数都通过了显著性检验。即 H1a、H1b、H1c 和 H2 都得到了验证，H3a、H3b、H3c 被拒绝。

五、研究启示与展望

（一）研究启示

本书以结构方程模型为主要的数据分析工具，构建基于服务供应链视角下的特色农产品区域品牌价值共创维度与绩效的研究路径，并以宁夏特色农产品为研究对象，进行实证分析。通过对模型的测算，发现在服务供应链背景下，顾客、企业、农户以及政府并不能直接对绩效产生影响，农产品区域品牌价值共创过程在品牌价值创造主体与企业绩效之间起到中介作用。据此，本书得到以下启示：

（1）加强顾客沟通，构建农产品区域品牌价值。顾客作为创造农产品区域品牌价值的重要组成部分，本文证实了顾客与农产品区域品牌价值共创的关系。顾客在购买农产品的过程中扮演着感知者的角色，基于自身的产品体验和兴趣爱好为农产品提出一些意见或建议；同时顾客也是重要的品牌传递者，将自己对农产品的感受和认知传递给周围的人。因此，注重与顾客的交流和联系，通过构建通信联系、品牌社群、在线网络渠道等方式建立顾客沟通渠道，提升农产品区域品牌价值。

（2）构建高效的服务供应链，共创农产品区域品牌价值。实证研究论证了服务供应链对农产品区域品牌价值共创具有显著影响，顾客、服务供应链以及政府均对绩效产生影响，但必须通过农产品区域品牌价值共创的中介作用才能产生显著的影响。从特色农产品服务供应链整体来看，通过对区域品牌价值共创维度和路径进行规划调整，可以有效地将农产品区域品牌价值共创各维度进行优化和管理，并整合其资源、实现信息共享和共同协作，从而共同促进农产品区域品牌价值共创，有效提升绩效。农户、农产品生产企业、物流企业以及销售企业都是保障农产品顺利流通的重要节点，从农产品生产、运输、仓储、销售等环节对各节点进行优化和管理，对供应链上的资源进行整合、信息相互共享、相互协同运作，从而使各节点在农产品区域品牌价值共创过程中发

[①] Baron R. M., Kenny D. A. The moderator-mediator variable distinction in social psychological research: Conceptual, strategic, and statistical considerations [J]. Journal of Personality and Social Psychology, 1986, 51 (6): 1173–1182.

挥更大的作用，共同创造农产品区域品牌价值。

（3）加强政府在提升农产品区域品牌价值中的参与和支持作用。政府对农产品区域品牌价值共创具有显著影响已得到本文的证实。政府的参与和支持，不仅可以保障农产品的质量和品质，还可以给予各企业一定的帮助以降低企业成本，增强消费者对产品的信赖和认同。在农产品区域品牌形成的过程中，政府可通过政策引导和规制农户农资投入、新技术引进，促使农产品品质提升；通过农业产业政策规划引导协同区域内企业积极参与区域品牌构建；通过农产品品牌战略的制定和政策引导，促进区域品牌价值逐步提升；通过制定相应的经济政策、提供公共产品，拓展政府营销，这些都将对农产品区域品牌的构建具有显著的影响。

（二）研究展望

特色农产品区域品牌建设关系到顾客、企业、政府等多方面价值创造主体，本研究基于服务供应链视角提出了对特色农产品区域品牌价值创造和绩效的有益结论和管理启示。但研究依旧存有不足之处：本研究仅从顾客互动、服务供应链协作和政府支持三个维度衡量了农产品区域品牌价值共创，后续研究应进一步探索其他对农产品区域品牌价值共创有影响的因素；本书只选取了宁夏地区的特色农产品进行实证分析，研究结论的普适性还需扩大研究范围进行深入的分析，并针对特色农产品区域品牌价值共创的机理深入研究，这是今后研究的方向。

第四章

基于多元视角的服务供应链与农产品品牌价值共创研究

第一节 基于农户视角的农产品区域品牌价值共创研究 ①

我国是农产品生产大国，同样也是农产品消费大国。党的十九大报告指出："要确保粮食的安全就要把饭碗牢牢握在自己手上，要实现小农户与农业发展的有机链接。"加强农户与农产品区域品牌联系，探索农户与农产品区域品牌的建设路径，可促进农产品质量的提高。我国农产品的产量近年来稳步提高，国家统计局统计，截至 2019 年底，主要粮食农作物产量达到了 66384.34 万吨，其中特色农产品的产量也逐年上升，马铃薯等农产品达到了 1800 万吨左右，而人均主要食品消费量超过了 127 千克。在第十六届中国标准化论坛上，学者王晶提到"我国农业标准化体系不健全，农产品品牌质量不高等问题"②。农户作为农产品品牌建设和发展的核心主体，他们对于农产品区域品牌建设的了解程度以及在区域品牌价值建设过程中的主观能动性，即能否积极主动地接受新技术，参与到农产品供应链的运作中去都将会影响到供应链环节上的其他主体，从而对整个区域品牌价值共创体系产生不可小觑的影响。因此，本书深入农户和企业中进行实地调研，收集一手数据进行分析，了解他们对于区域品牌价值建设的看法，试图探究农户的行为（包括农户认知与农户的参与意愿）对特色农产品区域品牌价值共创以及绩效是否会有影响。

价值共创是利益相关者之间合作互动、协同创造价值的过程。Prahalad 和

---

① 本节是北方民族大学商学院 2019 级硕士研究生梁永斌同学参与课题研究的成果，收入本书时略作修改。
② 王晶. 标准化与农产品品牌建设探讨［A］. 中国标准化协会，郑州市人民政府. 第十六届中国标准化论坛论文集［C］. 中国标准化协会，郑州市人民政府：中国标准化协会，2019：237—240.

Ramaswamy[①] 认为价值共创就是企业与消费者共同识别问题和解决问题进而扩大价值的过程，他们认为价值共创的主体应该是制造商或供应商与服务或者产品相关的消费者。价值的共创似乎与主体间的互动密切相关，在品牌价值共创内涵中，Merz 等（2009）分析了品牌研究的演化路径，认为品牌价值共创是利益相关者可以通过网络关系和社会互动来创造价值[②]。既然互动体验可以协同共创价值，对农产品品牌价值而言亦是如此。薛颖等（2019）结合了品牌价值共创理论对有区域特色的绿色农产品进行了理论研究[③]，认为品牌价值能增加农户的收入和认可度，而农户可以协助供应链企业更好地创造区域特色绿色农产品的附加价值。可见，消费者与企业之间的互动是品牌价值共创的一种重要的方式，企业通过整合网络资源去设计消费情景体验，让顾客参与消费体验，从而激发他们与企业一同进行品牌价值共创。农产品品牌价值共创是基于价值共创理论进行演化的，可以理解为多元主体共同参与品牌价值共创体系以提升品牌价值。农户作为农产品品牌价值共创的核心，农户的参与、认知都将对构建农产品品牌价值共创具有重要影响。探索农户与农产品区域品牌的建设路径，对提高农产品质量、促进区域品牌价值提升具有重要意义。

一、文献回顾与研究假设

（一）农户认知与特色农产品区域品牌价值共创

认知是对事物或者现象的认识或者理解。那么品牌认知便可以理解为对品牌的认识或者熟知差异，包括品牌形象、价值和知名度的认知。Howard 将品牌认知定义为人们可以清晰地分辨出某品牌与其他品牌的不同之处，也能对其差异有所了解[④]。而 Aaker 则是把品牌认知的具体内涵阐述为消费者对品牌的内涵、个性、产品价值的认识和理解程度的不同，分别对差异性认知、相关的认知、尊重度认知以及认识度认知进行了阐述[⑤]。而品牌主体对品牌关系以及品牌价值的认知都是品牌价值建设的关键，学者齐文娥等（2018）通过调查广东荔枝种植户发现，农户在农产品品牌建设中的品牌意识、投入意愿以及对品牌价值知识和龙头企业的认知了解程度对农户的品牌投入意愿呈显著的正相关

① C. K. Prahalad，Venkat Ramaswamy. Co-creation experiences：The next practice in value creation［J］. Journal of Interactive Marketing，2004（3）.

② Merz M. A.，He Y.，Vargo S. L. The evolving brand logic：A service dominant logic perspective［J］. Journal of the Academy of Marketing Science，2009，37（3）：328-344.

③ 薛颖，来臣军，褚建坤. 绿色农产品区域品牌价值共创路径研究［J］. 纳税，2019，13（35）：208.

④ Howard J. A. Consumer behavior：Application of theory［M］. New York：McGraw-Hill，1977：25.

⑤ Aaker D. A. Measuring brand equity across products and markets［J］. California Management Review，1996，38（3）：102-120.

关系①。综上所述，品牌认知可以概括为顾客对某品牌与其他品牌之间的差异性的熟知程度。同时在农产品品牌建设中，农户对于品牌价值共创的认知也会促进提高当地农业收入；对于消费者自身来说，品牌认知同样会影响他们的消费行为，产生购买冲动。

顾客对于品牌知识的认知度已经直接影响到消费者当时的购买行为，对顾客的未来消费行为也有间接的影响。而随着研究的不断丰富，各行业的品牌价值研究也不断深化，农业作为我国重要的支柱行业，对其农产品品牌的研究也不断深化。胡彦蓉等（2019）利用问卷调查方式对临安山核桃的原产地品牌认知做了研究，原产地品牌认知对顾客购买行为会产生显著影响②。但是，涉及农户认知的相关文献较少，其与区域品牌价值共创的关系值得探讨。由于相关文献研究的不足，我们无法深入地了解到农户认知与农产品品牌价值共创的关系，尤其是在特色农产品区域品牌共创过程中，缺少了与农户关系的论证。因此，探究农户认知对特色农产品区域品牌价值共创的影响是具有实践意义的。本书在已有的研究成果和相关模型的基础上，对农户认知与特色农产品的品牌价值共创的关系提出了如下假设：

H1：农户认知对特色农产品区域品牌价值共创有显著影响。

（二）参与意愿与特色农产品区域品牌价值共创

参与意愿可以用企业产品或服务的次数多少来衡量。关于顾客参与的概念内涵，学者们各抒己见，不断深化其内涵，而研究的焦点多集中于顾客参与的维度、概念内涵、程度以及可能产生的行为影响这些方面。Cermak 等（1994）定义顾客参与其实是顾客涉入服务提供过程并传递有关信息的具体行为过程，反映了顾客的涉入和努力程度，从精神和物质两个层面说明参与是与服务生产和传递相关的顾客行为③。那么顾客参与也可以描述为顾客在服务过程中的智力、实体和精神的投入。而顾客参与的维度分类也有许多种，大体上也可概括为精神维度、身体维度、智力投入、情绪投入、信息共享以及服务合作等。例如，Silpakit 和 Fisk（1985）认为顾客参与分为三个维度，即情绪投入、精神投入以及身体投入④。顾客参与是在服务过程中顾客在不同维度上的参与和投

① 齐文娥，欧阳曦，唐雯珊.农户生鲜农产品品牌投入意愿研究——基于广东荔枝种植户的实证［J］.农林经济管理学报，2018，17（4）：398-405.
② 胡彦蓉，廖露露，刘洪久，戴丹.原产地品牌认知及购买行为分析——以临安山核桃为例［J］.江苏林业科技，2019，46（4）：41-48.
③ Cermak，Dianne S.P.，Karen Maru. Customer participation in service specification and delivery［J］. Journal of Applied Business Research，1994，10（2）：90-100.
④ Silpakit P.，Fisk R. Participating the service encounter：A theoretical framework［J］.Services Marketing in a Changing Environment，1985，28（2）：65-72.

入，顾客的低度、中度以及高度参与，也会对企业品牌的发展以及绩效等产生不同的影响。主体的参与可以极大地提高自身的价值以及品牌的收入，张甜甜（2018）[1] 研究发现农户积极参与企业或者龙头企业的品牌建设工作，不仅在价值共创活动中提供了资源和劳动力，也能增加农户的收入。可见主体的参与意愿，比如农户参与意愿极大地影响着产品自身的品牌价值共创的效果，提高参与主体的价值，达成多赢。

顾客参与是客户在不同维度的参加与投入，是在精神上、行动上、智力上的投入组合，如辅助戒烟产品的推广往往需要客户的参与体验，通过顾客的体验反馈从而对产品的品牌进行精准定位，实施合适的品牌策略，从而提升产品的品牌价值。学者们构建了顾客参与影响企业绩效的综合模型，认为顾客参与有利于企业提高生产效率和服务价值。企业在设计产品时加入顾客的参与和反馈，将会对企业产品品牌的价值提升有很大的帮助，这样以客户需求为中心的品牌往往更加容易被消费者接受。同样地，在特色农产品的生产和销售中，如果顾客或者农户对农产品越了解，就会越放心地消费。陈文军教授在文章中也提到，顾客参与品牌价值共创有利于提升其品牌资产以及形成品牌忠诚度的竞争优势[2]，即顾客的参与意愿对品牌价值共创是有积极影响的。

然而，关于参与意愿在农产品品牌价值共创中发挥的作用却少有文献提及，农户的参与意愿在农产品品牌价值建设过程中同样有着重大的意义，对于特色农产品区域品牌来说，农户和消费者对其品牌价值共创的参与意愿同样会影响到其价值共创的效果。因此，对于农户参与意愿与特色农产品区域品牌价值共创关系的研究较为新颖且具有较大的研究意义，故而，为了深入了解参与意愿与特色农产品区域品牌价值共创之间的关系，本书提出了如下假设：

H2：参与意愿对特色农产品区域品牌价值共创有显著影响。

（三）特色农产品区域品牌价值共创与绩效

品牌价值共创是价值共创的演化，通过与价值主体之间的对话、合作进行信息的交流，在企业与消费者的互动中，企业根据消费者的价值共创目标，结合自身的资源优势，打造价值共创系统，实现企业与消费者价值的协同创造。在奚路阳（2020）[3] 的研究模型中，消费者是企业品牌价值共创模型中的核心主

---

① 张甜甜. 农业龙头企业品牌价值共创策略研究 [D]. 浙江农林大学，2018.

② 陈文军，黄颖. 顾客参与品牌共创对品牌关系质量、品牌对抗忠诚的影响 [J]. 商业经济研究，2020（4）：74–77.

③ 奚路阳. 企业品牌价值共创系统模型及核心路径研究——基于消费者参与互动主导逻辑的视角 [J]. 企业经济，2020，39（1）：36–41.

体，他认为消费者参与企业互动主导逻辑是企业进行价值共创的核心途径。因此，品牌价值共创的关键在于利益主体之间的合作和对话，通过互动来共创价值，从而提高企业的经营绩效。而绩效作为衡量企业经营活动成果的主要因素之一，对产品品牌价值有较大的影响。而特色农产品区域品牌价值共创的绩效可以简单理解为在区域品牌价值共创过程中获得的效果和收益，即通过进行特色农产品区域品牌价值共创，从而使特色农产品的区域品牌价值、品牌知名度有所提升，进而提高特色农产品的销量以及品牌的满意度和知名度等。从薛颖他们对绿色农产品品牌价值共创的研究中可以得知，区域品牌价值是绿色农产品的附加价值，提高品牌价值不仅能获得农户的认可，同时也能增加农户销售农产品的收入，吸引对品牌的投资。有了附加价值农产品的农资企业在农产品营销上会占有一定的优势，其品牌价值共创的影响就会显现出来，既能获得农户对品牌的满意度和认可，也会增加特色农产品的销售收入。农产品品牌建设是近些年来学术界的热门话题，关于特色农产品区域品牌共创与绩效之间的关系则是较为新鲜的话题，较少有文献对两者的关系进行详细的解释，因此，本书对特色农产品区域品牌价值共创与绩效进行研究分析是具有积极意义的。基于此，我们提出了以下假设：

H3：特色农产品区域品牌价值共创对绩效有着显著影响。

在上文的文献梳理和研究假设中，我们得知农户认知和参与意愿对特色农产品区域品牌价值共创会有影响，而品牌价值共创又会对绩效产生影响。那么，我们可以从这几个因素中发现，农户认知、参与意愿对绩效是有间接影响的，在许多学者的研究分析中也提到了顾客参与对企业绩效会有直接影响。由此可以推测，品牌价值共创在农户认知、参与意愿和绩效间存在媒介作用。于是，我们提出相应的假设：

H4：特色农产品区域品牌价值共创在农户认知、参与意愿和绩效间有中介作用。

基于上文的假设，本书构建了农户认知、参与意愿与特色农产品区域品牌共创以及绩效之间的研究模型。农户认知对特色农产品有正相关的影响，表现为农户认知与品牌价值共创之间的连线。参与意愿会对特色农产品区域品牌价值共创产生正向影响，模型表现为参与意愿与品牌价值共创之间的连线。而特色农产品区域品牌价值共创对绩效的显著影响则表现为品牌价值共创与绩效之间的连线。特色农产品品牌价值共创的中介作用表现为农户认知、参与意愿到区域品牌价值共创的连线再到绩效之间的连线。相关研究模型如图4-1所示：

图4-1　农户认知、参与意愿与区域品牌价值共创以及绩效的关系框架

二、研究方法

（一）行业选择与数据收集

近几年来，国家实施乡村振兴战略，深化农业供给侧改革，西北地区的农业经济发展迅速，2019年国家统计年鉴统计，甘、宁、青三省的农业经济同比增速4%左右，人均GDP也有6%左右的增速。同时，甘、宁、青三省的人均主要农产品（以粮食为例）产量分别达到438公斤、573公斤和172公斤，对当地经济的发展有着较大的贡献，相关政府部门也非常重视农产品产销情况，尤其是区域特色农产品。近几年来我国农村人口虽有所下降，但依然占总人口的40%左右，农户仍然是这些经济较落后省份的生产主力军。所以，加强农户的引导作用，不仅有利于当地农业经济的发展，还可以通过提升区域农产品品牌价值来促进乡村扶贫，增加农民收入。近年来，学术界开始针对农产品的品牌价值共创及其路径进行探索。例如，研究发现品牌价值能够加深农户和顾客对农产品的认可，同时也能增加农户的农产品收入（薛颖、来臣军等）[1]。因此，本书选择以农户为研究对象具有较好的实践意义和示范作用。农户作为农产品生产的主力军，对农产品区域品牌价值共创有极大的贡献，起到提升农产品质量和品牌知名度的作用。

（二）数据收集

本研究选择西北地区（主要是甘、宁、青）以种植本地特色农产品为主的园区和当地的农业龙头企业为调研对象，通过实地访谈和调查问卷结合的方式对当地的特色农产品例如中宁枸杞、固原马铃薯、柴达木枸杞、武都花椒等，进行调研，探究了农户和企业对当地特色农产品区域品牌建设的认识。为了能获得可靠的一手数据，本研究从2019年3月到2020年1月，历时大约10个月，主要是以座谈访问和问卷调研的方式，与当地的农户、农业龙头企业管理人员、现代化农业园区相关负责人进行会晤交谈，填写问卷并收集数据。其中，从2019年3月起陆续走访了甘肃省和青海省的一些农业园区，例如甘肃

---

[1] 薛颖，来臣军，褚建坤.绿色农产品区域品牌价值共创路径研究［J］.纳税，2019，13（35）：208.

省张掖市甘州区现代农业产业园（玉米制种）和青海省都兰县现代农业（藜麦青稞）产业园，了解到了当地政府对农业的扶持情况和相关政策以及农业生产商和农产品商贩对农产品品牌发展的一些看法，填写了调查问卷。后期，利用假期时间和空闲时间，在几名同学和导师的帮助下，联系到了宁夏百瑞源企业的管理人员并进行了调研，了解到宁夏农业发展的一些情况，对当地特色农产品有了进一步了解，然后对本地一些特色农牧企业进行了问卷调查、访谈交流，收集到了科学可靠的数据。

（三）量表设计

本研究通过对国内外相关文献进行梳理，参考齐文娥、胡彦蓉等的问卷数据调查方式，基于李克特量表的特点和国内外已有相关文献的研究成果，设计了四大模块共 24 个题项。其中第一大模块是关于农产品区域品牌建设的认识，主要是针对农户、供应链企业、种植大户对农产品区域品牌建设的看法进行测量，通过参考崔剑峰[①]、华进[②]、段玲玲[③]等的文献，对问卷问题做了相关的修改，对农户参与区域品牌价值建设能否保证来源、提高农产品的质量和销售、供应链企业的宣传以及与农户、消费者的沟通和相关协议是否有助于区域品牌建设、种植大户的引领作用和政府的宣传能否产生显著影响进行了测量，最后共设计了 10 个题项。第二大模块是关于农户参与区域品牌建设的意愿表述，通过借鉴王良健[④]、徐雯[⑤]、付文凤[⑥]等的研究量表，对参与区域品牌建设是否会加大农产品生产投入、重视农产品质量安全、更好销售和更好接纳新种植技术、提升品牌知名度等方面问题做了测量，共设计六大题项。前两大模块设计主要是针对品牌建设的影响因素。而第三大模块则是对农产品品牌共创表述，关于这个模块题项的设计，主要借鉴了张甜甜[⑦]、郭利颖[⑧]等的文献对农户是否主动收集行业信息、参与供应链企业培训、采用新技术以及履行农产品质量达标四个方面的题项进行了测量。第四个模块是关于农产品品

① 崔剑峰.发达国家农产品品牌建设的做法及对我国的启示［J］.经济纵横，2019（10）：123-128.
② 华进.电商网络视野下特色农产品品牌建设与秒杀策略研究［J］.农业经济，2018（12）：120-122.
③ 段玲玲，黄庆华.中国西部重庆市农产品品牌建设研究：基于国际经验借鉴［J］.世界农业，2017（12）：225-229.
④ 王良健，吴佳灏.基于 IAD 模型的空心村治理农户参与意愿分析［J］.经济地理，2019，39（8）：185-191.
⑤ 徐雯，赵微.政治效能感、社会资本对农地整治农户参与意愿的影响研究［J］.中国土地科学，2019，33（3）：105-113.
⑥ 付文凤，姜海，房娟娟.农村水污染治理的农户参与意愿及其影响因素分析［J］.南京农业大学学报（社会科学版），2018，18（4）：119-126，159-160.
⑦ 张甜甜.农业龙头企业品牌价值共创策略研究［D］.浙江农林大学，2018.
⑧ 郭利颖.网络经济下基于消费者参与的农产品品牌价值共创研究［D］.湖南农业大学，2018.

牌建设效果的表述，着重参考了张松毅[1]、沈蕾[2]等的研究文献，提出了农产品区域品牌建设提升了品牌美誉度、忠诚度、知名度以及满意度四个题项。

三、数据分析

（一）问卷特征描述

在调研期间共发放问卷 400 份，实际回收 350 份，回收率 87.5%，剔除无效问卷 27 份，最后得到 323 份有效问卷用于实证研究。根据 Gromuch（1983）的观点，一般而言，样本数至少是变量个数的 5 倍，能有 1∶10 以上的比例较好。因此，本量表的设计符合探索性因子分析和回归分析的样本容量要求。量表变量测量数据的基本特征如表 4-1 所示：

表 4-1　样本基础特征统计

统计变量	具体项目	频率	百分比（%）	有效百分比（%）	累计百分比（%）
年龄	30 岁以下	77	23.8	23.8	23.8
	30~40 岁	83	25.7	25.7	49.5
	40~50 岁	115	35.6	35.6	85.1
	50 岁及以上	48	14.9	14.9	100.0
性别	男	199	61.6	61.6	61.6
	女	124	38.4	38.4	100.0
学历	小学及以下	105	32.5	32.5	32.5
	初中及以下	148	45.8	45.8	78.3
	高中或专科	40	12.4	12.4	90.7
	大学以上	30	9.3	9.3	100.0
务农年限	5 年以下	74	22.9	22.9	22.9
	5~10 年	77	23.8	23.8	46.7
	10~20 年	85	26.3	26.3	73.0
	20 年及以上	86	26.6	26.6	99.6
家庭劳动力	1 人	74	22.9	22.9	22.9
	2 人	77	23.8	23.8	46.7
	3 人	85	26.3	26.3	73.1
	4 人及以上	86	26.6	26.6	99.7

[1] 张松毅. 地理标志农产品供应链价值共创研究［D］. 重庆工商大学，2019.
[2] 沈蕾，何佳婧. 平台品牌价值共创：概念框架与研究展望［J］. 经济管理，2018，40（7）：193-208.

续表

统计变量	具体项目	频率	百分比（%）	有效百分比（%）	累计百分比（%）
家庭 年收入	2000 元以下	16	5.0	5.0	5.0
	2000~3000 元	184	57.0	57.0	61.9
	3000~5000 元	75	23.2	23.2	85.1
	5000 元及以上	48	14.9	14.9	100.0
种植 农产品	枸杞	125	38.7	38.7	38.7
	土豆	102	31.6	31.6	70.3
	硒砂瓜	12	3.7	3.7	74.0
	玉米	26	8.0	8.0	82.0
	西芹	8	2.5	2.5	84.5
	洋葱	3	0.9	0.9	85.4
	花椒	17	5.3	5.3	90.7
	黄花菜	8	2.5	2.5	93.2
	青稞、油菜	8	2.5	2.5	95.7
	苹果	2	0.6	0.6	96.3
	韭菜	7	2.2	2.2	98.5
	西红柿	4	1.2	1.2	99.7
	花卉	1	0.3	0.3	100.0

统计样本的基本特征描述如表 4-1 所示，在接受调查者中，男性一共有 199 人，女性有 124 人，男性人数较多。从年龄分布看，40~50 岁的人数最多，占 35.6%，其次是 30~40 岁的，占 25.7%。从学历上看，高中以下占的 78.3%，高中及以上的占 21.7%。在务农年限上，10 年以下的占 46.7%，10 年以上的占 52.9%。种植农产品方面，在被调查者中，种植枸杞的农户占 38.7%，种植土豆的占 31.6%，其他占比较少。此外，在本次调查中，可以看出被调查者的年龄分布比较均匀，务农年限 10 年以上的超过 50%，经验充足，对问题的理解比较独到，由此可见，此次研究的调查问卷质量还是较高的，具有一定的代表性。

（二）测量信度与效度检验

本研究一共由 4 个模块 24 个题型组成，我们利用 SPSS23 对量表题项的信度和效度进行了检验，其中总体量表的 Cronbach's α 系数为 0.887，影响因素量表的 Cronbach's α 值是 0.837，农产品品牌价值共创量表的 Cronbach's α 值是 0.692（量表题目 4 个），绩效的量表 Cronbach's α 系数是 0.682，在可接受范围内，各个因子层面上的 Cronbach's α 值也在 0.8 以上，可见，问卷具有较好的内在一致性和完整性，质量较高。

通过 KMO 值和 Bartlett's 球形度检验的数值指标，来验证收集到的数据是否适合做因子分析。KMO 值为 0.895>0.8，Bartlett's 球形度检验的 χ^2 值为 2110.607（自由度为 276），显著性 P=0.00<0.05，达到了显著水平，总体效度较好。说明总体量表之间的相关矩阵存在着公因子，可以进行因子分析。

（三）问卷主成分分析

我们使用主成分分析法提取因子，并用方差最大旋转法去因子旋转，由表 4-2 可知前六个主成分的初始特征根均大于 1，此外前六个主成分的累计方差百分比为 54.235%，说明了此变量包含了六个主成分，符合效度结构检验要求。

表 4-2　解释的总方差

成分	初始特征值			提取平方和载入			旋转平方和载入		
	总计	方差的 %	累积 %	总计	方差的 %	累积 %	总计	方差的 %	累积 %
1	6.847	28.531	28.531	6.847	28.531	28.531	3.015	12.562	12.562
2	1.355	5.645	34.176	1.355	5.645	34.176	2.394	9.975	22.537
3	1.328	5.534	39.710	1.328	5.534	39.710	2.140	8.915	31.452
4	1.287	5.364	45.074	1.287	5.364	45.074	1.998	8.324	39.777
5	1.121	4.670	49.744	1.121	4.670	49.744	1.776	7.398	47.175
6	1.078	4.491	54.235	1.078	4.491	54.235	1.694	7.060	54.235

（四）量表回归分析

相关分析的目的是检验子假设和变量之间的相关性，是进行变量间回归分析的前提。SPSS 的相关分析显示，所有变量间的系数均存在显著相关性，且不同变量间存在不同的相关性，适合进行线性回归分析。本文从四个方面去建立回归方程模型，模型 1 是建立农户认知与特色农产品区域品牌价值共创的回归模型；模型 2 是参与意愿与特色农产品区域品牌价值共创的回归模型；模型 3 则是关于特色农产品区域品牌价值共创与绩效的影响模型；模型 4 是特色农产品区域品牌价值共创在农户认知、参与意愿与绩效之间的中介效应。

（1）在农户认知与特色农产品区域品牌价值共创模型中，我们以农户认知作为回归分析的自变量，特色农产品品牌价值共创作为因变量，相关结果（见表 4–3）显示，模型存在线性关系，可以进行回归分析。回归系数（β=0.542，P<0.001）表明，农户认知对特色农产品区域品牌价值共创存在显著影响。H1 得到了初步印证。

表 4–3　农户认知与特色农产品区域品牌价值共创回归分析

模型	β	调整 R^2	标准 R^2	估计误差	F	T	Sig.
H1	0.542	0.291	0.294	0.84183	133.006	11.533	0.000

（2）在参与意愿与特色农产品区域品牌价值共创的回归分析中，以参与意愿作为自变量，特色农产品区域品牌价值共创作为因变量。相关指标（见表 4–4）显示，模型存在线性关系，适合进行回归分析。模型数据（β=0.503，P<0.001）显示，农户参与意愿对特色农产品区域品牌共创有显著影响。H2 得到初步验证。

表 4–4　参与意愿与特色农产品区域品牌价值共创回归分析

模型	β	调整 R^2	标准 R^2	估计误差	F	T	Sig.
H2	0.503	0.251	0.253	0.86569	108.667	10.42	0.000

（3）特色农产品区域品牌价值共创与绩效的回归分析。在模型分析中，以特色农产品品牌价值共创作为因变量，绩效作为自变量。回归分析数据（见表 4–5）显示（β=0.517，P<0.001），特色农产品区域品牌价值共创对绩效会有显著影响。H3 得到初步验证。

表 4–5　特色农产品区域品牌价值共创与绩效回归分析

模型	β	调整 R^2	标准 R^2	估计误差	F	T	Sig.
H3	0.517	0.265	0.267	0.85727	117.142	10.823	0.000

（4）特色农产品区域品牌价值共创的中介效应分析。这里我们参考 Baron 和 Kenny 的三步检验方法。第一步验证农户认知、参与意愿与特色农产品区域品牌价值共创模型成立。第二步验证特色农产品区域品牌价值共创与绩效模型成立。第三步则是将品牌价值共创变量代入第二步中去，检验回归模型是否还成立，若回归系数比之前的要小，则说明插入变量的中介作用成立，此时，若农产品品牌价值共创与绩效表现出不显著，则它就是完全中介变量；若结果依然显著，则说明只是部分中介。按此步骤进行分析，结果如表 4–6 所示。

表 4-6　中介效应检验

因变量	自变量	标准化 β	P 值
	农户认知	0.232	***
绩效	参与意愿	0.396	***
	品牌价值共创	0.192	***

注：*** 表示 P 值在 0.001 水平上显著。

在表 4-6 中，插入农产品品牌价值共创变量后的 β 值分别为 $β_1$= 0.232 和 $β_2$= 0.396，比没插入之前的 $β_1$=0.304 和 $β_2$=0.446 要小，且 P<0.001，仍然表现出显著性，验证了前面的步骤分析。可见，农产品区域品牌价值共创在农户认知、参与意愿与绩效之间存在部分的中介作用。

四、模型构建

（一）模型计算

本文借助 AMOS24.0 统计分析软件，采用极大似然法，选择绝对拟合指标、增值拟合指标以及简单拟合指标对整体假设模型进行检验。其中绝对拟合指标有 CMIN、RMSEA、NCP，增值拟合指标有 CFI、IFI、TLI，而简单拟合指标包括 PNFI、PCFI、CMIN/DF。模型整体的拟合度如表 4-7 所示：

表 4-7　模型拟合度检验

指标	绝对拟合指标			增值拟合指标			简单拟合指标		
	CMIN	RMSEA	NCP	CFI	IFI	TLI	PNFI	PCFI	CMIN/DF
模型	156.854	0.081	106.854	0.883	0.886	0.817	0.539	0.566	3.137

由表 4-7 可见，RMSEA 表示渐进残差平方和的平方根，一般来说，RMSEA 值为 0 时模型能完全拟合，小于 0.1 时模型拟合度可以接受，本研究模型的 RMSEA 值为 0.081，说明模型的整体拟合度还行。

IFI 通常用来检验假设模型与独立模型之间的比较，其值通常介于 0~1，越接近 1 表示模型的拟合度越好，这里的 IFI 值为 0.886，可见，假设模型的拟合度较好；PNFI 和 PCFI 都可以表示模型简约调整后的适度指标，其值同样在 0~1，越靠近 1 表示模型越精简，大于 0.5 则是可以接受，本研究中这两个值略大于 0.5，模型精简度可以接受。但是 CMIN/DF 值大于 3，表示模型的拟合度还存在一定的差异。综合所有指标分析，本研究的模型整体的拟合度还算良好，数据契合度较好。相关路径系数如图 4-2 所示。

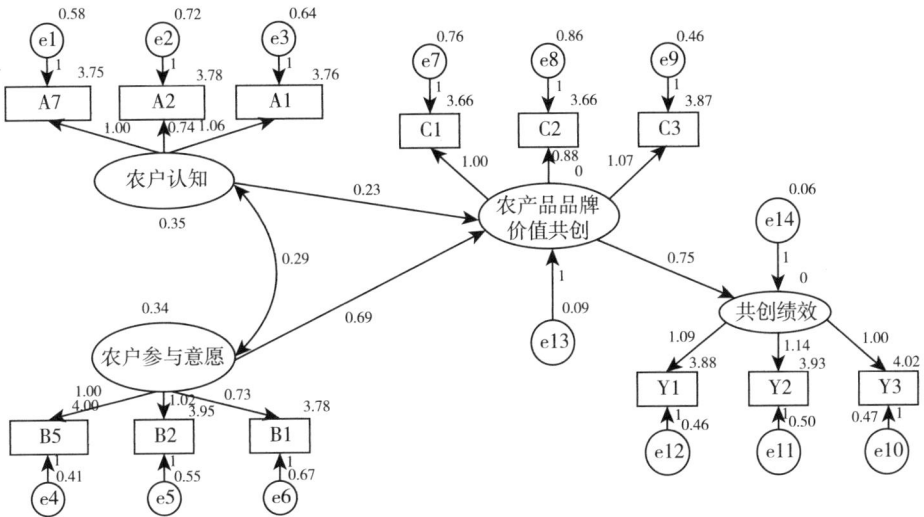

图 4-2　结构方程模型路径分析

（二）研究发现

通过上文的假设模型检验分析，可以得到模型检验结果如表 4-8 所示：

表 4-8　模型路径检验结果

路径	路径系数	P 值	相应假设	检验结果
农产品品牌价值共创←农户认知	0.234	0.259	H1	不成立
农产品品牌价值共创←农户参与意愿	0.691	**	H2	成立
共创绩效←农产品品牌价值共创	0.753	***	H3	成立

注：** 表示 P 值在 0.01 水平上显著；*** 表示 P 值在 0.001 水平上显著。

1. 农户认知对于农产品区域品牌价值共创的影响分析

通过上述的模型分析，农户认知对农产品区域品牌价值共创的显著性影响系数是 0.259，在 0.05 的水平上表现为不显著，拒绝了原假设，表明农户认知对农产品区域品牌价值共创没有相关影响。假设与实际情况不符合，导致它们的关系不显著的主要原因可能有以下三点：一是品牌价值共创理论较为学术化，从前文的数据主体特征中可以看到，受过高等教育的被调查者仅占 25%，对于品牌价值共创理论不了解，对农户参与品牌价值建设的认知较为片面，即存在一定的主观性影响；二是农产品品牌价值共创的实际情况可能与问卷调查中农户对农产品区域品牌建设的认知存在差异，品牌价值共创应该是供应链体系上各环节所有主体的相关协作从而共创价值的，单一主体农户认知的影响可能不显著；三是考虑到多变量之间的偏相关性可能会对农户认知与特色农产品品牌价值共创的影响，尝试对农户认知、参与意愿与品牌价值共创和绩效之间的偏相关性做检验，结果发现在控制了参与意愿和绩效后，农户认知与农产品品牌价值共创的零阶相关性系数从 0.542 变成了 0.266，相关性影响明显减弱，故而参与意愿和绩效也会对这两者之间的显著相关性造成影响。因此，H1 不成立。

2. 参与意愿对农产品区域品牌价值共创的影响分析

模型检验结果显示，参与意愿对农产品区域品牌价值共创的路径系数是 0.691，同时在显著水平为 0.01 上表现为影响显著。可见，农户参与意愿对于农产品区域品牌价值共创有着很显著的影响。品牌价值由两部分组成，一部分是看得见的商业价值，包括品牌的收入、利润以及专利费用等等；另一部分是更加重要的看不见的价值，包括品牌的知名度、形象，顾客对品牌的信任、依赖、忠诚以及满意度。在进行区域品牌价值共创时，作为供应链中重要的一环，农户的积极参与和配合无疑会让品牌价值共创更加顺利。农户积极参与农产品的生产投入、采纳种植新技术以及重视农产品的质量安全，不仅让农产品的销售变得更有利，在参与价值共创的过程中，对特色农产品的区域品牌的口碑也有着极大的宣传作用。因此，农户参与意愿对特色农产品区域品牌价值共创有正相关的显著影响。H2 成立。

3. 特色农产品区域品牌价值共创对绩效的影响分析

在本研究的模型分析和检验结果中，在显著水平为 0.001 的基础上，特色农产品区域品牌价值共创对于共创绩效的路径影响系数为 0.753，表明了特色农产品区域品牌价值共创对绩效具有较大的显著性，农产品的区域品牌价值共创会带动农产品品牌的销售，提升特色农产品区域品牌的知名度。在品牌知名度以及品牌的口碑提升后，会给农产品的区域品牌吸引来更多的投资，对具有区域特色的农资品牌和农商的起步、发展以及进一步进入市场起到极大的促进作用。农产品品牌形象和知名度在品牌价值共创的过程得到了相应的体现，农产品价值链和供应链的主体之间相互协作、互相帮助、信息共享、资源整合，然后再产生相应的价值，品牌销售绩效就进一步地提升了。可见，在特色农产品区域品牌价值共创的过程中，品牌的美誉度、知名度、忠诚度以及满意度得到了很大的提升，进而影响到绩效，而且具有显著性的影响。因此，H3 成立。

（三）研究结论

根据本书的研究分析，得到了如下结论：第一，农户认知对特色农产品区域品牌价值共创的影响并不显著。由于被调查者中，对品牌价值共创理论的陌生，故而存在较大的主观不确定性。此外，在品牌价值共创的过程中，农户、农商等其他诸多主体的相互协作、资源共享、品牌宣传等一系列过程共同影响品牌价值共创，可见，单一主体农户对品牌的认知没有表现出显著性也是可以理解的。第二，农户参与意愿对特色农产品区域品牌价值共创具有显著性影响。农户虽然在价值共创中只是其中的一环，却是不可或缺的存在。农户积极参与到品牌价值共创的互动体验，主动向当地优秀农商学习新的种植技术，了解农产品品牌价值建设的技术和新知识，大大改善了品牌价值共创的效果。第三，农产品品牌价值共创对绩效同样产生了非常显著的影响。品牌价值的提高能够增加当地农商以及农业的收入，吸引更多的投资，使得农业公司和利益相关者的效益得到很大的提高。

五、研究对策与展望

（一）研究对策

综上结论，本书对农产品区域品牌价值共创以及其绩效提出了如下建议和展望：一是提高农户参与品牌价值共创的意愿；二是重视农户在品牌价值共创过程中的作用，使其对当地农业的绩效产生促进作用。据此，有以下几点实际性建议：

1. 强化农户在品牌价值共创中的参与意愿

特色农产品区域品牌价值共创是区域内所有农商、农户、供销商、物流以及诸多利益相关者共同协作，实现资源共享和平台多用，进而促进农产品品牌发展的过程。笔者认为可以设置价值共创平台，在当地农资合作社开设与农户相关的知识竞赛，实行有奖竞答，鼓励优质农户主动去了解农产品品牌价值共创的知识，同时举办一些类似"秀一秀特农风采"等活动，吸引更多当地特色农产品种植户参与进来，强化他们的参与意愿，从而提高当地特色农产品的进出口销售。当地的农资以及农业龙头企业也要积极引导当地有特色农产品生产，种植意愿的散农和农村集体户进行集中的培训、宣传、整合以及经验的交流，以便农户在区域品牌价值共创的过程中得到自身价值的体现，进而带动更多有参与意愿却缺少专业种植知识的农民集中参与到品牌价值链的过程中去，使整个农产品区域品牌共创的过程更加贴近农户的现实，流程更加优化、更加便利。

2. 重视原产地品牌价值的打造

在特色农产品品牌中，有着区域特色的原产地品牌对于当地农业品牌的发展有极大的启发和引导作用。原产地品牌有许多，诸如中宁枸杞、固原马铃薯、武都花椒等，这些原产地农产品的知名度和对消费者的吸引力都是有目共睹的，如果相关部门或者企业能够利用"互联网+"的优势，结合线上线下的宣传和资源的共享，就可以集中这些原产地品牌去打造一个区域特色农产品品牌销售宣传平台，让更多的人和外地投资商看到这些区域特色农产品。例如，在西北地区可以结合本地特色文化、寓言故事、红色文化精神，将浓厚的区域文化融入当地特色农产品中，使区域文化成为品牌的附加价值。然后，达到了一定的文化宣传效应后，我们就可以在平台上引入更多的农户和他们的特色农产品，在标准化的电商渠道（如河马生鲜）上进行营销，这会极大地推动农产品区域品牌的发展，增加农业收入，从而提高农资企业的经济绩效。同时，这对当地农产品的生产以及农业经济发展都有着非常重大的意义。

3. 加大对特色农产品的扶持力度

特色农产品区域品牌的发展不仅要靠农户和企业的努力，还需当地政府和相关部门的协作和扶持。在发达国家中，政府对农产品品牌的资金援助力度相当大，十分重视品牌的科技创新，引导农产品品牌实现差异化发展，形成品牌优势。因此，我们可以借鉴发达国家的优秀经验，相关政府可以对有意愿和有想法的农商、农户或者乡村农产品合作社多加扶持，给予一定的减税免税的优惠，对符合条件的农户给予一定的资金和技术的支持。同时，对于当地的一些季节性特色农产品可以采用温室种植与观光采摘的方法，结合电商和当地批发商的线上线下的优势，让具有区域特色的特色农产品品牌进一步进入更大的市场，提高农业绩效，促进我国特色农产品产业的发展。

（二）研究展望

特色农产品品牌价值共创是农产品品牌价值建设的重要研究方向，对推动区域农产品品牌以及农产品供应链的发展有积极的作用。由于对农产品品牌价值共创概念内涵、模型机制、研究路径以及相关数据的匮缺，针对特色农产品区域品牌价值共创的研究还有待进一步深化。本研究主要从农户的视角，对具有区域特色农产品的生产商、企业以及农户进行了调查分析，没有考虑到农产品供应链以及价值链上的相关主体，样本数量少，不足以代表西北地区整体的农产品品牌建设的情况。而特色农产品品牌价值共创是品牌价值建设领域的一个全新的探究方向，希望相关部门和高校研究机构引起重视，对农户以及其他利益相关主体与农产品品牌价值共创之间的关系进行更加深入的研究分析。

第二节　基于顾客参与视角的
区域品牌价值共创研究 ①

随着经济的快速发展和国家政策的导向，建设特色农产品品牌，提升特

---

① 本节是北方民族大学商学院 2019 级硕士研究生冯雨婷同学参与课题研究的成果，收入本书时略作修改。

色农产品品牌价值及农产品企业绩效逐渐成为理论界和企业界关注的重点及焦点。市场经济的环境使特色农产品有了可以快速流通的机会，而农产品企业的首要工作就是有效地建立、管理和运作特色农产品品牌。从我国的农业政策上来看，多年以来我国在特色农产品问题上一直给予高度重视，针对我国特色农产品发展中存在的问题，我国政府给予了相关的政策与支持，党的十九大报告指出："培育新型农业经营主体，健全农业社会化服务体系，实现小农户和现代农业发展有机衔接。"而随着经济持续平稳发展、消费能力持续增长、消费需求不断升级以及媒介技术的快速革新，在农产品流通过程中，顾客发挥着越来越大的作用，顾客参与价值共创逐渐成为当今社会经济趋势。在这个背景下从顾客参与和顾客认知两个视角对特色农产品品牌价值共创进行研究是一个全新的研究与探索方向。

在传统研究中顾客仅仅是产品和服务的购买者与使用者。在以服务主导逻辑为背景研究主题下，顾客成为品牌价值共创活动的利益相关者与参与者，越来越多的企业邀请顾客参与到价值共创活动中，参与到新产品的开发中或者产品的创新中。通过对文献的研究发现，国内外学者对于顾客参与价值共创的研究主要集中于顾客参与的概念界定与顾客参与维度两个方面。顾客参与的概念界定方面，Cermak、File 和 Prince（1994）认为，顾客参与是与服务的生产和传递相关的精神和物质方面的具体行为、顾客的努力和卷入的程度[1]。李储（2014）认为顾客参与是顾客通过一定方式，参与服务创新整个或部分环节的一系列企业与顾客互动的行为，其中互动双方紧密合作，传递着大量的知识[2]。黄敏学等（2014）研究了顾客参与过程中顾客专业程度与忠诚度之间的关系[3]。金晔等（2014）将其定义为顾客以各种方式参与新产品开发的各个过程，在此过程中与企业进行信息、知识交流，联合设计开发新产品[4]。

在顾客参与维度方面有几位学者的研究成果较具有代表性。Kelley 和 Fisk（1985）认为顾客可以从体力、情感、体力和情感综合的投入来参与价值共创[5]。Ennew 和 Bink（1999）认为顾客参与有着信息资源共享、顾企互动、顾客

① Cermak, D. S. P., File, K. M., Prince, R. A. Customer participation in service specification and delivery［J］. Journal of Applied Business Research, 1994（10）：90–98.

② 李储. 顾客参与对商务服务业企业服务创新绩效影响研究［J］. 特区经济, 2014（11）：228–229.

③ 黄敏学，周学春，王长征. 顾客越专业就越不忠诚吗——基于基金投资者顾客专业度悖论的实证研究［J］. 南开管理评论, 2014, 17（1）：105–112, 144.

④ 金晔，江可申，姚山季. 顾客参与新产品开发对企业技术创新能力的影响机理及案例研究：基于顾客知识转移的视角［J］. 科技管理研究, 2014, 34（16）：12–17.

⑤ P.Kelley, R. Fisk. Participating the service encounter：A theoretical framework；Service marketing in a changing environment［C］.Chicago：American Mar keting Association，1985：117–121.

和企业履行其应有的责任三个维度①。Kellogg 和 Bowen（1997）表明顾客与企业间的信息交换为顾客参与的一方面②。卜庆娟等（2016）提出顾客参与的四个维度：求助、人际互动、反馈和倡导③。

通过对国内外文献的梳理发现对于顾客参与价值共创的研究主要集中于顾客参与概念界定、顾客参与维度这两个方面，在出于对企业利益的考虑来研究顾客参与价值共创给企业带来的影响方面的研究尚有欠缺。在市场经济时代，对于顾客参与价值共创的机理研究不仅具有理论意义，而且更具实践价值。因此本书基于顾客参与视角，对特色农产品品牌价值共创的维度和绩效进行深入的研究，探索有效的特色农产品品牌价值共创路径和策略。

一、文献回顾与研究假设

价值共创引起广大管理学者的关注是在近十年，是一个相对较新的概念，它是用于描述利益相关者合作的概念，不同学者对其有不同界定，但普遍认为它是一种互动过程。张培等（2016）认为价值共创是共创主体相互作用的结果，顾企互动行为在促进企业获取资源的同时使顾客获得实用和享乐价值④。袁婷等（2015）提出价值共创有三个维度：共创体验活动、共创产品服务、共创服务互动⑤。

良好的品牌既是企业在市场博弈中核心竞争力的外在体现，又是其实现可持续发展的动力源泉。随着我国市场经济发展日益走向成熟，我国企业越发认识到要走品牌化发展之路。王晓灵（2010）认为品牌价值是为消费者、企业及社会三个维度所带来的超额价值⑥。詹刘满（2013）认为品牌的价值融合在商品中，通过交换来决定⑦。Aaker（1998）认为品牌价值包含风险价值、成本价值与功能价值三个维度⑧。Baldinger 等（2006）认为品牌价值由产品功能利益、服

① C. Ennew, M. R .Bink. Impact of participative service relationships on quality, satisfaction and retention: An exploratory study [J]. Journal of Business Research, 1999, 46: 121-132.

② D. Kellogg, D. Bowen. On the relationship between customer participation and satisfaction: Two frameworks [J]. International Journal of Service Industry Management, 1997, 8（3）: 206-218.

③ 卜庆娟, 李朝辉. 价值到底是由谁创造的？——价值创造模式的演化及创造主体的角色变迁 [J]. 德州学院学报, 2016, 32（6）: 68-73, 77.

④ 张培, 刘凤. 基于多主体的价值共创过程机理——以广东品胜电子股份有限公司为例 [J]. 中国科技论坛, 2016（12）: 154-160.

⑤ 袁婷, 齐二石. 价值共创活动对顾客价值的影响研究——基于顾客体验的中介作用 [J]. 财经问题研究, 2015（6）: 100-105.

⑥ 王晓灵. 品牌价值的结构、影响因素及评价指标体系研究 [J]. 现代管理科学, 2010（11）: 95-97.

⑦ 詹刘满. 价值共创品牌化演进与营销学演进逻辑对比 [J]. 商业研究, 2013（8）: 91-98.

⑧ David A. Aaker. Managing brand equity: Capitalizing on the value of a brand name [M]. New York: The Free Press, 1991.

务承诺以及情感的象征性价值等构成①。张曙临（2000）认为品牌的价值在于成本、关系与权力者三方面各带来的价值②。王成荣、邹珊刚（2005）认为品牌价值构成要素可以被划分为生产者特殊劳动投入要素和市场认可要素③。贾生华等（2008）认为顾客、市场、社会以及企业四种价值维度的综合构成企业品牌价值④。

　　综上所述，目前对品牌价值共创的研究具有以下特点：国内外学者多从多维视角进行探讨，包括企业、顾客、市场等；目前关于品牌价值共创内涵等基本问题尚未十分明确。产品或服务的品牌价值的实现很大程度上取决于顾客的认知及消费。企业应当深刻地意识到，当前营销环境正处在急剧变革之中，从企业与消费者之间的品牌关系出发，以价值共创理论为视角，从战略及策略层面探索顾客参与品牌价值共创路径，对企业的发展及提高企业绩效有着深刻的实践意义。本书通过对顾客参与品牌价值共创理论的了解，从中了解总结了顾客参与品牌价值共创的内涵，并顺应当今经济发展的大趋势，结合顾客参与价值共创的影响及特征，提出顾客参与对特色农产品品牌价值共创的影响并且进一步探讨对绩效产生的影响。

（一）顾客参与对特色农产品品牌价值共创的影响

　　在顾客参与价值共创逐渐成为当今社会经济趋势的背景下，从顾客参与和顾客认知两个视角对特色农产品品牌价值共创进行研究是一个全新的研究与探索。从顾客参与体验方面来讲，随着市场经济时代的不断发展，顾客体验越来越成为顾客与企业共同重视的要素，顾客参与价值共创的前置资源由无数消费者的体验与认知构成。王玖河等（2018）认为对顾客参与价值共创行为存在显著的正向影响的因素有控制欲、感知风险和组织支持三种因素；顾客参与可以在价值共创模式下提升顾客感知价值，实现顾客价值最大化⑤。从顾客认知方面来讲，易加斌等（2017）研究表明只有让顾客充分感知到价值共创所带来的对于自己和其他方面的价值，顾客导向的价值共创体系才能充分地发挥作用，从而真正实现价值共创的目标和绩效⑥。企业有必要通过各种途径创造正面的顾客认知，进而获得满意的品牌价值共创效益。因此，特色农产品品牌价值共创过

① Baldinger, Rubinson, J. Brand Loyalty. The link between attitude and behavior [J]. Journal of Advertising Research, 2006, 36 (6): 22-34.

② 张曙临. 品牌价值的实质与来源 [J]. 湖南师范大学社会科学学报, 2000, 29 (2): 38-42.

③ 王成荣, 邹珊刚. 论品牌价值的来源及构成 [J]. 商业研究, 2005 (9): 7-10.

④ 贾生华, 刘勇, 柳志明. 房地产企业品牌价值的表现及提升机制 [J]. 中国房地产, 2008 (7): 54-57.

⑤ 王玖河, 刘琳, 王勇. 顾客参与价值共创影响因素研究——基于演化博弈的视角 [J]. 数学的实践与认识, 2018, 48 (9): 60-69.

⑥ 易加斌, 王宇婷. 组织能力、顾客价值认知与价值共创关系实证研究 [J]. 科研管理, 2017, 38 (S1): 259-266.

程中顾客参与体验及顾客认知对特色农产品品牌价值共创具有显著影响。由此提出如下假设：

H1：顾客参与价值共创对特色农产品品牌价值共创有显著影响；

H1a：顾客参与体验对特色农产品品牌价值共创有显著影响；

H1b：顾客认知对特色农产品品牌价值共创有显著影响。

（二）顾客参与对绩效的影响

顾客参与价值共创会对企业产生许多影响，对于企业来说，顾客的参与能够使企业更全面地了解顾客需求，从而发现更多符合市场需求的商机，在个性化消费时代，企业若想赢得更加独特的竞争优势，就应该挖掘并满足更深层次市场的需求。企业的市场需求及企业规模也会受顾客对于企业产品及服务的满意度和后续对该企业产品或服务的依赖程度及忠诚度所影响。因此，提高顾客参与及顾客认知对企业具有积极作用，被认为是提高企业绩效的重要手段。所以有不少学者认为，提高顾客参与体验程度及改善顾客认知对提升其企业竞争力及利润具有重大影响。王玖河等（2017）认为如果顾客参与价值共创的程度高，将导致更高的顾客忠诚并增强顾客对企业价值的认同感，表现为较高的重复购买次数和推荐欲望等[①]。关辉国等（2018）认为顾客消费体验对于品牌资产有直接正向的影响，顾客消费体验的提升有利于企业品牌资产的构建[②]。多数研究表明顾客参与是影响企业绩效的关键要素之一。由此提出如下假设：

H2：顾客参与价值共创对绩效有显著影响；

H2a：顾客参与体验对绩效有显著影响；

H2b：顾客认知对绩效有显著影响。

（三）特色农产品品牌价值共创对绩效的影响

绩效一般指行为表现得结果、成绩、成效等。特色农产品品牌价值共创所产生的绩效可以表述为：在特色农产品品牌运营和培育过程中所带来的实际和潜在经济效益，包括销售额、销售量、利润、特色农产品品牌知名度、特色农产品品牌满意度以及顾客忠诚度等。杨学成等（2016）认为企业需要构建良好的顾客参与环境，激发消费者价值共创意愿的产生，并实践各个环节的价值共创活动，然后自发形成价值共创行为，为下一轮的价值共创做好铺垫，在螺旋式上升中始终提升价值，推动该企业产品经济的不断发展[③]。张培等（2016）认

---

① 王玖河，刘琳.顾客参与价值共创机理研究——基于结构方程模型的量化分析［J］.企业经济，2017，36（2）：73-81

② 关辉国，耿闯闯，陈达.顾客消费体验对品牌资产影响效应路径研究——基于线上价值共创的新视角［J］.西北民族大学学报（哲学社会科学版），2018（1）：80-88.

③ 杨学成，徐秀秀，陶晓波.基于体验营销的价值共创机理研究——以汽车行业为例［J］.管理评论，2016，28（5）：232-240.

为顾客和企业之间围绕某一共同目标进行的持续、双向的信息传递和资源交换等活动可以实现资源的利用最大化，通过实现价值共创，提高其企业绩效 ①。奚路阳（2020）认为品牌促进销售，为企业带来更多的边际效益，但是消费者同样也是品牌的拥有者，企业品牌构建的终极目标应是形成企业与消费者之间牢不可破的品牌关系 ②。张婧等（2013）提出多重利益相关者的价值共创活动帮助顾客形成积极的品牌价值认知，最终改善企业品牌绩效 ③。由此，我们提出如下假设：

H3：特色农产品品牌价值共创对绩效有显著影响。

结合前文分析，我们可以得到，顾客参与首先作用于特色农产品品牌价值共创，进而通过特色农产品品牌价值共创，起到提升绩效的作用。根据已有文献，笔者认为品牌价值共创在顾客参与和绩效之间的关系中有着中介的作用，据此提出假设：

H4：特色农产品品牌价值共创在顾客参与和绩效关系中具有中介作用。

顾客参与对特色农产品品牌价值共创具有正向的促进作用，在模型中表现为顾客参与体验与特色农产品品牌价值共创之间的连线、顾客认知与特色农产品品牌价值共创之间的连线；顾客参与对绩效具有正向的促进作用，在模型中表现为顾客参与体验与绩效之间的连线、顾客认知与绩效之间的连线；特色农产品品牌价值共创对绩效具有显著的影响，在模型中表现为特色农产品品牌价值共创与绩效之间的连线；特色农产品品牌价值共创在顾客参与与绩效之间的中介作用，表现为从顾客参与体验和顾客认知到特色农产品品牌价值共创再到绩效之间的连线。构建理论模型如图 4-3 所示：

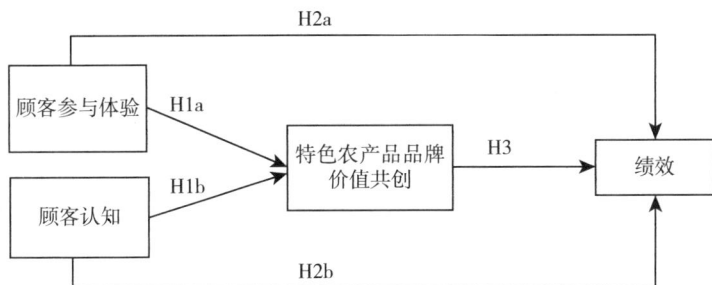

图 4-3　假设结构模型

① 张培，刘凤. 基于多主体的价值共创过程机理——以广东品胜电子股份有限公司为例［J］. 中国科技论坛，2016（12）：154-160.
② 奚路阳. 企业品牌价值共创系统模型及核心路径研究——基于消费者参与互动主导逻辑的视角［J］. 企业经济，2020，39（1）：36-41.
③ 张婧，何勇. 服务主导逻辑导向与资源互动对价值共创的影响研究［J］. 科研管理，2014，35（1）：115-122.

二、研究方法

（一）行业选择与数据收集

为获取数据验证本研究假设，本书以特色农产品品牌建设为研究方向，针对研究内容和研究对象，形成了具有 53 个题项的调查问卷。本次问卷主要分为三大模块：影响因素量表、农产品区域品牌价值共创量表和绩效量表。2019年 10 月利用周末放假时间请 10 位同学以调查问卷的形式对种植宁夏特色农产品的农户进行数据收集；本次共发放研究问卷 400 份，回收 340 份，其中不完整问卷 25 份，无效问卷 6 份，除去数据缺失的问卷，最终获得 309 份有效问卷，有效回收率为 80% 以上，可以进行探索性因子分析。

样本人口统计特征描述性统计如表 4-9 所示。其中男性、女性人数分别为153 人和 156 人，男女比例均衡；年龄在 30~50 岁的占样本总数的 60% 左右；受教育程度为高中或专科及以下的人数居多，占样本总数的 70% 左右；所调查的群体中农户共有 152 个，占样本总数的 50% 左右，政府公务人员数量较少，占样本总数的 7.1%，公司员工与顾客的数量大概各占 1/4。如表 4-9 所示，该样本在各方面的分布合理，可以展开研究。

表 4-9　样本的基本特征统计

统计变量	测量项目	频率	百分比（%）	有效百分比（%）	累积百分比（%）
性别	男	153	49.5	49.5	49.5
	女	156	50.5	50.5	100.0
年龄	30 岁及以下	87	28.2	28.2	28.2
	30~40 岁	73	23.6	23.6	51.8
	40~50 岁	115	37.2	37.2	89.0
	50 岁以上	34	11.0	11.0	100.0
学历	初中及以下	141	45.6	45.6	45.6
	高中或专科	92	29.8	29.8	75.4
	大学	53	17.2	17.2	92.6
	大学以上	23	7.4	7.4	100.0
职业	公司员工	56	18.1	18.1	18.1
	政府公务人员	22	7.1	7.1	25.2
	农户	152	49.2	49.2	74.4
	顾客	79	25.6	25.6	100.0

（二）测量信度与效度检验

本研究量表由 3 个模块 53 个题项组成，通过 SPSS20.0 测量题项进行分析，如表 4-10 所示，影响因素量表 Cronbach's α 值为 0.799，农产品品牌价值共创量表 Cronbach's α 值为 0.832 和 0.803，绩效量表 Cronbach's α 值为 0.701，总量表 Cronbach's α 值为 0.934，各因子层面的 Cronbach's α 系数均在 0.7 以上，问卷质量较高。

表 4-10　量表的信度检验

量表	项数	Cronbach's α 系数	N
影响因素量表	15	0.799	309
农产品品牌价值共创量表 1	15	0.832	309
农产品品牌价值共创量表 2	15	0.803	309
绩效量表	8	0.701	309
总量表	53	0.934	309

通过 KMO 样本测度值和 Bartlett's 球形度检验的数值指标进行验证。结果如表 4-11 所示。KMO 值为 0.875>0.8，且 Bartlett's 球形度检验的 χ^2 值为 5907.472（自由度为 1308），达到显著性水平（P=0.000<0.01），说明总体的相关矩阵间有公共因子存在，适合进行统计分析。

表 4-11　KMO 和 Bartlett 球形度检验

取样足够度的 Kaiser-Meyer-Olkin 度量		0.875
Bartlett 球形度检验	近似卡方	5970.472
	df	1308
	Sig.	0.000

（三）各变量相关性及回归分析

本章的回归分析使用 SPSS20.0 软件来验证，本研究从四个方面构建回归模型：

（1）顾客参与体验与特色农产品品牌价值共创回归分析（见表 4-12）。在回归分析中将顾客参与体验作为自变量，特色农产品品牌价值共创作为因变量，结果得出该指标符合线性关系，可以建立线性模型。且数据显示顾客参与体验与特色农产品品牌价值共创具有显著影响。H1a 得到验证。

表 4-12　顾客参与体验与特色农产品品牌价值共创回归分析

检测模型	R	调整 R^2	标准 R^2	估计误差	F	Sig.
1	0.399	0.160	0.157	0.918	58.259	0.000

（2）顾客认知与特色农产品品牌价值共创回归分析（见表 4-13）。在回归分析中将顾客认知作为自变量，特色农产品品牌价值共创作为因变量，结果得出该指标符合线性关系，可以建立线性模型。且数据显示（β=0.635；P<0.001）顾客认知与特色农产品品牌价值共创具有显著影响。H1b 得到验证。

表 4-13　顾客认知与特色农产品品牌价值共创回归分析

检测模型	R	R^2 调整	标准 R^2	估计误差	F	Sig.
2	0.401	0.161	0.158	0.918	58.772	0.000

（3）顾客参与体验与绩效回归分析（见表 4-14）。在回归分析中将顾客参与体验作为自变量，绩效作为因变量，结果得出指标符合线性关系，可以建立线性模型。且数据显示顾客参与体验与绩效具有显著影响。H2a 得到验证。

表 4-14　顾客参与体验与绩效回归分析

检测模型	R	调整 R^2	标准 R^2	估计误差	F	Sig.
3	0.483	0.233	0.230	0.877	93.179	0.000

（4）顾客认知与绩效回归分析（见表 4-15）。在回归分析中将顾客认知作为自变量，绩效作为因变量，结果得出该指标符合线性关系，可以建立线性模型。且数据显示顾客认知与绩效具有显著影响。H2b 得到验证。

表 4-15　顾客认知与绩效回归分析

检测模型	R	调整 R^2	标准 R^2	估计误差	F	Sig.
4	0.513	0.264	0.261	0.860	109.879	0.000

（5）特色农产品品牌价值共创与绩效回归分析（见表 4-16）。为了进一步探究特色农产品品牌价值共创与绩效的关系，本研究在回归分析中将特色农产品品牌价值共创作为自变量，绩效作为因变量。结果发现，指标符合线性关系，可以建立线性模型。且数据显示特色农产品品牌价值共创与绩效具有显著影响。H3 得到验证。

表 4-16　特色农产品品牌价值共创与绩效回归分析

检测模型	R	调整 R^2	标准 R^2	估计误差	F	Sig.
5	0.594	0.352	0.350	0.806	167.057	0.000

（6）特色农产品品牌价值共创的中介效应分析（见表 4-17）。本研究使用三个步骤检验法，首先验证顾客参与与特色农产品品牌价值共创的回归模型，其次验证顾客参与与绩效的回归模型，最后将特色农产品品牌价值共创作为中介变量带入第二步的回归方程。如果回归方程依旧成立，并且回归系数小于第二步中的回归系数，那么特色农产品品牌价值共创起到中介效应。将顾客参与和特色农产品品牌价值共创作为自变量，将绩效作为因变量进行上述三个步骤得到以下结果：

表 4-17　中介效应检验

因变量	自变量	标准化系数	P 值
绩效	顾客参与	0.561	0.000
	特色农产品品牌价值共创	0.679	0.000

以上为中介效应检验结果，由表可见，顾客参与的回归系数变为 0.561，比第二步的标准化系数 β=0.679 小很多，P=0.000<0.001，依旧显著。由检验结果可以得出结论：特色农产品品牌价值共创在顾客参与和绩效之间有着中介效应。H4 通过检验。

三、研究结果

（一）模型构建

在特色农产品品牌价值共创过程中，企业绩效的提升是以促进特色农产品品牌价值共创为基础的，通过文献梳理发现，通过顾客参与体验和顾客认知等顾企互动、相互协作形成特色农产品品牌价值共创路径，进而对绩效产生影响。由此根据假设结构模型形成模型 1，如图 4-4 所示：

基于以上分析，利用结构方程软件 AMOS22.0 对模型 1 进行估计，经过计算获得模型 1 的拟合优度指标，符合判别标准。表 4-18 为模型假设检验结果分析。

（二）模型数据测算结果分析

基于表 4-18 对拟合指数的计算，并进一步对数据分析，可以得到以下结果（见表 4-19）：

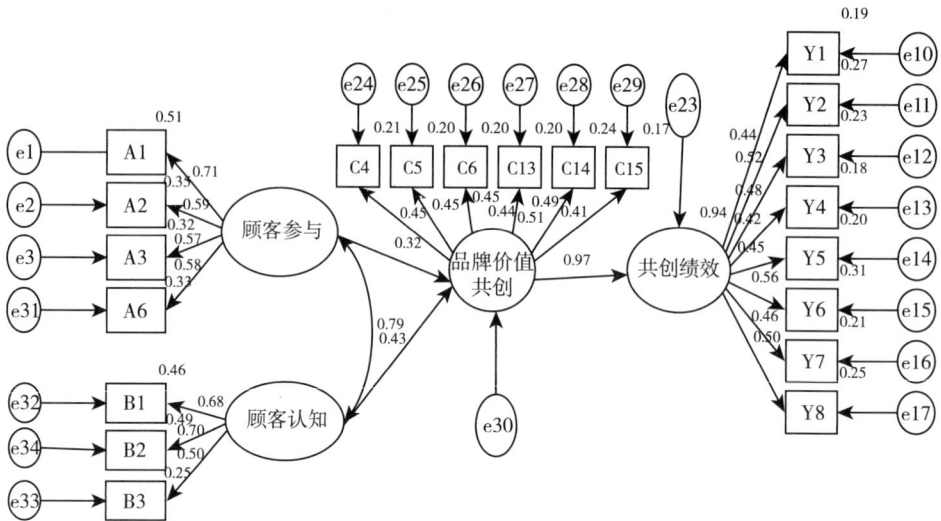

图 4-4   结构方程模型路径分析

表 4-18   模型 1 的拟合结果

	绝对拟合指数			相对拟合指数			简约拟合指数		
	CMIN	CFI	RMSEA	TLI	NFI	IFI	PNFI	PCFI	CMIN/DF
模型 1	490.073	0.784	0.073	0.755	0.698	0.788	0.615	0.691	2.649

表 4-19   分析结果

路径	路径系数	P 值	对应假设	检验结果
特色农产品品牌价值共创←顾客参与	0.32	*	H1a	支持
特色农产品品牌价值共创←顾客认知	0.43	**	H1b	支持
绩效←特色农产品品牌价值共创	0.97	***	H3	支持

注：* 表示 P 值在 0.05 水平上显著；** 表示 P 值在 0.01 水平上显著；*** 表示 P 值在 0.001 水平上显著。

1. 顾客参与体验对特色农产品品牌价值共创的影响分析

根据模型测算，在显著性水平下，顾客参与与特色农产品品牌价值共创之间相关系数为 0.32，这说明当进入市场信息化时代后，随着互联网的广泛应用和信息技术的快速发展，客户逐渐参与到新产品的研发、生产和营销环节中，与企业共同提升产品及服务的竞争力这种模式逐渐成为趋势，顾客参与体验与特色农产品品牌价值共创正相关，顾客在生产和消费活动中逐渐成为新的构建竞争优势的企业能力来源。通过企业与顾客的沟通与互动，采纳顾客在产品创新中通过体验所产生的建议，激发顾客参与特色农产品产品开发，实现特色农产品的品牌价值共创模式，促进扩大市场及增加特色农产品竞争力，H1a 成立。

2. 顾客认知与特色农产品品牌价值共创的影响分析

根据模型测算，在显著性水平下，顾客认知与特色农产品品牌价值共创之间相关系数为 0.43，说明顾客认知与特色农产品品牌价值共创正相关，这说明通过提高顾客认知，积极提升顾客对于特色农产品的满意度，培养企业核心用户，充分调动起顾客的产品体验感知，发挥顾客口碑传播效应，可以很好地提升顾客对于企业产品的忠诚度，扩大产品销量，促进特色农产品价值的提升，H1b 成立。

3. 特色农产品品牌价值共创对提升绩效有显著的正向影响

根据模型测算，在显著性水平下，特色农产品品牌价值共创与绩效之间相关系数为 0.97，表明特色农产品品牌价值共创与绩效正相关，这说明特色农产品品牌价值的提升对绩效有着非常重要的影响。特色农产品具备本身的优势，通过品牌价值共创行为可以借助企业与顾客共同参与、信息共享对各自的资源进行整合，通过顾客口碑传播效应、增加顾客对于企业的认可度从而提高农产品市场占有率，进一步提高企业业绩，促进绩效的显著提升，H3 成立。

四、研究启示与展望

（一）研究启示

根据以上分析我们可以得出如下结论：第一，顾客参与活动有利于特色农产品区域品牌价值的发展。顾客与企业共同作用确保特色农产品的产品和信息都能够顺利流通，以及达到资源充分利用的效果，进而实现特色农产品品牌价值共创。第二，特色农产品品牌价值共创在顾客参与与绩效之间具有中介作用，并进一步促进企业绩效的提升。并且通过数据分析发现，品牌价值的创造与绩效之间具有非常显著的正向相关性，而且相关系数高达 0.97，由此说明特色农产品品牌价值的创造对农产品企业绩效有着不容小觑的影响。据此，本文得到以下启示：

1. 加强与顾客联系，共创特色农产品品牌价值

随着互联网的广泛应用和信息技术的快速发展，客户逐渐参与到新产品的研发、生产和营销环节中，与企业共同提升产品及服务的竞争力这种模式逐渐成为趋势。特色农产品企业应在创新、生产、销售等各个环节同消费者建立联系，从而满足顾客深层次需求并使顾客参与到企业经营中。主动开展各类品牌共创活动，并采用多种手段激励消费者之间分享和传播品牌信息。同时把顾客需求和认知等资源加入到产品创新和生产中，通过企业与顾客的沟通与互动，

实现顾客和特色农产品企业共同创造价值，并在持续满足顾客需求的同时不断提升特色农产品品牌资产。

2. 重视顾客认知，促进特色农产品品牌价值共创

目前商业的核心不再是如何竞争，而是如何更好地与顾客进行合作。在确保特色农产品自身优势的前提下，要想扩展品牌价值的提升空间，就应该引导消费者通过情感价值共创建立品牌身份的认同的共鸣，提高顾客对于特色农产品的满意度及对企业的忠诚度。特色农产品企业在其品牌接触点的拓展管理上，突破原有的传统媒介思维，辨识出消费者的关键品牌接触点，在风险可控的范围内不断加大企业经营的开放力度，将企业内部经营管理的诸多环节纳入消费者的品牌接触之中，使得企业的内部管理和外部营销传播一样，加大对品牌和顾客沟通的投入，提高顾客对企业的价值认知，从而达到最终的品牌价值共创的目的，提高企业绩效。

3. 加大政府扶持力度

政府应该进一步完善特色农产品相关扶持政策，对特色农产品企业实行税收优惠政策，减轻企业的负担，使其有更多的优势推进特色农产品扩大产业规模与加强创新，开阔市场。并且政府要努力构建顾客、企业交流互动平台，降低企业加强与顾客沟通合作的成本，进一步推动特色农产品品牌价值共创及企业绩效的提升。

（二）研究展望

特色农产品品牌建设需要顾客、企业共同协作，共享信息资源以达到资源的价值最大化。本研究基于顾客参与视角提出了对特色农产品品牌价值共创和绩效关系的结论并提出了相关启示与举措，但研究依旧有不足之处：本研究仅从顾客参与体验与顾客认知两个维度来探索特色农产品品牌价值共创。后续研究应进一步从顾客视角探索对特色农产品品牌价值共创有影响的因素，并针对特色农产品品牌价值共创的机理深入探索，这是今后研究的方向。

第三节　宁夏农产品服务供应链
企业财务绩效评价研究 ①

农业是我国的基础产业，农业产业的发展关系到整个国家的经济发展，我国历来重视农业产业发展，重点支持农业产业化和龙头企业的发展。2012 年 3

---

① 本节是北方民族大学商学院 2019 级硕士研究生陈宁同学参与课题研究的成果，收入本书时略作修改。

月国务院专门出台了《关于支持农业产业化龙头企业发展的意见》，提出大力发展农产品加工，促进产业优化升级；推动龙头企业集聚，增强区域经济发展实力；加快技术创新，增强农业整体竞争力。此后政府在加快转变农业发展方式、优化农业结构上持续发力，颁布了一系列政策促进农业龙头企业进一步做大做强，提升农业产业化水平，支持农业企业上市。2020年《政府工作报告》中明确提出确保实现脱贫攻坚目标，促进实现农业丰收农民增收的目标。农业龙头产业健康蓬勃发展，在带动农民增收、促进农业增产和新农村建设方面发挥着重要作用，而农业企业的绩效水平关系到企业自身能否保持良好的盈利能力和持续的发展能力。宁夏的农业产业是宁夏的特色产业，是宁夏经济发展的新名片。本书在借鉴众多学者的分析方法之上，尝试借助因子分析法对宁夏区内农业龙头企业进行实证分析，从而为农业公司的发展状况进行评价分析。

一、文献回顾

（一）公司业绩评价研究综述

企业是人类商业活动的创作物，也是社会发展的产物，伴生于经济发展的浪潮中。公司经营者需要与外界传递财务信息，例如良好的经营能力、强劲的发展潜能、卓越的管理能力抑或是广阔的前景，这都需要一种"语言"或工具。如果股市被誉为经济发展的晴雨表，那么公司业绩的分析评价就是看到企业全貌的照明镜。企业正是以财务评价这面镜子，将公司的全景客观展现。企业财务评价方法是财务评价综合体系的核心内容，评价方法的不断发展演进开拓丰富了了解企业发展状况的方位和视角。企业绩效评价所要达到的目标是对企业某一阶段的经营过程及经营管理者的管理活动做出客观评价，并对未来时期的企业经营做出合理预测。企业财务评价的重要作用体现在它具有判断、预测、选择和导向功能，核心功能是导向作用[①]。近百年来，关于企业财务绩效评价的研究也一直是学者们关注的热点问题。国内外管理学者和专家对这一领域进行了不断的探索创新，形成了较为系统的研究，取得了诸多成果，推动了企业的科学管理与绩效评价在实践领域的应用与推广，企业财务评价的重要性和普遍性也与日俱增。

国外对企业财务状况总体分析评价系统的发展起源于公司经济活动的多样化和复杂化，成型于经济实践活动不断发展和改进的过程中。伴随着现代管理思想的完善和管理理论的不断发展，西方经济学者对公司财务评价的主要方法有杜邦分析法、沃尔评分法、平衡计分卡和经济增加值分析法。杜邦财务分析

---

① 余涤非. 我国农业产业化龙头企业战略研究［D］. 中国海洋大学，2012.

体系开创了综合的财务业绩评价指标体系的先例。它的重要意义在于将看起来毫无关联的资产负债表和利润表联系在了一起，特别是将偿债能力、营运能力和盈利能力三者结合起来，因而使得指标具有很强的综合性，能够综合反映企业财务状况。直至现在，不断改进后的杜邦分析体系在财务评价中仍然有着广泛的使用。沃尔评分法把若干个财务比率用线性关系结合起来，以此来综合评价企业的财务状况。它的不足之处是可能由于指标中有主观因素的介入或因某一指标强度过大而导致结果的偏差。国外对经济问题研究的杂志中，享有盛名的当属《财富》《商业周刊》《福布斯》等。他们也把评估推选全球优秀企业作为创刊特点，评选的标准主要包括企业的销售收入、公司的治理情况以及公司各类指标的透明度。除此之外的评价指标还有利润、总资产和市值等。在 20 世纪 70 年代，麦尔尼斯与泊森、莱西格前后发表的应用于业绩评价的财务指标还有投资报酬率、销售利润率、每股收益率、现金流量和内部报酬率等。随着企业间竞争日益剧烈，经营者们意识到影响企业业绩的因素不仅是这些可视的财务指标，还存在一些非财务指标，例如交货周期、顾客满意度、售后服务等。20 世纪后期在国外比较有影响的企业经营业绩评价体系为美国的思腾思特（1991）提出的经济增加值（EVA 业绩评价系统）和罗伯特·卡普兰、戴维·诺顿（1992）提出的平衡计分卡，这两者成为现代企业业绩评价方法的发展趋势。不足之处是 EVA 评价指标在使用过程中会根据企业的实际情况对会计事项进行调整，因此会带有较为强烈的主观色彩。平衡计分卡的特色是它打破了传统的单一使用财务指标衡量业绩的方法，在传统财务指标的基础上加入了未来驱动因素，包含客户因素、内部管理因素等，在集团战略规划与执行管理方面发挥非常重要的作用。

我国在 1992 年结束计划经济体制，并在十四届五中全会上提出了由计划经济转为市场经济体制的改革目标，经济增长方式转向集约化。在此背景下我国的经济进入高速发展时期，市场经济充分展现了它的活力，整个经济由此活跃起来。21 世纪 90 年代初出现了证券和股票交易，金融市场也逐渐形成。原有的单一财务指标显然已经不能适应市场经济对企业财务业绩评价的新要求，一种新的企业财务体制急需出现。受当时的经济发展环境影响，这一阶段的评价指标具有鲜明的时代特征，就是对企业产值和利润的关注。为了测评和掌握当时的工业经济发展情况，国家首先发布了工业经济评价考核六项指标，并且都是相对性比率指标。随后发布的《企业财务通则》中又系统性地规定了衡量业绩的八项指标。其间也有学者提到这个指标存在的不足之处，例如陈洪隽[①]

① 陈洪隽. 评价企业经营业绩的方法——企业财务评价指标与分析 [J]. 企业管理，1994（1）：38-41.

提出在使用相对指标衡量绩效时，可能也存在致使分析结果虚假的问题，并以流动比率和负债比率作了范例的解释。后来修订新通则时强调了企业要对照行业发展、财务状况、管理水平，合理控制各类风险。1995年颁布的《企业经济效益评价指标体系试行》扩充为10项指标，它的特点是指标体系体现了权重思想，同时与行业平均值作比较分析和评价。1999年国家重新规范了国有企业的业绩评价指标，建立了以基本指标加修正指标和专家评议指标相结合的32项指标构成的业绩评价指标体系。2000年以后，清华大学中国企业研究中心和中国证券报联合对国内1000家上市公司的盈利能力、综合绩效、成长性能和偿债能力作了综合排名。复旦大学也携手国内证券之星机构开展了以五类指标构成的财务评价指标体系。此后，国内相关权威研究机构也积极探索了财务绩效指标体系。国泰安CSMAR数据库开发了上市公司各行业的偿债能力、运营能力等多方面的财务指标体系，能够全面反映企业财务绩效。近年来随着经济飞速发展和企业外部环境深刻变化，学者们关注到了非财务指标和偶然因素对于企业的发展同样会产生深远影响，同时提出对财务评价指标体系的改进意见。尤其是上市公司舞弊事件频发背后，暴露出的财务指标可以被粉饰和操纵，凸显了财务指标的局限性，非财务指标的推行和应用可以当作对这一缺陷的补充。这类指标通常是表外信息，例如"战略目标""市场份额""员工满意度和保持力"等[1]。黄园[2]提出企业参考同行上市公司的相关财务指标值，可以摘取比较有代表性同行业的中位数指标或修正后同行业可比企业的参照财务指标均值；针对如何修正财务指标选出主要因子时，他们以医药行业举例说明改革行业的修正因子应该是研发，这就体现了将财务分析与企业经营实际相结合的过程，这样的财务分析才能有助于企业的决策者做出对企业影响深远的经营管理活动和长期战略决策。王志安、向显湖（1999）[3]提出做财务分析要关注诸如资产质量、成本水平、企业规模等表外信息。伍柳绿（2020）[4]在传统型企业财务评价指标体系的基础上提出了科创板创新型企业财务评价指标体系的内容，考虑了创新型企业具有研发能力，要求增加对企业研发能力和规模的衡量，进而也证实了传统企业和创新型企业在财务结构上的不同。夏甜（2019）[5]提出要加强对企业经营环境和行业环境的分析。吴金克（2016）[6]提出在注重

① 王艳.非财务指标在企业业绩评价体系中的运用——兼评卡普兰和诺顿的平衡记分测评法［J］.贵州财经学院学报，2003（1）：16-19.
② 黄园.企业财务分析存在的问题及对策思考［J］.纳税，2019，13（32）：63-64.
③ 王治安，向显湖.试论企业财务报表分析的表外信息［J］.财会月刊，1999（6）：5-6.
④ 伍柳绿.关于科创板创新型企业财务评价指标体系的探讨［J］.会计师，2020（2）：44-45.
⑤ 夏甜.财务评价指标体系研究［J］.合作经济与科技，2019（15）：154-155.
⑥ 吴金克.企业财务评价指标体系及其运用［J］.中国商论，2016（21）：39-40.

获利能力的财务评价指标体系之外，也不能忽视企业的自身价值、发展前景和风险水平，还要更多地关注成长性指标和风险指标。刘金芳、段如月（2020）[①]对新时期下企业财务绩效评价指标体系的建议是应增加财务绩效管理战略目标，目的是保证企业的长期竞争力。总体来看，对财务评价指标的研究越来越全面，涵盖内容越来越丰富。

（二）关于财务评价方法的研究回顾

对企业业绩评价的研究主要集中于业绩评价指标的选取和评价方法的确定。根据参考阅读有关财务绩效评价的文献可以发现，学者们分析问题的侧重点不同所使用的评价方法也各不相同。传统意义上评价企业财务状况主要是从盈利能力、营运能力、偿债能力等角度去分析企业在某一时期内发生的各项活动，结合各种相对指标最终来评判企业经营业绩的优劣。换言之，对企业的业绩评价也就是评判企业财务状况是否良好，经营管理和控制是否健全以及业务发展前景是否广阔等。评价对象一般都选取了某一行业的上市公司或者是某个地区的上市公司，也就是结合行业角度和地域因素综合评价企业的财务状况。对财务指标进行多元统计分析的综合评价方法中，综合评价方法还有主成分分析法、因子分析法、熵值法、层次分析法、模糊综合评价以及灰色关联度法等，在选取分析指标上，设计的评价模型指标大多从盈利能力、偿债能力、周转能力、发展能力等指标入手。

通过整理近年来的文献可以发现，对农业上市公司采用因子分析法的相关研究发展非常迅速，从尝试将财务指标分析和统计方法结合起来的探索阶段发展到广泛运用因子分析法。学者对这种方法的结合使用也逐渐关注起来，并对如何更科学更合理地使用因子分析法提出了建议以及给出了使用过程中应该注意或者避免的操作。赵喜仓、张平（1997）[②]在对企业经济效益综合评价的应用研究中指出因子分析法能够克服综合经济动态指数法和综合经济效益指数法的不足，进而可以客观、准确地评价企业经济效益。顾文炯（2005）[③]也提出，传统的主观加权方法在计算确定原始数据的权重上多数取决于主观经验的判断，这一点造成了判断结果的主观性较大，更重要的是难以解决评价指标之间存在的相关关系，因而容易造成决策失误，利用因子分析能给出定量的综合评价结果。许彪（2000）[④]等在进行绩效评价时通过整理各因子的权重发现，盈利能力在五大指标中占比最大，是上市公司衡量业绩的核心所在。盈利能力不仅

① 刘金芳，段如月.新时期企业财务绩效评价指标体系微探［J］.全国流通经济，2020（2）：182–183.
② 赵喜仓，张平.因子分析法在企业经济效益综合评价中的应用研究［J］.江苏理工大学学报，1997（2）：97–102.
③ 顾文炯.用因子分析法对农业上市公司进行财务评价［J］.安徽大学学报，2005（3）：136–139.
④ 许彪，卢凤君，傅泽田，侯丽薇.农业类上市公司经营绩效评价［J］.农业技术经济，2000（6）：36–39.

是企业竞争力高低的最终反映，也是体现企业财务质量优劣的一个重要方面。而且通过进一步研究发现某项因子的优劣表现会使该因子因为占比大小而影响综合得分结果。例如，朱丽莉、王怀明（2004）[①]选取 46 家农业上市公司分析，在盈利因子表现上发现伊利股份、都市股份等几个企业的盈利因子很突出，从而使企业的整体评分也排名靠前，这同样也验证了因子分析的可靠性，最后他们得出了提高企业的盈利水平对改善经营绩效至关重要的结论，认为企业占用资源应当创造价值。程湛（2009）[②]等学者对农业上市公司的盈利能力进行了一定程度的剖析和评价，并就盈利性能表现上单独指出了盈利单足型和盈利失败型的企业。在对农业上市公司整体状况的分析中，钟燕、盛智颖（2009）[③]综合了主成分分析法、因子分析法和聚类分析法对我国上市农业公司财务经营绩效做实证研究后发现我国上市公司在绩效方面表现水平不高。朱家明、邢康（2018）[④]以农业上市公司为研究对象，构建综合能力评价体系，发现我国农业类上市公司的财务现状存在亟待扭转的两极分化现象，中等段具有明显的集中趋势。在对农业公司的细分研究中，林乐芬（2004）[⑤]论证了科技型农业企业和农产品深加工型企业的整体业绩比其他类型的农业上市公司的表现更胜一筹，在此基础上提出农业公司未来发展的更大空间和更优方向应该是向科技控股型和农产品深加工型转型和靠拢。杨军等（2018）[⑥]选取 2010~2016 年农业类上市公司的数据，探究影响其现金股利政策的因素。刘伟、杨印生（2006）[⑦]将因子分析法和二次相对评价模型结合对财务数据进行综合分析。郑少锋、何凤平（2008）[⑧]等提出过去的综合评价方法都是主要针对农业上市公司静态时点做出的综合业绩分析，对动态综合分析不够充分，由此引出时序多指标综合评价原理，进而提出了动态综合评价方法。在分析影响企业发展内外部因素的问题中，吴敬学、李轶男和朱梅（2010）[⑨]求证了对公司的经济绩效影响最明显的内

① 朱丽莉，王怀明.农业上市公司经营绩效的因子分析［J］.南京农业大学学报（社会科学版），2004（4）：39-43.

② 程湛，罗华伟，季正韵.基于因子分析法的农业上市公司盈利能力评价［J］.安徽农业科学，2009，37（32）：16052-16054.

③ 钟燕，盛智颖.我国农业上市公司经营绩效的实证研究——基于主成分分析、因子分析与聚类分析［J］.技术经济与管理研究，2009（6）：21-23，40.

④ 朱家明，邢康.基于因子分析法的我国农业类上市公司综合能力评价［J］.山东农业工程学院学报，2018，35（7）：1-4.

⑤ 林乐芬.中国农业上市公司绩效的实证分析［J］.中国农村观察，2004（6）：66-70.

⑥ 杨军，刘奕琨.农业类上市公司财务特征、股权结构与现金股利政策［J］.农村经济，2018（8）：56-61.

⑦ 刘伟，杨印生.我国农业上市公司业绩评价与分析［J］.农业技术经济，2006（4）：47-52.

⑧ 郑少锋，何凤平，霍学喜.农业上市公司经营业绩的时序多指标综合评价［J］.中南大学学报（社会科学版），2008（1）：84-88.

⑨ 吴敬学，李轶男，朱梅.农业上市公司经济绩效影响因素的实证分析［J］.农业经济与管理，2010（3）：22-27，45.

部因素是自身的资产管理水平、负债水平、企业规模以及从政府得到的税收补贴。王若龙（2008）[①]通过建立农业上市公司经营效率评价模型，研究了农业上市公司的竞争环境，合理提出了促进公司稳定发展的建议。

总结归纳大量文献后得出，已有研究成果在研究内容和模型方法上各具特色，许多内容和观点具有一定的借鉴意义。目前的文献大部分是从财务报表数据出发以某一角度研究上市公司财务绩效表现及进行风险讨论。集中对农业企业进行全面的财务评价的研究较少，缺乏对所有农业公司总体的分析和评价。因此，在宁夏回族自治区农业企业特定市场环境和制度背景下分析评价和研究农业企业财务绩效问题很有必要。本书通过对理论基础的学习以及对相关文献的总结，在对已有研究成果进行学习的基础上通过参考农业类上市公司一些重要财务指标，进而采用因子分析法研究农产品行业公司财务绩效评价问题。农产品企业综合评价指标体系如表 4-20 所示。

表 4-20　农产品企业综合评价指标体系

指标类型	财务指标名称	财务指标计算公式
盈利能力	净资产收益率（X_1）	净利润 / 平均净资产 ×100%
	综合毛利率（X_2）	（营业总收入 – 营业总成本）/ 营业总收入 ×100%
	销售成本利润率（X_3）	主营业务利润 / 主营业务成本 ×100%
营运能力	流动资产周转率（X_4）	主营业务收入 / 流动资产平均余额 ×100%
	存货周转率（X_5）	销售成本 / 存货平均余额 ×100%
	应收账款周转率（X_6）	主营业务收入 / 应收账款平均余额 ×100%
偿债能力	流动比率（X_7）	流动资产 / 流动负债 ×100%
	速动比率（X_8）	速动资产 / 流动负债 ×100%
	现金比率（X_9）	货币资金 / 流动负债 ×100%
	资产负债率（X_{10}）	负债总额 / 总资产 ×100%

1. 盈利能力分析

盈利能力是指企业获取利润的能力。利润是企业内外部门和利益相关者关心的中心问题，是投资者取得投资收益、债权人收取本息的资金来源，是经营者经营业绩和管理效能的集中表现，因此具有十分重要的意义。

（1）净资产收益率。净资产收益率是指使用自有资本获利的能力。

（2）综合毛利率。是指公司毛利与销售收入之间的关系。

（3）销售成本利润率。是指一定时期企业实现的主营业务利润与所耗费

① 王若龙 . 农业类上市公司绩效分析［D］. 复旦大学，2008.

成本之间的比率。

2. 营运能力分析

公司将经营的工作和经营资产的效率放在重要位置，以便公司获得尽可能多的销售收入，生产更多的产品和利润最大化。公司经营能力越强，资产流动性越高，公司获得预期利润的可能性越大。

（1）流动资产分析。流动资产分析的目的是分析流动资产的周转和通过资产向对象交易流动资产的过程，流动资产改变越多，流动资产利用率越高。

（2）存货周转率。用于分析企业利用存货的效率，企业利用存货周转速度越快，销售越快，经营效率越好。

（3）应收账款周转率。良好的收账政策能让企业更加充分地利用企业资金。

3. 偿债能力分析

偿债能力是企业偿还到期债务的保证程度，反映了企业在生产和经营过程中的风险，是财务整体安全性的体现。

（1）短期偿债能力。流动比率和速动比率两个指标揭示流动资产对流动负债的保障程度。

（2）长期偿债能力。对资产负债率进行分析，比较公司因借款而获得的总负债和总资产，是企业利用外部资金和内部资金的资本结构指标。

二、研究方法和评价指标的选择

据统计，2018 年中国 GDP 为 919281 亿元，同比增长 6.6%；宁夏全区 GDP 为 3705.18 亿元，占全国比重为 0.4%，同比增长 7%。2018 年我国农业总产值为 61452.60 亿元，同比下降 0.43%；2018 年宁夏农业总产值为 549.71 亿元，占全国比重为 0.89%，同比增长 11.51%。宁夏的经济发展速度基本与全国保持平衡。

近年来，宁夏回族自治区通过实施龙头企业带动工程，大力支持龙头企业加大科技投入，持续引进新技术、新装备和新工艺，同时积极开展技术改造升级，发展农产品精深加工，提高产品附加值。着重提升现代畜牧、酿酒葡萄、枸杞、瓜菜等特色优势产业，拓展农业投融资渠道，进一步增强企业发展实力。

截至 2019 年末，全年实现地区生产总值 3705.2 亿元，农产品加工业总产值 780.6 亿元，加工转化率达到 68%，特色产业产值占农业总产值的比重达到 87.4%。全区优质粮食总产量连续 8 年稳定在 360 万吨以上；奶牛存栏 43.7 万头，肉牛、肉羊、生猪饲养量分别达到 169.1 万头、1148.2 万只和 170.3 万头，人均牛奶、牛肉、羊肉占有量分别居全国第 1 位、第 6 位和第 5 位，畜牧业总产值达到 179 亿元；瓜菜种植面积 295.5 万亩，总产值达到 116.9 亿元；酿酒葡萄种植面积达到 57 万亩。全区农业企业共有 6203 家，农业合作社 3095 家，培育国家级农业产业化重点龙头企业 24 家、自治区农业产业化联合体 72 家，全区规模以上粮油加工企业发展到 259 家，休闲农庄达到 820 家。其中农业产业化龙头企业 381 家，在 2019 年国家农业产业化龙头企业 500 强企业名单中，宁夏回族自治区 2 家企业携手入围 500 强[①]。

本书选取宁夏地区 40 家农业产业龙头企业 2017~2018 年的财务报表数据和纳税申报表数据作为分析对象，财务报表的全部数据均采用手工方式从样本企业在主管税务机关申报的原始数据中获得。根据采集到的样本数据进行各项指标的计算并导入到 SPSS 分析软件中，以期能够获得对农产品样本企业财务状况的全面了解。

（一）指标体系设计

关于评价指标体系所包括的指标，主要参考诸多学者选用因子分析法评价上市公司所运用到的指标内容。

一方面，在针对农业上市公司财务的研究方法与模型的选择中，王玉荣（2019）[②]、陆凤莲（2006）[③]等学者认为要从上市公司的盈利能力、偿债能力、资产管理能力、成长能力、股本扩张能力等多个方面来反映上市公司的经营业绩；另一方面，众多学者在探索研究上市公司财务危机预警指标构建和设计财务评价指标过程中提出要把平均资本增长率和平均利润增长率以及资本结构、现金流量指标也引入其中，认为这能够体现企业由小到大的发展潜力。

本节是为了考查我区农产品企业的业绩经营状况并对其进行综合的评价和分析得到我区农产品企业的排名情况来了解我区农产品企业经营业绩的大体情况。根据财务绩效评价的指标体系设计的基本原则，借鉴国家和其他学者研究成果对上市公司业绩评价的指标体系，本书选取了表 4-20 中的指标体系。包含了净资产收益率、综合毛利率、销售成本利润率、应收账款周转率、存货周转率、资产负债率等指标。

（二）样本评价方法及步骤

本书拟采用因子分析法对农产品供应链企业财务绩效指标的适用性进行综合评价。因子分析法是以最少的信息丢失将众多原有变量归集为少数几个因子，新的因子具有一定的命名解释性的多元统计方法[④]。因子分析中的重要概念有因子载荷、因子的方差贡献度等[⑤]。

① 2019 年我区稳步推进农业高质量发展［EB/OL］.宁夏回族自治区农业农村厅官网.
② 王玉荣.主成分分析法在上市公司财务分析中的应用探讨［J］.商讯，2019（33）：57-59.
③ 陆凤莲.基于主成分分析法的广西上市公司财务分析［J］.改革与战略，2006（6）：107-110.
④ 林海明，刘照德，詹秋泉.因子分析综合评价应该注意的问题［J］.数理统计与管理，2019，38（6）：1037-1047.
⑤ 薛薇.统计分析与 SPSS 的应用［M］.北京：中国人民大学出版社，2017.

　　因子分析法主要涉及以下基本步骤：①进行因子分析前的准备工作。对数据进行预处理和对因子分析法适用范围进行判定。进行标准化处理，是为了通过将不同量级的数据缩放后使之全部落入一个固定的小范围的特定区间，完成处理后全部数据处在了同一量级，可以保证数据之间的可比性，便于后续开展进一步的综合测评分析。判断是否满足采用因子分析的前提条件的惯用方法有：利用变量的相关系数阵判断变量能否降维、计算偏相关系数、巴特利特球形度检验和 KMO 检验。②因子提取。主要包括因子载荷阵的估计和科学提取因子个数的确定；还有在必要情况下的因子载荷矩阵旋转，这一步一般选用方差极大法正交旋转方式。③因子的命名和解释。将原有变量综合为少数因子后，如果因子的实际含义不清就不利于进一步的分析解释。④计算样本的因子得分。在这一步中以较少的因子代替原有变量参与数据建模，为进一步分析做好基础。⑤利用综合得分快速排序和评价工作。

三、综合绩效评价的实证结果

（一）数据信度与效度分析

　　对样本企业范围的界定，参考国民经济行业分类与代码（GB/T4754–2017），即国民经济行业分类和中国证监会的分类标准，范围包含农、林、牧、渔业，结合宁夏区域分布的农产品加工企业有"种植／养殖—加工—销售"一体化的特点，加入了农副产品、农副食品加工业。样本企业包括区内奶牛养殖与乳制品企业（5家）、特色农产品种植与加工企业（9家）、冷链物流企业（2家）、粮油加工企业（8家）、牲畜与禽类养殖企业（11家）、葡萄酒加工企业（2家）、肉食品加工企业（3家），其中资产总额亿元以上有21家，2018年营业收入千万元以上企业有26家，净利润百万元以上有17家。

　　因子分析的前提条件是原始变量之间要有很强的相关性。所以在做因子分析前首先需要判断原始变量是否相关。借助变量的相关系数矩阵可以看到大部分变量间相关系数较高，可以从中提取公共因子。同时结合变量的相关系数矩阵和巴特利特球形度检验结果决定是否满足前提条件。一般来说，KMO 的统计量在 0~1。KMO 值越趋近于 1，意味着变量间的相关性越强，越适合做因子分析；反之越不适合做因子分析。0.7 以上为较好；0.5 以下为不适合。本节中，巴特利特球形度检验统计量的观测值为 286.68，相应的概率值接近 0。考虑 KMO 值为 0.616，根据 Kaiser 给出的度量标准可知原有变量适合进行因子分析。

（二）样本分析

　　基于上一步选取的指标计算结果，导入 SPSS 数据分析软件，在完成"描述"选项勾选内容后继续"抽取"选项，选择分析主成分分析也称主分量分析，Jackson（2005）将主成分分析定义为一种无监督的降维方法，它线性地传递数据，并创建一组新的参数称为"主成分"。主成分分析法能够为因子分析提供初始解，因子分析是对主成分分析结果的进一步延伸和拓展。主成分因为能够提供对分析目标影响最为显著的成分，因而在分析使用上更加准确有效。初步得到成分矩阵，分析后以最大方差法对矩阵进行线性转换并选取解释原始数据最重要信息的几个主要成分。总方差解释如表4-21所示。

表4-21　总方差解释

成分	初始特征值			提取载荷平方和			旋转载荷平方和		
	总计	方差的%	累积%	总计	方差的%	累积%	总计	方差的%	累积%
1	2.847	31.632	31.632	2.847	31.632	31.632	2.683	29.810	29.810
2	1.679	18.653	50.285	1.679	18.653	50.285	1.677	18.629	48.439
3	1.144	12.706	62.991	1.144	12.706	62.991	1.310	14.552	62.991

注：提取方法：主成分分析法。

因子的方差贡献和方差贡献率是衡量因子重要性的关键指标。根据表4-21可以看出前三个因子累计达到的贡献为62.991，能够解释63%的数据信息，可以提取前三个因子F1、F2、F3作下一步分析的主因素。

通过得分系数矩阵（见表4-22和图4-5），使用每个可观察变量上每个因子的得分值作为系数来构造每个因子的得分。由旋转后结果可以看出：流动比率、速动比率、现金比率在第一个因子F1上的载荷较高，意味着它们与第一个因子的相关程度高，而流动比率、速动比率、现金比率指标反映了公司偿债能力，可以把第一个因子命名为偿债能力因子。应收账款周转率、流动资产周转率在第二个因子F2上具有较高的载荷，而应收账款周转率、流动资产周转率的指标反映了上市公司的营运能力，因此可以把第二个因子F2命名为营运能力因子。成本费用利润率、综合毛利率在第三个因子F3上的得分较高，说明可以将第三个因子F3命名为盈利能力因子。

各因子计算表达式为：

$F1=0.334x_1+0.325x_2+0.311x_3-0.249x_4+0.142x_5+0.018x_6-0.007x_7-0.069x_8+0.021x_9$

$F2=-0.035x_1-0.035x_2+0.016x_3-0.063x_4+0.015x_5+0.536x_6+0.538x_7+0.097x_8-0.054x_9$

$F3=0.031x_1+0.074x_2-0.099x_3+0.220x_4-0.508x_5-0.004x_6+0.028x_7+0.569x_8+0.420x_9$

表 4-22　成分得分系数矩阵

指标	成分 1	成分 2	成分 3
Zscore（流动比率）	0.334	−0.035	0.031
Zscore（速动比率）	0.325	−0.035	0.074
Zscore（现金比率）	0.311	0.016	−0.099
Zscore（资产负债率）	−0.249	−0.063	0.220
Zscore（存货周转率）	0.142	0.015	−0.508
Zscore（应收账款周转率）	0.018	0.536	−0.004
Zscore（流动资产周转率）	−0.007	0.538	0.028
Zscore（综合毛利率）	−0.069	0.097	0.569
Zscore（成本费用利润率）	0.021	−0.054	0.420

注：提取方法：主成分分析法。

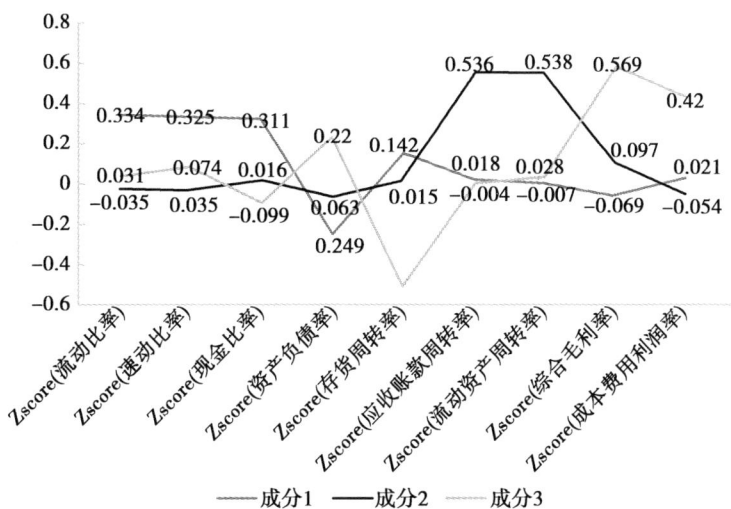

图 4-5　成分得分系数矩阵

最后根据上述模型，得出每个因素的得分情况，对各个因素进行方差贡献率的加权求和，从而获得 40 家上市农业公司的综合评价得分 F。

$$F=（0.2981F1+0.18629F2+0.14553F3）/0.6299$$

根据以上因子模型计算得出 2018 年农业龙头企业绩效评价的综合得分。如表 4-23 和图 4-6 所示。

表 4-23　2018 年农业龙头企业绩效评价综合得分

公司名称	F1	F2	F3	综合得分
BRY 枸杞股份有限公司	3.86766	−0.15724	−0.07157	1.77
宁夏 DF 乳业有限公司	2.06183	−0.58652	1.48995	1.15
宁夏 YL 面粉有限公司	−0.04704	1.9265	0.00926	0.55
青铜峡 GX 饲料有限公司	1.18015	−0.134	0.04112	0.53
宁夏 WFBR 产业有限公司	1.0789	−0.20646	0.21906	0.5
宁夏 XJ 乳业集团股份有限公司	0.35484	0.98924	−0.1753	0.42
宁夏 DF 葡萄酒有限公司	0.65794	−0.36204	0.35293	0.29
宁夏 XM 农牧股份有限公司	0.23008	0.67762	−0.12122	0.28
宁夏 SJQ 冷链物流有限公司	0.00748	−0.12142	0.85809	0.17
宁夏 XD 农业有限公司	0.63771	−0.36201	−0.2471	0.14
ZL 米业（宁夏）有限公司	−0.31798	0.52642	0.04561	0.02
宁夏 YL 乳业有限责任公司	−0.04339	0.50291	−0.54238	0
银川市 JW 农业发展股份有限公司	1.47164	0.22397	−3.48493	−0.04
宁夏 JH 科技股份有限公司	−0.14655	−0.13826	−0.01068	−0.11
宁夏 JLZ 种业有限公司	−0.05768	−0.36595	0.09936	−0.11
宁夏 ZY 滩羊食品有限公司	−0.38466	0.13974	0.02594	−0.13
宁夏 YP 生物科技股份有限公司	−0.17021	−0.23201	−0.02395	−0.15
石嘴山市 XN 养殖有限公司	−0.11162	−0.33947	0.00015	−0.15
宁夏 HSH 食品股份有限公司	−0.26874	−0.19558	0.09988	−0.16
宁夏 XT 米业集团有限公司	−0.38139	−0.07319	0.04598	−0.19
宁夏 JL 马铃薯产业有限公司	−0.29837	−0.16598	−0.03913	−0.2
吴忠市 GJ 食品有限公司	−0.40857	−0.13078	0.09096	−0.21
宁夏 XH 肉食品股份有限公司	−0.3648	−0.2078	0.04512	−0.22
宁夏 LH 食品有限公司	−0.44311	−0.14279	0.08321	−0.23
石嘴山市 YNJH 奶牛养殖有限公司	−0.36637	−0.1718	−0.00658	−0.23
固原 BF 农牧有限责任公司	−0.49999	−0.06157	0.12731	−0.23
宁夏 HDYG 生态酒庄有限责任公司	−0.4446	−0.32839	0.19595	−0.26
宁夏 LHQ 肉食品有限公司	−0.56113	−0.05341	0.07126	−0.26

续表

公司名称	F1	F2	F3	综合得分
宁夏西吉县 HFNY 综合开发有限公司	−0.66509	−0.33877	0.56489	−0.28
灵武市 GY 开发有限责任公司	−0.51946	−0.25723	0.10068	−0.3
宁夏 CF 农业科技开发股份有限公司	−0.5004	−0.39195	0.18892	−0.31
宁夏 YY 蜂业有限公司	−0.32565	−0.27966	−0.30992	−0.31
宁夏 SYX 食品有限公司	−0.63918	−0.17451	0.09391	−0.33
吴忠市 JH 粮油食品有限公司	−0.7229	−0.14559	0.15896	−0.35
宁夏 XQ 乳业有限公司	−1.02725	−0.4138	0.47499	−0.5
吴忠市 FY 食品科技有限责任公司	−0.861	−0.4592	0.13373	−0.51
宁夏 XL 粮油有限公司	−1.28281	−0.61195	1.13675	−0.53
宁夏 HJX 国际农产品物流有限公司	−0.09714	0.03282	−2.59523	−0.64
宁夏 XJF 食品科技有限公司	−2.18631	−0.37082	1.3029	−0.84
宁夏 YJY 农牧股份有限公司	0.05083	−0.86855	−4.98498	−1.38

一般来说，因子得分和综合得分大于零能够说明企业整体质量状况好。分值和因子表现、综合财务质量成正比例。根据国内学者的研究，综合绩效得分大于零，表明经营绩效状况较好，且分值越大经营绩效越好；分值越接近于零，表明企业状况一般。分值在零以下，表明企业整体状况较差，分值越低代表各因子表现越差，综合质量越低。根据专家意见，经营绩效得分超过 0.6 被认为是优秀企业，经营绩效得分小于 −0.6 的为低劣企业。

四、分析及结论

从整体上来看，样本企业综合得分最高为 1.77，最低为 −1.38，差距较大。处于一般水平的企业占样本企业的 85%，说明绝大部分企业都有提升发展的空间，也间接说明我区农业龙头企业的发展距离实现农业现代化还有很远的距离。

（1）偿债能力方面，共有 13 家企业的偿债因子得分超过该因子的平均得分，其中 BRY 枸杞股份有限公司、宁夏 DF 乳业有限公司和银川市 JW 农业发展股份有限公司排名较前，具有良好的偿债能力，公司在后续发展中具有持续经营和良好的财务实力。而宁夏 XQ 乳业有限公司、宁夏 XL 粮油有限公司可能面临偿债能力的风险。

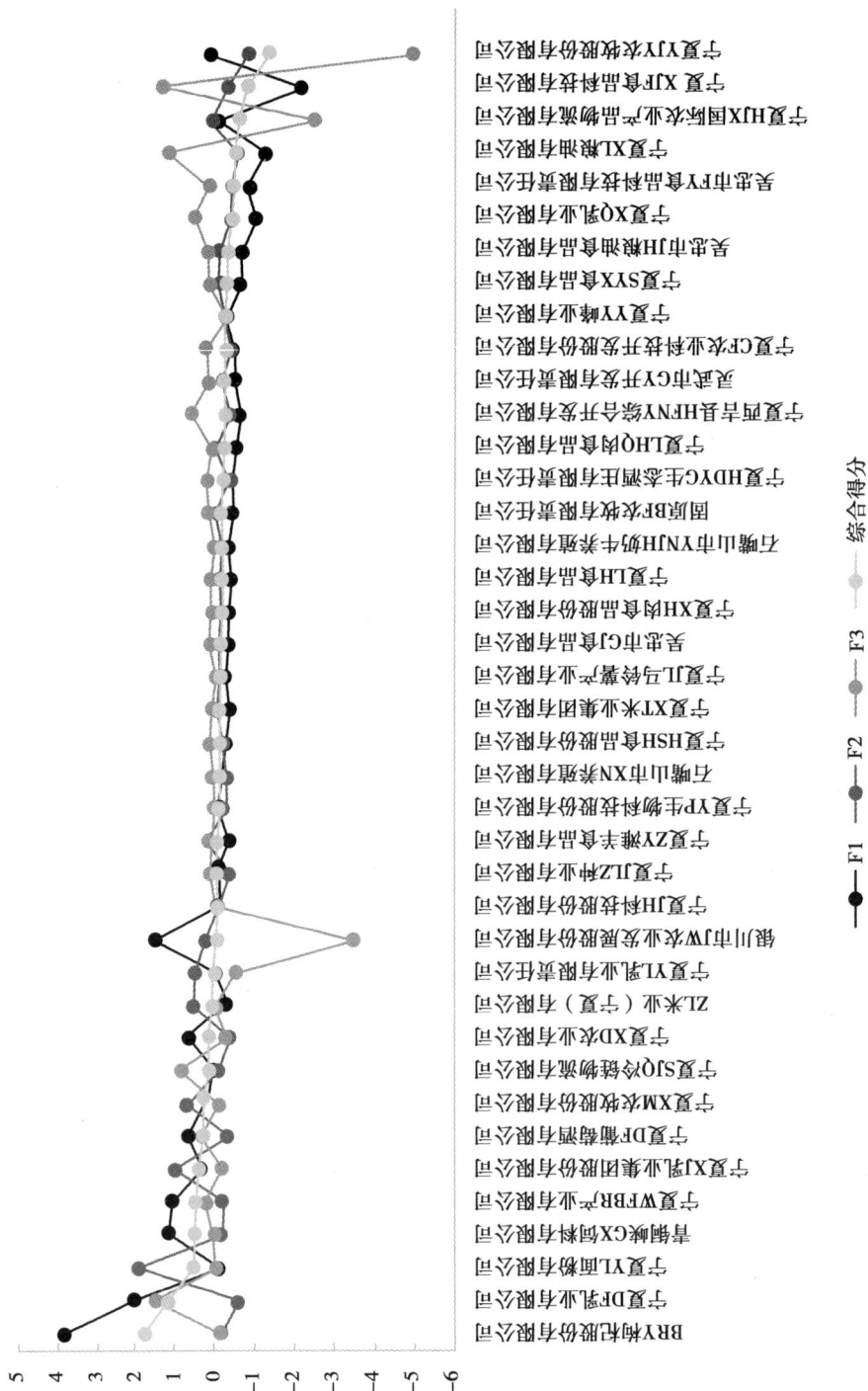

图 4-6　2018 农业龙头企业绩效评价综合得分

（2）营运能力或流动性能力方面，基本上每个主因子的分值都是负数，绝大部分企业在此方面有较大提升空间。这类企业应该关注自己的存货和应收账款的管理，拓展销路以增强存货流动性，同时采取积极的收账策略，提升盈利能力。宁夏 YL 面粉有限公司在此方面遥遥领先，这是因为粮油企业固有的特性是库存商品流动性强、变现能力强，同时也是因为该公司的应收账款数额比重很小。

（3）盈利能力方面，共有 8 家企业的盈利因子得分低于平均值，对排名最后的宁夏 YJY 农牧股份有限公司经过分析后可以看出，主要是盈利因子最弱从而影响了综合得分，净利润有连年下降的趋势，营业收入增长率为 –0.95%，总资产报酬率为 2.6%，存货周转率为 1.14，企业在运营方面应该加大管理控制，提高企业资产利用效率。同时比较两家物流企业可以发现，宁夏 HJX 国际农产品物流有限公司与宁夏 XJQ 冷链物流有限公司的偿债能力和变现能力相差不大，但是盈利能力方面，宁夏 HJX 国际农产品物流有限公司连续两年都为亏损，反映出企业的自身发展动力欠缺。同时宁夏作为偏远"不包邮"地区代表之一，交通运输的不便利、物流企业的不发达都是限制宁夏农产品走出去的发展瓶颈。农产品企业必须意识到，财务评价指标只是相对而非绝对，企业想提高综合实力更重要的是深入考虑企业的发展模式和后续的成长能力。

随着我区深入实施生态立区战略，培育绿色循环低碳发展的农业产业体系，强化农业科技支撑力的发展目标的推进，农产品企业面对新常态的发展环境，要乘势而上，抓住机遇，全力提升农产品的质量效益和竞争力，加大特色农产品产销对接，补齐农产品加工业"短板"。政府应为我区农业经济发展积极营造良好发展机遇，统筹农业、工业和服务业协调发展，加大农产品营销推广，开拓线上销售渠道，加强各区域的交通、通信、物流仓储等基础设施建设，为企业"插上电""接入云"，畅通农产品流通渠道，延伸产业链，形成利益链，建立服务链，以此突破限制农业生产成本降低的因素。实现我区农业现代化"特色、高端、高效"的定位目标。

本节研究过程中存在的一些局限和不足：①由于选区的样本是非上市农业公司，财务数据有些年份不完整，所以评价指标的选取可能不够全面，表现在选取指标时没有将发展能力列入其中，主要考虑到前期分析过程中样本企业的增长能力变化不大，不会影响到分析结果，故舍去该指标。②由于样本非农业公司数量比较少，还忽略了一些具有代表意义的企业，导致样本容量的设计有待改进。

第四节　宁夏农产品物流成本构成要素分析及优化体系研究 ①

　　目前农产品物流无论是在国民经济还是在地区经济发展中都起着举足轻重的作用，宁夏的物流业目前总体处于发展水平稳步提高阶段，全省物流需求量增加的同时物流费用增速降低，降本增速的成效开始凸显。目前宁夏地区物流企业的规模普遍较小，大部分物流企业对物流缺乏专业的认知，往往仅局限于储存和运输环节，落后的物流管理理念阻碍了宁夏地区农产品物流体系的建设。宁夏企业网大体有两种组织形式：一种是以某一个冷链企业为核心的企业网络，另一种是以联盟企业为核心的冷链网络。与供应链条上其他参与者的沟通与合作不足，狭小且十分局限的合作网络充斥在企业与企业之间，宁夏地区虽已建立起一批物流企业和物流设施，但这些企业从本质上来说仍站在企业自身角度行事，不利于整合利用整个自治区资源，也不利于经济的良性持续发展。因此如何降低宁夏农产品物流成本，提高物流企业在运营过程中的效率，使得物流的服务水平有所改善具有非常重要的意义。

一、宁夏农产品物流成本构成要素分析

　　农产品整个供应链中的生产、加工、流通和销售等环节如图 4-7 所示。

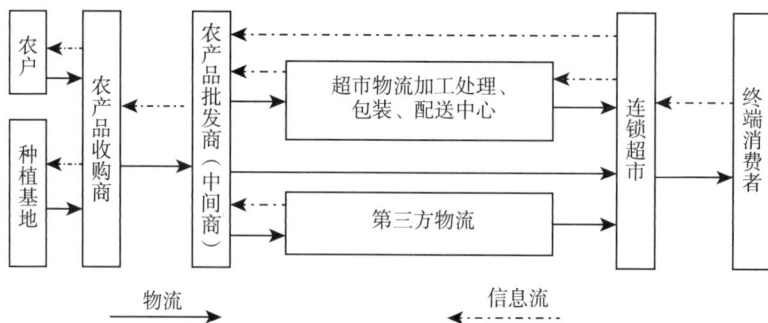

图 4-7　宁夏农产品流通渠道示意图

　　综上所述，宁夏农产品物流成本构成包括采购成本、订货成本、运输成本等 16 项，如图 4-8 所示。

---

① 本节研究内容由雷萍副教授撰写，收入本书略作改。

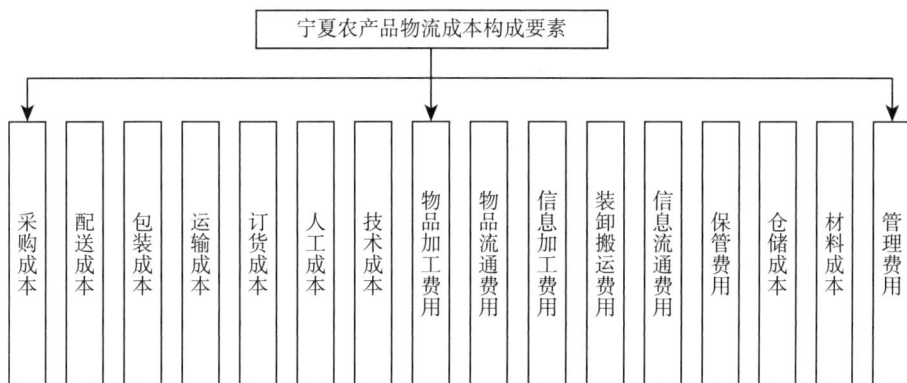

图 4-8　宁夏农产品物流成本构成要素

（一）主成分因素分析法的基本原理

寻找一个适当的线性或非线性变换，将若干个彼此相关的变量转变为彼此独立的新变量，然后根据新变量的方差大小，选取几个方差最大的新变量替代原变量，使得较少的几个新变量就能综合反映原变量中所包含的主要信息且又各自带有独特的专业含义 [①]。

设 P 个指标，来自总体 N 个样本，共测得有 NP 个数据，P 指标的量 x 为（x_1，x_2，$\cdots$，x_p），通过把各个指标所提供的样本之间的大大小小的差异集中起来，得到了 x_1，x_2，$\cdots$，x_p 的一些现行组合函数：

$$\begin{cases} y_1 = l_{11}x_1 + l_{12}x_2 + l_{1p}x_p \\ y_2 = l_{21}x_1 + l_{22}x_2 + l_{2p}x_p \\ \quad\quad\quad\vdots \\ y_r = l_{r1}x_1 + l_{r2}x_2 + l_{rp}x_p \end{cases}$$

满足：$l_i = (l_{i1}, l_{i2}, \cdots, l_{ip},)$ 是单位向量，$i = 1, 2, \cdots, r$。

y_1 是 x_1，x_2，$\cdots$，x_p 任何线性函数中方差最大者，y_2 是第二大者，$\cdots$，y_r 是第 r 大者，且它们之间互不相关。则 y_1，y_2，$\cdots$，y_r 依次称为第一，第二，$\cdots$，第 r 成分。当 x_1，x_2，$\cdots$，x_p 是正态随机变量时，y_1，y_2，$\cdots$，y_r 是相互独立的。记 x 的相关矩阵为 R。因为 R 是对称非负定的，故其特征值非负，设其特征值从大到小排列为：

$$\lambda_1 \geqslant \lambda_2 \geqslant \cdots \geqslant \lambda_r > 0$$

特征值相应的特征向量为：

---

① 苏为华 . 多指标综合评价理论与方法问题研究 [D]. 厦门大学，2000.

$$l_1 = (l_{11}, l_{12}, \cdots, l_{1p})$$
$$l_2 = (l_{21}, l_{22}, \cdots, l_{2p})$$
$$\vdots$$
$$L_1 = (l_{r1}, l_{r2}, \cdots, l_{rp})$$

且 y_i 的方差 $V(y_i) = \lambda_i$，$i=1, 2, \cdots, r$。$\lambda_i / \sum_{j=1}^{n} \lambda_j$ 称为第 i 个主成分的贡献率，贡献率越大越重要。$\sum_{j=1}^{l} / \sum_{j=1}^{r} \lambda_j$ 称为前 i 个主成分的累计贡献率，当前 m 个主成分的累计贡献率大于 85% 时，则主成分个数确定为 m 个[①]。

（二）宁夏农产品物流成本的主要构成要素

在宁夏农产品物流成本构成所建立的指标体系中，可以看出有 16 个要素，现在从宁夏农产品物流供应链环节中的农户、农产品物流商、农产品中间商、超市等重要主体中选取要素数据（原始数据略）。以下运用 SPSS 统计分析软件对上述 16 个变量因子进行主成分分析，得到相关系数矩阵表 4-24 和表 4-25。

表 4-24　主成分分析结果

成分	初始特征值			提取平方和载入		
	总计	方差的 %	累积 %	总计	方差的 %	累积 %
1	10.369	64.804	64.804	10.369	64.804	64.804
2	2.512	15.700	80.505	2.512	15.700	80.505
3	2.128	13.302	93.806	2.128	13.302	93.806
4	0.991	6.194	100.000			
5	3.242E-15	2.027E-14	100.000			
6	7.209E-16	4.506E-15	100.000			
7	3.330E-16	2.081E-15	100.000			
8	1.792E-16	1.120E-15	100.000			
9	1.189E-16	7.432E-16	100.000			
10	3.547E-19	2.217E-18	100.000			
11	−2.805E-17	−1.753E-16	100.000			
12	−1.186E-16	−7.410E-16	100.000			
13	−1.596E-16	−9.975E-16	100.000			
14	−3.131E-16	−1.957E-15	100.000			
15	−4.196E-16	−2.623E-15	100.000			
16	−1.176E-15	−7.350E-15	100.000			

注：提取方法：主成分分析法。

[①] 苏为华. 多指标综合评价理论与方法问题研究 [D]. 厦门大学，2000.

表 4-25　成分矩阵

	成分		
	1	2	3
采购成本	0.104	0.947	0.125
配送成本	0.786	0.186	0.493
包装成本	−0.818	0.214	−0.472
运输成本	0.995	0.092	−0.019
订货成本	−0.168	0.899	−0.313
人工成本	0.992	−0.042	−0.108
技术成本	−0.795	−0.590	0.093
物品加工费用	0.768	−0.490	0.050
物品流通费用	0.991	−0.076	−0.098
信息加工费用	0.566	−0.205	−0.735
装卸搬运费用	−0.263	−0.048	0.831
信息流通费用	0.991	−0.076	−0.098
保管费用	0.743	0.239	0.507
仓储成本	0.789	−0.073	−0.108
材料成本	0.691	−0.010	−0.057
管理费用	0.991	0.099	−0.064

注：提取方法：主成分分析法。

由表 4-24 得知，有 93.806% 的把握认为前三个指标能代表这 16 项指标所反映的内容，其贡献率分别为：64.804%、15.7% 和 13.302%，且有：

$$Y_1 = 0.0323x_1 + 0.2441x_2 - 0.2540x_3 + 0.3090x_4 - 0.0522x_5 + 0.3081x_6 - 0.2469x_7 + 0.2385x_8 + 0.3078x_9 + 0.1758x_{10} - 0.0817x_{11} + 0.3078x_{12} + 0.2307x_{13} + 0.2140x_{14} + 0.2456x_{15} + 0.3078x_{16}$$

$$Y_2 = 0.5975x_1 + 0.1174x_2 + 0.1350x_3 + 0.0580x_4 + 0.5672x_5 - 0.0265x_6 - 0.3723x_7 + 0.3092x_8 + 0.0480x_9 - 0.1293x_{10} - 0.0303x_{11} - 0.0480x_{12} + 0.1508x_{13} - 0.0461x_{14} - 0.0063x_{15} + 0.0625x_{16}$$

$$Y_3 = 0.0857x_1 + 0.3380x_2 - 0.3236x_3 - 0.0130x_4 - 0.2146x_5 - 0.0740x_6 + 0.0638x_7 + 0.0343x_8 - 0.0672x_9 - 0.5039x_{10} + 0.5697x_{11} - 0.0672x_{12} + 0.3476x_{13} - 0.0740x_{14} - 0.0391x_{15} - 0.0439x_{16}$$

可以看出：Y_1 表达式中第 4、第 6、第 9、第 12、第 16 个五个指标系数比较大，代表运输成本；Y_2 中第 1、5 个指标系数比较大，代表着采购成本；Y_3 中第 2、第 11、第 13 个指标系数比较大，代表农产品的配送成本。因此可认为宁夏农产品物流成本主要构成要素为采购成本、运输成本、配送成本三部分。

（1）采购成本。

农产品收入由直接销售收入和服务费收入构成，其运营成本则由采购成本和营业支出构成。

在过去的物流研究中，农产品采购物流是被忽视的一个领域。物流系统的功能要素，如运输、储存保管、包装、装运、搬运、流通加工、配送、物流信息等如果离开了采购，物流系统运行就失去了一个前提和基础。无论从生产企业的角度，还是从流通商贸企业的角度分析，农产品采购物流都是企业物流过程的起始环节[①]。

农产品采购物流与销售物流是一个问题的两个方面。假如从生产企业的角度分析，生产商从农产品供应商手中采购物资，运回企业并验收入库，这一过程发生的物流活动被称为"农产品采购物流"；而从供应商的角度分析，因为物流方向是从供应商向生产商流动，所以被称为"农产品销售物流"。因而从生产企业的角度分析，企业农产品物流可以分为四种物流形式：生产物流、销售物流、采购物流、回收物流[②]。

现代采购是从企业的角度研究采购的，而不是从人们生活的角度研究购买活动，因此，农产品采购物流构成了企业物流系统的重要组成部分。从上面的分析可以看出，无论是生产企业的物流系统，还是流通企业的物流系统，农产品采购物流对整个企业物流系统而言，都是一个基础物流。离开了采购，生产企业的生产供应就会中断，生产活动就无法进行；流通商贸企业就会出现缺货，造成机会损失。要保证企业物流系统的良性运行，就必须加强和重视农产品采购物流。农产品采购物流与其他物流之间互相联系、相互制约、共同发展，其关系表现为：农产品采购物流是生产物流、销售物流的前提和基础，而生产物流和销售物流则是农产品采购物流实现的途径。

（2）运输成本。

运输服务是一种创造价值的服务活动，而农产品运输成本是运输企业为完成农产品货物位移而在一定时间内完成一定农产品货物运输量的全部费用支出，称为农产品运输总成本[③]。单位运输产品分摊的运输费用支出，称为农产品

① 王新利.中国农村物流模式及体系发展研究［D］.西北农林科技大学，2003.

② 闵亨锋.基于供应链管理的企业物流成本控制策略研究［D］.上海交通大学，2006.

③ 王海雯.运输采购定价研究——以生产企业公路货运采购定价为例［D］.首都经济贸易大学，2014.

单位运输成本。农产品运输成本可以按客户、生产线、渠道类型、运输商、方向（进货与发货）等分类。根据发运量、运输的重量、距离，以及出发地和目的地的不同，成本相应的变化很大。

（3）配送成本。

农产品配送成本费用的计算是多环节的计算，是各个配送环节或活动的集成。配送各个环节的成本费用计算都具有各自的特点，流通加工的费用计算与配送运输费用的计算具有明显的区别，其成本计算的对象及计算单位都不同。农产品配送成本费用的计算由于涉及多环节的成本计算，对每个环节应当计算各成本计算对象的总成本。总成本是指成本计算期内成本计算对象的成本总额，即各个成本项目金额之和。农产品配送成本费用总额是由各个环节的成本组成。其计算公式如下：农产品配送成本 = 配送运输成本 + 分拣成本 + 配装成本 + 流通加工成本。需要指出的是，在进行农产品配送成本费用计算时要避免农产品配送成本费用重复交叉[①]。

二、宁夏农产品物流成本优化体系及对策

本书在对宁夏农产品物流成本细化指标分析优化的基础上，对宁夏代表性农产品企业在配送成本和运输成本优化方面进行了实证研究。事实上进行成本降低对于大多数的农产品物流企业来说，在排除天气、交通、人力等其他因素的影响下，经过科学的计算，如节约算法得出的配送路径都会比根据配送经验得出的配送路径要节约物流配送成本。

因此，在以上环境分析现状、整体优化和企业实证研究的基础上，考虑各种因素的条件下，本节对宁夏农产品物流成本优化体系构建如图 4-9 所示。

农产品物流成本的降低目标的完成要考虑到很多因素条件，不是一种运费最少的简单模型。在运用改进的节约算法即加入时间窗约束和车辆载重量约束，对配送路径进行优化时，并不是所有路线都是最节约的路径，既要考虑车辆的载重量，也要考虑时间窗约束，所以只有舍弃更节约里程的路线，综合考虑各方面因素，才能使企业的物流成本最大化地节约。另外研究的问题归入确定的静态 VRP 问题，与实际的情况有一定的距离，而因为路况、天气、交通、竞争对手等不确定因素，使得选取的实际需求量、运输时间、时间窗约束等参数是不确定的，这些参数具有一定的波动。因此提出的物流成本路径的优化可以借鉴国外的先进供应链管理技术和"农产对接"模式降低物流运营成本，同时需要构建完善的农产品物流需求网络，完善运输设施，发展特色农业优化产

---

① 段高培 . M 连锁超市配送中心绩效评价与提升研究［D］. 长安大学，2019.

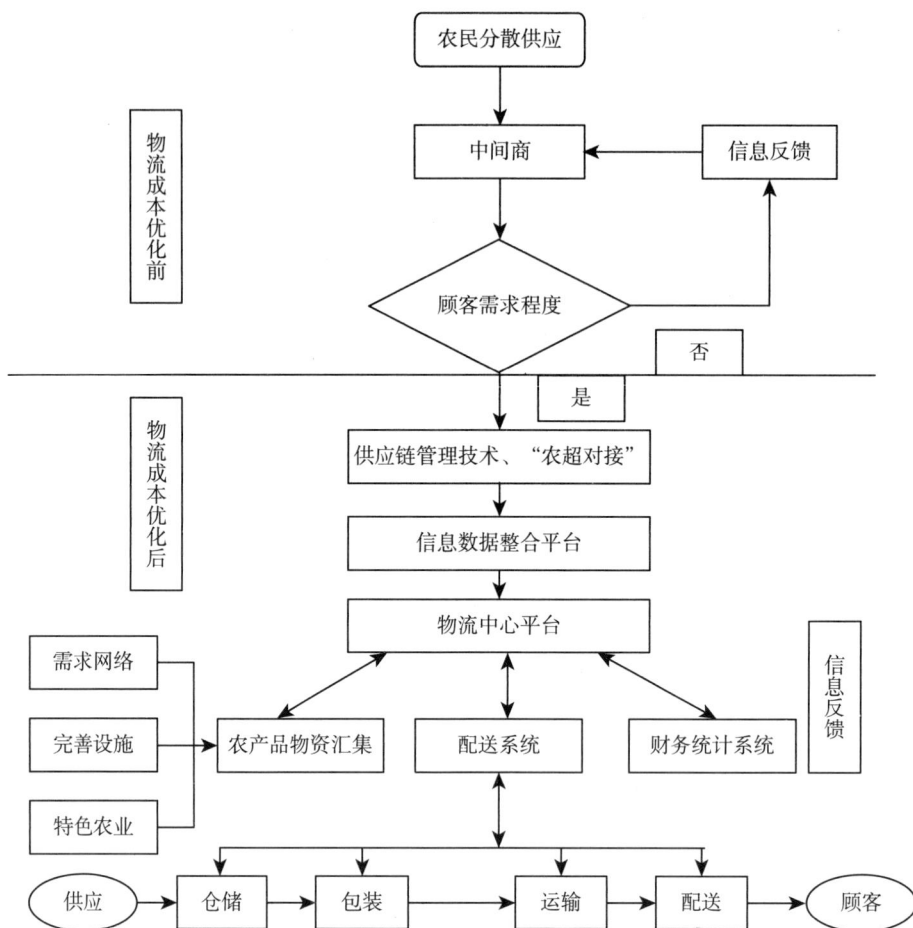

图 4-9　宁夏农产品物流成本优化体系构建

业的方式达到农产品物流成本降低的目的。因此，关于宁夏农产品物流成本优化的对策和建议主要有：

（一）引进先进物流供应链管理技术，提升农产品管理效率

对宁夏农产品中间运营商来说，需要引入国际上先进的物流行业标准、冷藏链管理标准、农产品加工配送车间建设标准和质量认证体系；在宁夏物流园区管理和运营方面将吸收和借鉴农产品公司在农产品批发市场、物流配送中心经营管理上的成功经验。

（二）积极探索"农超对接"模式以降低物流运营成本

"农超对接"为农户增加经济收入提供了一条新型的渠道。第一，"农超对接"可以让农户所生产的各种农产品有稳定的销售渠道；第二，在相对稳定的农超对接中，农户的收入得到了相应的保障，但是超市和农户专业合作社必须要签订供销合同，这样就能使农户免去了销售的后顾之忧；第三，农户可以根据不同超市的不同需求，生产适销对路的农产品。在超市与农户合作社对接后，超市就可以根据市场实时需求信息，及时向对接的农民反映信息：专业合作社哪个季节可以生产什么，应该生产多少。农户的一切生产计划都可以按照市场要求来安排。这种新型的农超对接模式，对改变农户传统的经营理念有很大影响，对培养新型农户及农户合作社、建设社会主义新农村具有重要意义。

为最终消费者提供安全有保障的农产品，"农超对接"是农户和超市之间的组织——农户合作社和超市之间的直接商讨，这样就实现了农产品在供应链上首末两端的对接，"农超对接"的建立为农产品的销售提供了一个良好的平台，各大超市可以根据最终消费市场的不同需求，对农户合作社提出农产品品种类型和数量多少的需求，农户又按照超市要求的农产品品质和产品标准进行标准生产。在农产品的生产季节，可以通过中介服务或者其他恰当的方式，从各个角度向农产品种植户提供服务。如在农药的喷洒和农产品的采摘时期的衔接时间，最好少用或不用会影响农产品质量安全的农药。然而在农户有了安全稳定的销售渠道作为保障后，就会更加注重生产过程中农产品的安全和质量等问题。

总之，能够利用农网的信息整合平台优势，建立物流中心交易食品安全数据库，这样数据库将向物流环节的各个部分开放，最终实现信息共享，从而降低重复检测成本达到最终降低物流成本的目的。

（三）整合宁夏现有农产品物流需求，增加农产品物流需求网络以降低物流流通加工成本

城镇居民农产品购买量灰色关联度为 0.76493，与第一关联度极为相似，说明需求量也是影响宁夏地区农产品物流业发展的重要因素，由上文分析可知，宁夏地区需求点过于分散，不利于资源整合，宁夏可在了解农产品生产与销售情况的基础上，从三个层面整合现有的物流需求，即：空间、时间和运输方式，最终整合在某个范围内某个时间段内可以共同运输的物流需求，形成物流需求网络，从而降低物流成本，提高物流效率。

在整合宁夏现有物流需求时，空间上可以由小到大，比如首先整合乡镇到县市的物流需求。起初，物流需求存在于乡镇之中，且表现为点状或者线状的形式，数量较小，主体也较分散。宁夏可逐步推进县、乡、村三级农村物流网络建设，尝试建立农村物流服务网点，拓展服务功能，并引导企业多元化、综合化发展，从而将需求集中起来，利用规模效应，推动农产品物流需求向带状形态发展，最终发展成网状。

（四）加强宁夏道路规划，完善相关设施设备以降低物流运输成本

交通运输、仓储和邮政业固定资产投资额和交通运输线路长度灰色关联度分别为 0.76612 和 0.73920，是影响宁夏地区农产品物流体系建设的强关联因素。这再次说明宁夏物流体系尚处于起步阶段，只是简单的运输和储运功能，对基础设施，特别是路网的依赖较大，仍没有上升到综合物流功能，行业发展不稳定，需要其他行业的辅助，所以宁夏地区要尽快加大农产品物流基础设施建设力度，鼓励引导优秀物流企业到宁夏地区建厂房、盖冷库，带来先进的经验，从而辐射带动全省农产品物流发展。增加冷藏冷冻车数量，加快建设完善宁夏高速公路网，将河东机场打造成西北重要的国际航空港，提升固原机场和中卫机场服务及定位功能，拓展我国与阿拉伯国家和中亚国家之间的贸易航线，打通自治区对接西部邻近国家的空中通道和北接内蒙古、南及甘肃、东西贯通甘陕的高速公路大通道，为宁夏农产品物流体系的发展建立坚实的硬件基础。

此外，农林牧渔服务业增加值、冷库容量、农林牧渔业固定资产投资额、地方财政支出——交通运输方面和农产品物流体系建设的关联度较低，说明它们对促进宁夏农产品物流体系建设的作用较小，还有较大的提升空间，此外也佐证了宁夏地区农产品物流体系建设尚处于初级阶段，农产品供应、农产品需求和基础设施建设在这一阶段仍起着重要作用，所以必须加大基础设施建设力度，为宁夏农产品物流业体系建设提供设施保障。

（五）优化运输路线，提升运营效率

在运输业务中，降低昂贵的燃料费以降低运输成本的潜力是巨大的。京东物流运输系统员工应提前分析和预测道路交通系统，剖析运输路线，提前规划运输路线，使货物走最合理的路线，可以有效地减少运输成本，降低运输中的货物损失，通过最少的环节，以最快的速度抵达目的地，提高货物运输效率。在实践中，既能节省运输成本和劳动成本，又能提高运输工具的运作效率。

在运输货物时，为了不浪费运输车辆的空间和减轻负荷，还应综合考虑货物的质量和体积，例如体积小、质量大的商品可以和体积大、质量小的商品进行混装运输，可以增加运载数量，有效减少配送所需车辆数量，降低物流运输配送成本。

第五章

宁夏特色农产品区域品牌营销模式

随着国家乡村振兴战略的深入实施和消费升级导向，培育区域品牌成为推动农产品发展的关键。农产品服务供应链是由农产品服务集成商、服务提供商以及客户等多个主体参与的，以客户需求为导向，通过互动与协调，建立起以服务为核心，以不断提升客户价值为目标的供应链体系。从服务供应链角度探索农产品区域品牌价值共创的路径可以从供应链视角分析农产品区域品牌建设过程影响因素，从而探索区域品牌建设的路径和政策。宁夏回族自治区政府长期以来积极推进农产品区域品牌建设，已经打造了"枸杞之乡""甘草之乡""马铃薯之乡"等区域品牌，但在进一步的区域品牌建设过程中尚存在区域品牌主体不明确、服务供应链协作不畅和区域品牌价值不高等问题，本课题基于服务供应链的协作，从影响农产品区域品牌的关键维度分析农产品区域品牌价值共创，以提升农产品区域品牌的影响力。本书选取宁夏地区特色农产品作为研究对象，利用结构方程构建顾客、服务供应链和政府对农产品区域品牌价值共创和绩效的影响机理模型。实证结果表明：顾客、服务供应链和政府与农产品区域品牌价值共创具有显著的相关性，以农产品区域品牌价值共创为中介变量，对绩效提升具有显著影响。由此，本章以宁夏枸杞、贺兰山葡萄酒、宁夏硒砂瓜三个特色农产品为研究对象，分析区域品牌形象影响因素、品牌价值共创路径，为宁夏特色农产品品牌价值提升和品牌建设提供相应的政策建议。

第一节　宁夏农产品营销环境分析

宁夏回族自治区地处中国西部的黄河上游地区，东邻陕西省，西部、北部接内蒙古自治区，南部与甘肃省相连，是传统的以农业为主的地区。经过

70 年的建设和发展，宁夏由 1949 年地区生产总值仅为 1.13 亿元，到 2008 年突破 1000 亿元；2018 年达到 3705.18 亿元，是 1949 年的 3279 倍（按当年价格计算，下同），年均增长 9.6%。全区农业总产值也从 1949 年 1.1 亿元，达到 2018 年的 575.8 亿元，按可比价格计算，比 1949 年增长 37.4 倍，年均增长 5.4%。自治区也由 1949 年以单一主粮为主，到逐步发展特色优势农产品，在统筹抓好 13 个特色优势产业基础上，进一步聚焦发展重点，坚定不移走特色产业、高品质、高端市场、高效益的"一特三高"发展路子，产业规模均保持两位数增长[①]。本研究根据宁夏回族自治区统计局 2020 年发布的《辉煌七十载 奋进新时代——新中国成立 70 周年宁夏经济社会发展成就系列报告》《宁夏统计年鉴（2018）》《宁夏回族自治区 2017 年国民经济和社会发展统计公报》《宁夏回族自治区 2018 年国民经济和社会发展统计公报》《宁夏回族自治区 2019 年国民经济和社会发展统计公报》中公布的数据，结合实地调研进行以下分析。

一、宁夏农产品市场经济环境分析

改革开放之初，宁夏在全国的经济影响力较小，作为西部少数民族地区，宁夏经济比较落后。伴随着改革开放的深入，宁夏实现了经济的快速增长，主要表现为：

（一）经济实现快速增长

地区生产总值是衡量地区经济发展实力的重要指标，在改革开放的大背景下，宁夏地区生产总值从 1978 年的 13 亿元增长到 2018 年的 3705.18 亿元，人均生产总值由 1978 年的 370 元增长到 2018 年的 54094 元；地方财政收入由 1978 年的 3.16 亿元增加到 2018 年的 436.5 亿元；经济增长速度年均 9.7%[②]，如图 5-1 所示。

（二）经济结构得到优化调整

新中国成立初期，宁夏是典型农业经济模式，农牧业占绝对主导地位。随着改革开放的逐步深化，全区产业结构调整优化为"二三一"模式。2018 年三次产业结构为 7.6∶44.5∶47.9，劳动力由第一产业向第二、第三产业快速转移，服务业从业人员增势迅猛[③]。经济结构的调整如图 5-2 和图 5-3 所示。

[①②]《辉煌七十载 奋进新时代——新中国成立 70 周年宁夏经济社会发展成就系列报告》。
[③] 资料来源：《服务业持续发展壮大 现代服务业蓬勃发展——新中国成立 70 周年宁夏经济社会发展成就系列报告之八》。

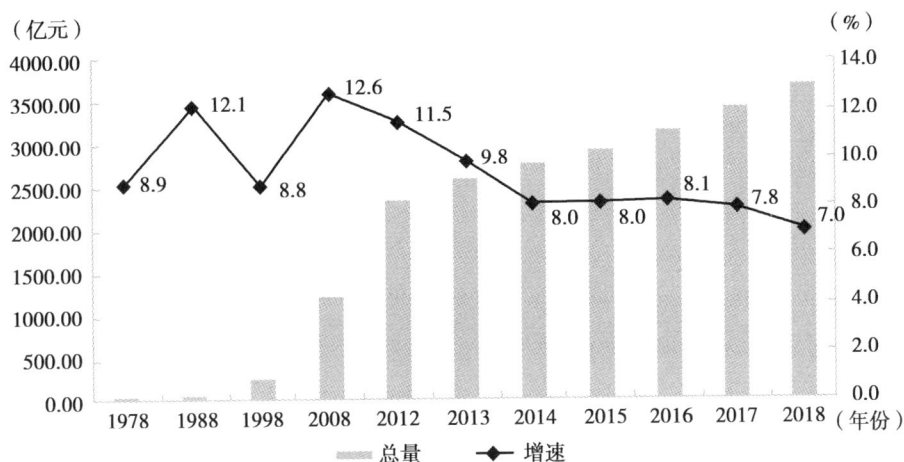

图 5-1　1978~2018 年全区生产总值总量及增速

资料来源:《辉煌七十载　奋进新时代——新中国成立 70 周年宁夏经济社会发展成就系列报告》。

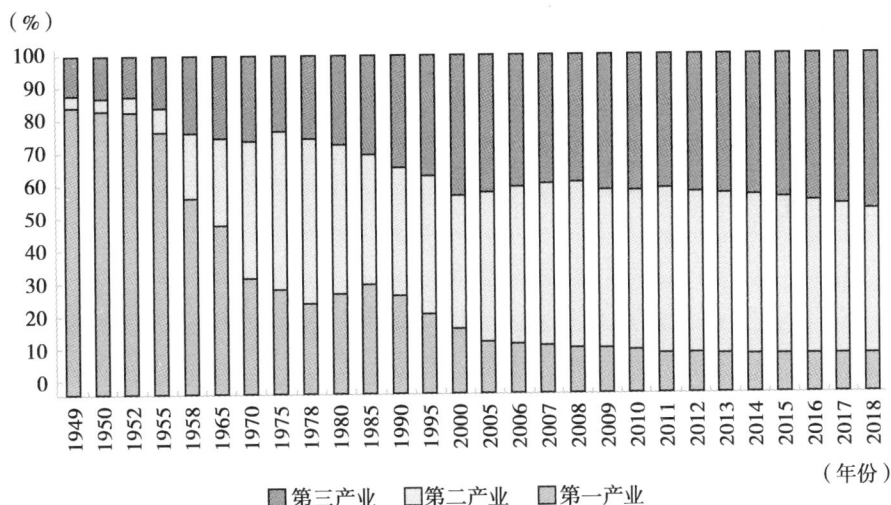

图 5-2　1949~2018 年主要年份产业结构

资料来源:《服务业持续发展壮大　现代服务业蓬勃发展——新中国成立 70 周年宁夏经济社会发展成就系列报告之八》。

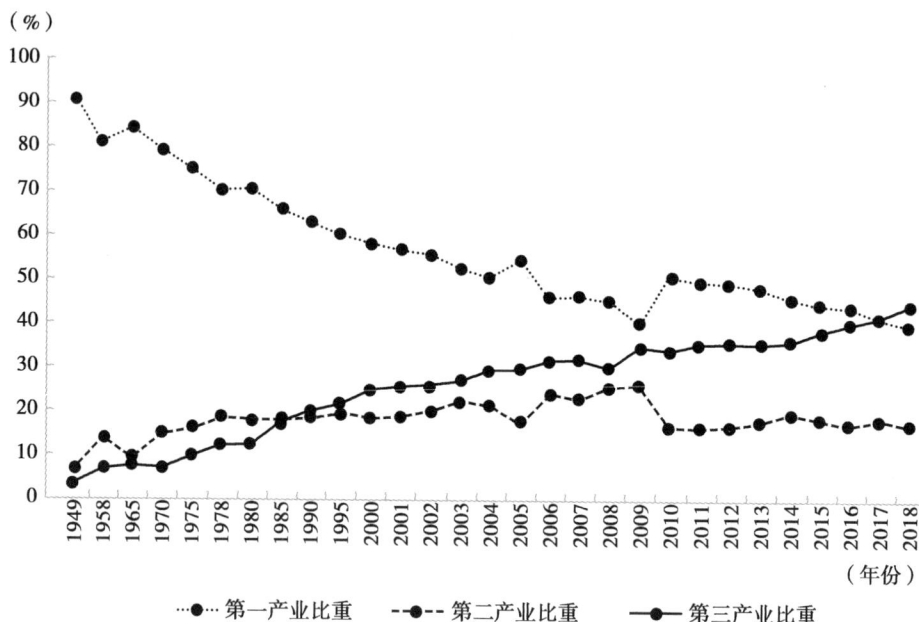

图 5-3　1949~2018 年主要年份三次产业从业人员比重

资料来源：《服务业持续发展壮大　现代服务业蓬勃发展——新中国成立 70 周年宁夏经济社会发展成就系列报告之八》。

（三）农业经济快速发展

限于区位劣势和农业发展基础，宁夏农业经济长期以来以种植业为主，农业总产值较低。改革开放后，全区农林牧渔业结构日益协调合理。2018 年农业产值占农林牧渔总产值的比重为 59.9%，畜牧业、林业、渔业、农林牧渔服务业比重上升。宁夏大力发展优质粮食、草畜、瓜菜、枸杞、葡萄"1+4"特色优势产业。通过农村改革，释放生产要素，创新农业社会化服务，使土地从一家一户分散经营，向合作社与企业集约化、规模化经营转变，提升农产品质量和品牌效应。2018 年，实现优质粮食产业产值 108.7 亿元，草畜产业产值 139.2 亿元，瓜菜产业产值 115.8 亿元，枸杞产值 26.8 亿元，葡萄产值 14.7 亿元，红枣产值 2.4 亿元，中草药材产值 34.3 亿元，马铃薯产值 29.3 亿元，以优质牧草为主的其他农作物产值 7.6 亿元。龙头企业带动特色优势产业融合发展的成效明显，截至 2018 年自治区国家级和自治区级农业产业化龙头企业分别达到 19 家、381 家，销售收入亿元以上企业 70 家；主要农产品加工转化率达到 64%；集中打造了 7 个区域公用品牌、10 个知名企业品牌、20 个特色优质农产品品牌，累计培育各类特色优质农业品牌 317 个。全区粮食产量如图 5-4 所示。

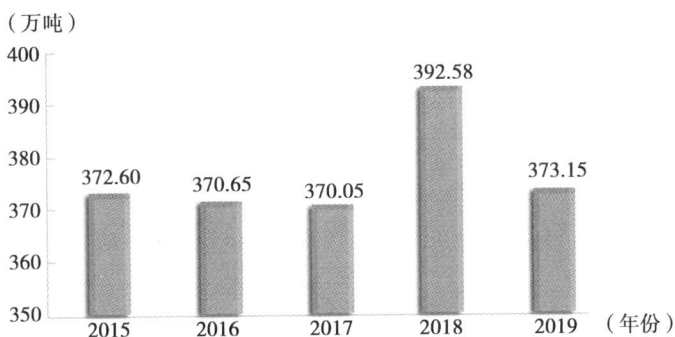

图 5-4 2015~2019 年全区粮食产量

2019 年全区全体居民人均可支配收入 24412 元，比上年增长 9.0%。按常住地分，城镇居民人均可支配收入为 34328 元，增长 7.6%；农村居民人均可支配收入为 12858 元，增长 9.8%。如图 5-5、图 5-6 所示。

图 5-5 2015~2019 年全区城镇居民人均可支配收入及其增长速度

2019 年全区居民人均消费支出 18297 元，比上年增长 9.5%。按常住地分，城镇居民人均消费支出 24161 元，增长 9.9%；农村居民人均消费支出 11465 元，增长 6.3%。[1][2]

二、宁夏农业发展的政策环境分析

近年来，国家对农业给予了高度重视，出台了各方面的政策以促进各地区

---

① 资料来源：《"三农"发展铸就辉煌乡村振兴擘画蓝图——新中国成立 70 周年宁夏经济社会发展成就系列报告之五》。
② 资料来源：《宁夏回族自治区 2019 年国民经济和社会发展统计公报》。

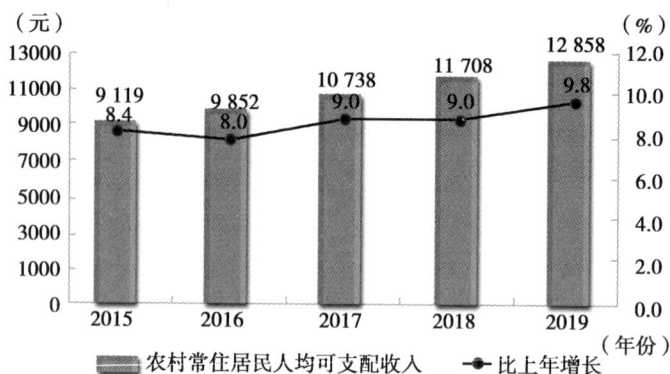

图 5-6 2015~2019 年全区农村居民人均可支配收入及其增长速度

农业发展。同时，也从加强农业社会化服务等方面出台相关政策为农产品销售提供便利。同样，宁夏回族自治区各级政府也将农业作为重要的优势特色产业加以推广，多年来出台了各类政策以支持农资、农产品销售，积极促进物流产业发展，加强农产品供应链建设以不断提升农产品营销水平。表 5-1 是课题组梳理了近年来宁夏回族自治区关于促进农业发展的主要政策一览表，可以充分说明宁夏促进农业发展的政策环境。

表 5-1 近年来宁夏回族自治区关于促进农业发展的主要政策一览表

颁布单位	文件名称	内容摘要	颁布年份
宁夏回族自治区人民政府	关于推进农业高质量发展促进乡村产业振兴的实施意见	坚持农业农村优先发展总方针，以实施乡村振兴战略为总抓手，以农业供给侧结构性改革为主线，坚持"一特三高"现代农业发展方向，以提高发展质量和效益为中心，以优质粮食、枸杞、草畜、瓜菜、酿酒葡萄"五大特色优势产业"为重点，调优种养结构、调强加工能力、调大经营规模、调长产业链条，统筹推进布局区域化、经营规模化、生产标准化、发展产业化，着力促进产业化和品牌化深度融合，做大做强农业品牌，扩大市场占有份额，努力实现"卖原料"向"卖产品"、小产业向全链条、创品牌向创标准转变，加快推进农业高质量发展	2020

续表

颁布单位	文件名称	内容摘要	颁布年份
宁夏回族自治区人民政府	宁夏关于加快推进农业机械化和农机装备产业转型升级的实施意见	以服务乡村振兴战略、满足广大农民对机械化生产的需要为目标，以农机农艺融合、机械化信息化融合、农机服务模式与农业适度规模经营相适应、机械化生产与农田建设相适应为路径，推动农业机械化向全程全面高质高效升级，为我区加快实现农业农村现代化提供有力支撑	2019
宁夏农业农村厅	关于加快农业产业化联合体发展的意见	以实施乡村振兴战略为总抓手，以农业供给侧结构性改革为主线，以帮助农民、提高农民、富裕农民为目标，创新农业经营体制机制，积极培育发展一批带农作用突出、综合竞争力强、稳定可持续发展的农业产业化联合体，促进农村一二三产业融合发展，成为引领"一特三高"现代农业发展的重要力量，为我区农业农村经济发展注入新动能、新活力。农业产业化联合体是龙头企业、农民合作社和家庭农场等新型农业经营主体以分工协作为前提，以规模经营为依托，以利益联结为纽带的一体化农业经营组织联盟。基本特征是独立经营，联合发展；龙头带动、合理分工；要素融通，稳定合作；产业增值，农民受益。联合体不是独立法人，各成员保持产权关系不变，在平等、自愿、互惠互利的基础上，制定共同章程，明确权利、责任和义务，实行一体化发展	2019
宁夏农业农村厅	关于加快推进宁夏特色优质农产品品牌建设的意见	按照特色产业、高品质、高端市场、高效益的"一特三高"现代农业发展思路，以"塞上江南美特色农业优"为主题，主攻优质粮食和草畜、蔬菜、枸杞、葡萄"1+4"特色优势产业，用品牌引导消费、带动市场，传承弘扬黄河文化、红色文化和农耕文明的历史积淀，彰显品牌的文化内涵，全面提升农产品品牌效应，加快农业提质转型升级步伐，努力实现我区从农产品生产小省区到品牌农业强省区的转变	2019

颁布单位	文件名称	内容摘要	颁布年份
宁夏回族自治区党委办公厅、政府办公厅	关于加快推进文化小康助力脱贫富民和乡村振兴战略的实施意见	以习近平新时代中国特色社会主义思想为指导，从激发脱贫的内生动力、培育弘扬文明新风、推进乡村文化繁荣兴盛、实施文化产业扶贫、营造良好舆论氛围和加强组织领导6个方面提出18项具体工作举措	2018
自治区党委办公厅、自治区人民政府办公厅	关于加快构建政策体系培育新型农业经营主体的实施意见	以实施乡村振兴战略为总抓手，树立新发展理念，落实高质量发展要求，坚持一产上水平，围绕帮助农民、提高农民、富裕农民，加快培育农民合作社、专业大户、家庭农场、农业企业、农业服务组织等新型农业经营主体，综合运用多种政策工具，与农业产业政策结合、与脱贫攻坚政策结合，形成比较完善的政策扶持体系，引导新型农业经营主体提升规模经营水平、完善利益分享机制，更好发挥带动农民进入市场、增加收入、建设现代农业和促进乡村振兴的引领作用	2018
宁夏农牧厅	宁夏回族自治区现代农业"十三五"发展规划	按照"四个全面"战略布局，牢固树立"创新、协调、绿色、开放、共享"的发展理念，紧紧围绕"农业强、农村美、农民富"的目标，坚持以发展现代农业为主攻方向，以促进农民增收为核心，以推进农业供给侧结构性改革为主线，以深化农村改革为动力，聚焦优质粮食和草畜、蔬菜、枸杞、葡萄"1+4"特色产业，向精耕细作、精深加工、精准扶持发力，加快转变农业发展方式，拓宽农业功能，加大产业扶贫，促进农村一二三产业深度融合、农业可持续发展、农民持续增收，着力构建现代农业产业体系、生产体系、经营体系，着力培育农业农村发展新动能，全面提升"一特三高"现代农业发展水平，走产出高效、产品安全、资源节约、环境友好的现代农业发展道路，通过"三年集中攻坚、两年巩固提高、力争提前脱贫"，为建设"四个宁夏"与全国同步建成全面小康社会作出新的贡献	2017

续表

颁布单位	文件名称	内容摘要	颁布年份
宁夏自治区人民政府	宁夏回族自治区物流业"十三五"发展规划	牢固树立创新、协调、绿色、开放、共享的发展理念，以创新发展转型升级为主线，以提高物流质量和效益为中心，以提升物流效率、降低物流成本为导向，以调整结构、整合资源、强化基础为手段，加强物流供给侧结构性改革，突出国际物流发展优势，大力发展多式联运，加快联结"一带一路"沿线国家的国际物流通道建设，推动物流节点空间布局优化、集约发展和功能提升，完善城乡现代物流体系，全面提升物流产业发展水平，将我区打造成区域联运集散中心和区域性国际物流中心。打造国际物流体系，优化物流设施网络布局，推动区域物流联动融合，做大做强物流企业，加快发展智慧物流，强化物流标准化和绿色物流	2017
宁夏回族自治区农牧厅	关于加快推进宁夏农业对外开放的意见	发挥人文、地缘、资源等优势，充分利用国内国外"两个市场"和"两种资源"，积极引导和支持农业"走出去"，在"一带一路"沿线国家和地区建设若干个境外农业产业园区和农业试验示范区，打造辐射西部、面向全国、融入国际的农业对外开放新格局。到2020年，创建10个引进国外农业产业技术示范区和6个规模化农产品出口基地、10个境外农业产业园区和试验示范区；培育3家具有国际竞争力的涉农企业集团，10家具有较强竞争力的农产品出口企业和3家境外农产品贸易营销机构；建立2个农业对外合作行业协会；打造6个具有一定国际影响力的农产品知名品牌	2016
宁夏农牧厅	宁夏关于印发进一步加强农业招商引资工作的意见	围绕发展现代农业，突出"一特三高"，聚焦优质粮食和草畜、蔬菜、枸杞、葡萄"1+4"特色优势产业，以引进区外"农字号"产业化龙头企业，吸引区内工商资本投资农业领域为重点，围绕产加销一条龙、贸工农一体化各个环节，加大农业优质项目、先进技术、创新人才、先进管理等招商引资力度，通过招大引强、招新引优、招才引智，优化农业生产结构和区域布局，推动农业全产业链发展，促进一二三产业融合发展，加快农业转型升级，带动农民持续增收，更好地服务于"四个宁夏"建设	2016

续表

颁布单位	文件名称	内容摘要	颁布年份
宁夏回族自治区人民政府	关于加快产业转型升级促进现代农业发展的意见	为全面落实自治区提出的"五百三千"（力争用5年左右时间，全区葡萄种植面积达到100万亩、枸杞100万亩、设施蔬菜100万亩以上、越夏冷凉蔬菜100万亩以上、奶牛存栏100万头；优质饲草料基地稳定在1000万亩，发展肉牛肉羊专业村1000个、标准化规模养殖场1000个）产业发展计划，进一步调整优化农业结构，促进农业产业转型升级，加快我区现代农业发展步伐，实现"农业强、农民富、农村美"目标	2014
宁夏回族自治区人民政府	加快推进农业特色优势产业发展若干政策意见	进一步创新产业扶持机制，调整优化农业结构，转变农业发展方式，加快推进我区农业特色优势产业集聚升级，努力打造一批优质农产品产业带、一批加工销售龙头企业、一批知名品牌，把我区建成全国重要的特色农产品生产加工基地和农业产业化经营示范基地，促进农业增效、农民增收、农村发展	2013

资料来源：以上是笔者根据宁夏回族自治区政府、宁夏回族自治区农业农村厅（农牧厅）等相关网站发布的资料整理形成。

第二节　宁夏中宁枸杞区域品牌营销模式探讨 [①]

2020年中央一号文件提出，"继续调整优化农业结构，加强绿色食品、有机农产品、地理标志农产品认证和管理，打造地方知名农产品品牌，增加优质绿色农产品供给"。宁夏中宁县被称为"中国枸杞之乡"，有着几百年的种植历史。多年以来中宁县政府、企业、种植户等共同努力，发展宁夏中宁枸杞品牌。随着宁夏中宁枸杞品牌的不断发展，宁夏中宁县枸杞的种植面积大幅度增加，宁夏中宁枸杞走进了全国的大中小城市，建立了多个宁夏中宁枸杞销售点，"中宁枸杞"已成为宁夏重要的特色优势农产品品牌。宁夏中宁枸杞品牌在取得巨大的发展的同时，也存在着一些问题：种植没有达到规模化，大部分还是由农户进行分散的种植；在枸杞的种植、采摘、加工等环节没有相关的专业技术支撑，枸杞的质量得不到保障，进一步影响着宁夏中宁枸杞品牌的

---

① 本节是北方民族大学商学院2016级工商管理班马存女同学参与课题研究的成果，收入本书时做了较大幅度的修改。

发展；众多枸杞品牌在市场上激烈竞争，品质良莠不齐，影响了中宁枸杞的品牌竞争力；枸杞的农产品供应链没有建立起来，对中宁枸杞品牌营销支持还不够，没有建立起完善的供应链与品牌营销的联动机制。如何提升宁夏中宁枸杞品牌的竞争力，使其占有一定的市场地位，需要进行全面的研究。

一、问题的提出

农业、农村与农民问题是我国传统经济所面对的核心问题，学者对此已经从经济学、社会学、管理学等学科进行了系统的研究，产生了数量众多的文献。但此问题常做常新，伴随着中国经济的快速发展，新衍生出来的许多问题依然是重要的研究课题，农产品品牌问题就是其一。农产品要得到良好的发展，获取良好的经济效益，就需农产品品牌提升竞争力。国内外对农产品品牌的研究开始于对区域品牌的研究，孙丽辉等的研究认为，国外对区域品牌的研究开始于菲利普·科特勒（Kotler 等，1999），此后，此概念主要集中在国家品牌化、城市品牌化、目的地品牌化、集群品牌化等几个方面[①]。国内学者对农产品品牌的关注开始于农产品营销问题，区域品牌为农产品营销提供了重要的方向，政府、企业逐渐借助农产品区域品牌概念进行农产品营销推广，学术界也提供了理论支持和政策建议，从而形成农产品品牌研究范畴。对农产品品牌国内学者基于营销实践进行了深入的研究，以知网 CSSCI 杂志统计的农产品品牌为关键词的搜索中，涉及的研究主题文章达到 53 篇，其中关键词显示频率（括号中数字即为频率）为：农产品（53）、农产品品牌（53）、消费者（22）、农产品区域品牌（20）、区域品牌（15）、地理标志（13）、绿色农产品（8）、乡村振兴（8）、品牌农产品（8）、品牌战略（7）、特色农产品（7）、品牌建设（6）、品牌竞争力（6）、地理标志农产品（6）。其中，陆国庆先生 2002 年发表在《中国农村经济》上的《区位品牌：农产品品牌经营的新思路》被引次数最高。相关文章主要围绕农业品牌化的建设路径与政策、乡村振兴背景下的农产品品牌战略的研究、农产品区域品牌的建设和农产品区域公用品牌模式等问题开展研究。在更为深入的研究中，已有学者针对具体的特色农产品区域品牌建设开展研究。如郭卫春、高巨辉（2016）以宁夏中宁县枸杞为例，研究了宁夏中宁县枸杞品牌的发展现状，指出了宁夏中宁枸杞品牌战略的不足之处，并且提出关于枸杞品牌战略发展的建议[②]。朱达克（2018）对新疆枸杞品牌战略进行了研究，通过 PEST 分析、SWOT 分析，针对新疆枸杞品牌战略发展的劣

---

① 孙丽辉，毕楠，李阳，等.国外区域品牌化理论研究进展探析［J］.外国经济与管理，2009，31（2）：40-49.
② 郭卫春，高巨辉.中宁县枸杞品牌发展现状及对策分析［J］.宁夏农林科技，2016（10）：24-25.

势和优势提出了相关对策①。罗旭鹏（2019）对于青海省枸杞产业的发展现状和优势的分析，探究了青海枸杞品牌战略发展的优势，对于青海枸杞的发展有一定的参考价值②。以上研究为本课题的研究提供了重要理论基础和政策建议。

从现实角度来说，中宁枸杞区域品牌建设与推广在当前具有重要的现实意义。宁夏中宁县志介绍，中宁县位于宁夏回族自治区中部、宁夏平原南端，隶属中卫市管辖。地处黄河两岸，为内蒙古高原和黄土高原过渡带，属北温带大陆性季风气候区。中宁地处银川至六盘山、银川至沙坡头两条旅游路线的交汇地带，是贯通西北的"旱码头"和人流、物流、信息流集散地。本地区的气候、水文、土壤独特，盛产枸杞，中宁枸杞粒大色鲜，枸杞多糖含量第一，1961 年被农业部命名为中国枸杞生产基地县，1995 年被国务院命名为"中国枸杞之乡"。枸杞已经成为中宁的地域符号、主导产业、文化象征，更是中宁的一张名片。2017 年，中宁县枸杞种植面积达 20 万亩，干果产量达 4.82 万吨，综合产值为 39.7 亿元。"中宁枸杞"区域品牌价值达 172.88 亿元人民币，多次荣膺"最受消费者喜爱的中国农产品区域公用品牌"，荣登"2017 中国百强农产品区域公用品牌"榜。③但是，中宁枸杞在发展过程中也存在着较多的问题，主要表现在：枸杞产品的科技支撑能力不足，科研成果（专利、标准）转化率不高，不能满足种植生产、加工流通、质量安全等的需要，影响了市场的产品供给；农户市场组织能力较弱，发展规模受限，一家一户传统种植导致质量安全隐患和生产成本相对增大，应对市场能力减弱；现行政策对枸杞深加工和龙头企业培育、市场营销及品牌培育的扶持力度不够，扶持方式不够灵活；品牌建设和管理滞后，一些地方政府、企业和茨农对品牌认识不足，区域公用品牌与企业（产品）品牌有效结合不够，普遍缺少对公用品牌的有效保护，滥用品牌、假冒产品的现象尤为突出，区域品牌作用未充分发挥。在当前，特色农产品品牌在市场营销中的作用影响越来越大，提升中宁枸杞的品牌影响力，培养良好的品牌知名度、提升枸杞品牌的附加值、促进区域的资源优势转化为经济优势，对带动农民收入的增加、促进地方经济发展具有重要的现实意义。

二、宁夏中宁枸杞品牌发展的现状与存在问题

（一）宁夏中宁枸杞品牌发展的现状

近些年来人们的养生意识不断加强，使得枸杞的价值不断上升。宁夏各

---

① 朱达克. 新疆枸杞实施品牌战略研究——以精河县为例［D］. 塔里木大学，2018.
② 罗旭鹏. 青海省枸杞产业发展现状与优势分析［J］. 青海农林科技，2019（4）：12-45，81.
③ 宁夏中宁枸杞的千年古今［EB/OL］. 中国林业网，http://www.forestry.gov.cn/，2018-09-25.

地区的枸杞种植面积也在不断增加，几乎成为种植地区的支柱性产业。枸杞产业的发展，带动了很多农民工的就业，并且增加了农民工的收入，促进了宁夏地区经济的发展。土地肥沃、昼夜温差大等因素造就了宁夏中宁枸杞的优良品质，长期的农产品经营打造了"中宁枸杞"品牌。

1. 枸杞的种植面积逐年增加

枸杞作为自治区重要的特色优势农产品，经历多年的建设，宁夏枸杞产业体系、生产体系和经营体系日趋完善。根据《自治区林业和草原局关于加快推进宁夏枸杞品牌建设自评情况的函》的报告：2018 年全区枸杞在册面积达 100 万亩，枸杞干果总产量达 14 万吨，年综合产值 130 亿元；相继建成 3 个国家级研发中心、2 个国家级枸杞种质资源圃，枸杞良种培育已达到宁杞 10 号；全区各类枸杞生产、加工、流通经营主体达 732 家（规模以上企业 60 余家），加工转化率达 24%；枸杞及其制品已经发展到干果、饮品、酒类、果酱、籽油、芽茶、保健品（糖肽）、功能性（特膳）食品、化妆品、药品十大类 100 余种产品，具备有效出口资质企业 48 家，产品远销 45 个国家和地区。宁夏已经成为全国枸杞产业基础最好、生产要素最全、品牌优势最突出的核心产区。2017 年中宁县种植约 20 万亩，枸杞产量达 4.82 万吨。2018 年新增加 10412 亩，干果产量达 4.2 万吨。2019 年枸杞产业种植面积达到了 35.9 万亩，并且已经被评为中国重要的文化遗产。具体发展情况如图 5-7 所示。

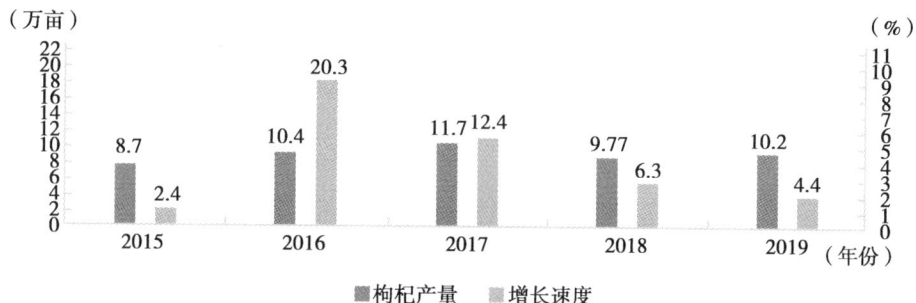

图 5-7　2015~2019 年宁夏枸杞产量

2. 枸杞品牌价值逐步提升

品牌建设是农产品推广经营的重要抓手。近年来，宁夏地方政府加强农产品区域品牌的建设力度，大力推广"宁夏枸杞"和"中宁枸杞"，获得了显著的市场知名度。根据《自治区林业和草原局关于加快推进宁夏枸杞品牌建设自评情况的函》的报告：2018 年，宁夏枸杞被评为全国 100 个消费者最喜爱的优质农产品品牌。中宁枸杞品牌价值进入全国农业区域品牌价值十强，位列第四；宁夏枸杞在全国农产品区域公用品牌中药材排行榜位列第一；宁夏培育出了6个中国驰名商标（宁夏红、百瑞源、中宁枸杞、早康、森淼、厚生记）、13个宁夏著名商标和7个国家级重点龙头企业（百瑞源公司、早康公司、中杞集团、厚生记公司、宁夏红枸杞集团、森淼集团、宁夏红枸杞商贸公司），11家企业通过美国FDA认证。中宁无疑是宁夏枸杞的核心产区。在发挥传统优势的基础上，中宁县政府、企业和农户共同努力，规划产品布局、提升产品品质、建设产品品牌，从科技、加工和文化等角度，促进枸杞产业转型升级。目前，全县枸杞种植面积稳定在20万亩，枸杞产业年综合产值达73.7亿元。"中宁枸杞"被国家工商行政管理局商标局注册成为全国唯一以原产地命名的枸杞产品证明商标，区域品牌价值升至172.88亿元，成为消费者最喜爱的区域农产品公用品牌，荣登中国百强农产品区域公用品牌榜单①。

3. 枸杞农业管理组织能力逐步提升

农业的发展离不开有效的管理。一般来说，农产品组织管理模式主要包括：松散型农户种植＋市场模式、龙头企业＋合作社＋农户模式和龙头企业＋农户模式等。在传统的经营方式下，由于市场相对单一，管理水平较低，大多数农产品依赖自发的商业模式，农户抗风险的能力较低。伴随着农产品市场的逐步发展，农产品企业成长，政府的各项政策支持，有组织的农产品经营管理模式逐步取代了传统的松散的经营方式，实现了农产品组织管理能力的提升，增强了农产品的市场竞争力。中宁枸杞在长期的市场运营过程中，组织管理能力逐步提升，多种运营模式逐步出现，形成了龙头企业＋合作社＋农户模式、龙头企业＋农户模式以及订单生产模式，从农产品经营管理角度来说形成了利益联结机制，保证产品质量。同时，在政府的支持下，中宁建设中宁枸杞大数据综合平台，完善质量追溯体系，从源头保证枸杞品质量，进一步提升市场竞争力。

在农产品品牌营销方面，中宁一方面建成全球最大的枸杞交易市场——中宁国际枸杞交易中心，年交易量和交易额分别达14万吨和70亿元，打造中宁枸杞全国终端销售平台，在地级以上城市建立了中宁枸杞专卖店、专柜600余家，并实行严格的市场准入、产品标识和产品质量追溯管理制度，实现了线下营销的转型升级；另一方面积极发展线上营销渠道，在宁夏率先建立电商孵化中心，成立全国首个枸杞电子交易中心，鼓励农产品企业和农户拓展新媒体营销，拓宽了产品营销渠道。在物流供应链方面，新建县级电商物流分拨中心，

---

① 宋大为.中宁枸杞区域品牌价值升至172.88亿元〔N〕.中卫日报，2018-08-17.

引进快递物流企业和电商企业，每天处理包裹近 2 万件，为枸杞线上线下销售提供了供应链保证。在中宁枸杞促销方面，通过举办"枸杞产业博览会"，组织企业赴美国、加拿大、新加坡、泰国等国家参加了国际著名食品展会；参加了首届中国自主品牌博览会、成都春季糖酒会、中国（深圳）文博会、浙江义乌森博会、2018 沙产业博览会和中国杨凌农业高新科技成果博览会；在国内一二线发达城市设立宁夏枸杞展示展销中心、直销窗口，加强中宁枸杞的品牌宣传。中宁在品牌传播过程中注重挖掘枸杞历史文化、医药文化、饮食文化等方面的资源优势，用文化提升品牌内涵①。

4. 政策保障能力逐步加强

农产品区域品牌建设离不开政府的政策保障。近年来，在供给侧结构性改革政策的指引下，中宁枸杞在宁夏地方政府的产业政策指引下获得长足的发展。综合促进中宁枸杞的产业政策主要包括以下几类：

第一，产业规划类政策。如《枸杞促进条例》《再造宁夏枸杞产业发展新优势规划（2016–2020 年）》等，从全区产业发展的高度提出了促进宁夏枸杞产业的发展规划和产业促进政策。

第二，农产品安全生产和产品质量标准类政策。如《宁夏枸杞质量标准体系建设方案》《宁夏枸杞生产第一批推荐农药品种指导目录》《宁夏回族自治区人民政府办公厅关于加强宁夏枸杞质量监管品牌保护及市场规范的指导意见》《中宁县人民政府关于加强枸杞产品质量安全管理的通告》等，力求从提升和保障产品质量、促进农产品安全生产、加强品牌保护等方面提出支持中宁枸杞的相关政策。

第三，地方政府具体的扶持产业发展政策。如《创新财政支农方式加快枸杞产业发展的扶持政策暨实施办法》《宁夏"五优化两对接"普惠金融工程实施方案》《关于金融支持宁夏新型农业经营主体加快发展的意见》等区域信贷政策指导意见，以及《宁夏回族自治区人民政府办公厅关于加强宁夏枸杞质量监管品牌保护及市场规范的指导意见》《中宁枸杞定量包装商品计量监督管理办法》《中宁枸杞产业整合推进方案》等具体的指导政策，有效地保障了中宁枸杞的产业发展和区域品牌。

（二）宁夏中宁枸杞区域品牌发展存在的问题

宁夏中宁枸杞的快速发展，使得宁夏中宁地区的经济得到良好的发展。但经过查阅相关文献资料和市场调查，我们发现宁夏中宁枸杞区域品牌的发展还存在一些问题。

---

① 让中宁枸杞"红"飘海内外——访中宁县委书记陈宏［EB/OL］. 中国食品报网，2019–06–28.

1. 中宁枸杞区域公共品牌形象还不够突出

资料显示，中宁枸杞作为重要的区域公用品牌已在市场中获得了较好的品牌影响力，在区域品牌下已培育出"宁夏红""早康""杞芽""玺赞"等自主知名品牌 60 余个，荣获中国驰名商标 3 个、宁夏著名商标 12 个、宁夏枸杞知名品牌 8 个。中宁入选第一批国家良好农业规范（GAP）认证示范县、中国特色农产品优势区、全国经济林产业区域特色品牌建设试点单位，第二批国家农产品质量安全县。中宁枸杞种植荣列"中国重要农业文化遗产"。"中宁枸杞"多次荣膺"最受消费者喜爱的中国农产品区域品牌"称号①。但是，区域品牌的特性决定了区域品牌是区域内多个企业所有，这种公地效应给一些不法企业提供了空间，区域内企业各自为政，对公用品牌中宁枸杞的运用和营销与企业自主品牌的营销认识模糊，公用品牌的公信力没有得到充分发挥。一些区域外产地的枸杞在销售时假冒中宁枸杞品牌；一些企业在故意销售质量不合格的产品，这些都破坏了中宁枸杞区域品牌形象。虽然近几年中宁枸杞加快建设溯源体系和质量认证体系，全面提升枸杞产业质量监控和溯源水平，但依然赶不上区域品牌建设的需要。枸杞加工和流通企业，大多生产分散，同质化现象严重，尚未形成在全国乃至全球叫得响的枸杞产品品牌。

2. 区域品牌建设和管理意识不强

区域品牌建设是当前农产品销售的关键，需要政府、龙头企业、合作社和农户的共同参与，从政策设计、产业规划、企业管理和产品种植等方面共同打造区域品牌。但从目前中宁枸杞的区域品牌建设效果来看，其也存在一定的问题。从政府部门来看，近年来，宁夏及中宁县出台了多个建设区域品牌的政策文件，但多从政府治理的角度制定，一些政策没有基于市场角度体现，不能满足现阶段企业对区域品牌建设的需求，现行政策对品牌打造、市场营销、龙头企业培育扶持方式不够灵活。从龙头企业来看，市场上已有企业基于现代营销理念打造企业品牌，如"百瑞源""宁夏红"等品牌相对运作成熟，但大多数企业的营销手段还比较粗放，与区域品牌协同运作还不够，对区域品牌的建设与维护的积极性不够。从合作社来看，目前中宁枸杞已经有部分农户和企业建立起"龙头企业 + 合作社 + 农户"订单式生产模式，将一家一户分散种植基地统一由合作社按照所对接企业生产标准统一管理，实现精细化、集约化生产，但合作社管理水平还比较低，对区域品牌建设和投入较少。从农户角度来看，品牌意识比较薄弱，往往为了追求经济利益而动摇了已经建立的枸杞品牌

---

① 胡俊 . 今年中宁枸杞产业综合产值已达 88 亿元 [EB/OL] . http: //www.nxnews.net/yc/jrww/201912/t20191209_6511979.html?spm=zm5078–0.01.0.0.1pdCKkP.

基础，还需要加强教育，共同保障枸杞产品质量提升。

3. 中宁枸杞服务供应链还不能有效支持区域品牌营销

农产品服务供应链是支持产品营销的基础，优良的产品品牌和高效的物流、电商网络对产品销售能够形成有效的支撑。目前中宁县积极探索现代枸杞产业链整合模式，从农产品种植、加工、营销和枸杞文化培育着手，推动枸杞全产业链发展。但相对于未来的长远发展，枸杞服务供应链体系还没有建立起来，物流仓储配送分拨中心、鲜果冷链仓储、分拣中心，电子商务还需要建设。

4. 区域品牌传播存在短板，品牌形象还不够突出

中宁枸杞在区域品牌传播过程中通过"中宁枸杞 道地珍品"重塑公用品牌形象，打造形象鲜明、具有较高品牌辨识度的区域品牌形象，通过讲好中宁枸杞故事，让更多的人听到中宁枸杞的声音。巩固扩展实体营销和网络营销，形成线上线下多元化营销模式。通过"百城千店"建设，专卖店（专柜）建设和加强中宁枸杞质量追溯标识建设等方式积极开展品牌传播。但在当前，中宁枸杞在市场上的占有率仍然比较低，影响力较弱。通过调查，人们对宁夏中宁枸杞品牌的了解程度比较低，对宁夏中宁枸杞品牌了解一点的达到了80%、了解的只有14%、非常了解的仅仅占6%。很多的枸杞出售都没有进行精加工，农户和企业大多数只是进行原料的出售。对宁夏中宁县枸杞品牌的发展没有良好的促进作用，使得宁夏中宁枸杞品牌在市场竞争中处于劣势。

三、农产品区域品牌的影响因素及模型构建

（一）农产品区域品牌的影响因素

通过国内外的研究以及对相关文献的研究，张传统（2015）提出农产品品牌战略的影响因素是区域因素、经营管理因素、产业因素和政府因素这四个主要因素[1]。李静（2017）对区域因素、产业因素和品牌因素进行了研究[2]。综合以上研究，本章从区域、经营管理、产业和政府的因素进行研究。

1. 区域因素

农产品品牌成长是基于区域因素获得的，区域因素包括区域自然资源禀赋、区域特色文化等方面。农产品区域有着独特的自然条件，特别有利于农产品生长。其中包括农产品生长的季节、温差、光照以及水资源等独特的优势。区域特色文化是促进农产品品牌建设的内在因素[3]。农产品的历史渊源承

① 张传统.农产品区域品牌发展研究［D］.中国农业大学，2015.
② 李静.内蒙古农产品区域品牌发展研究［D］.内蒙古农业大学，2017.
③ 陈令军.谈如何利用区域特色文化推进区域农产品品牌建设［J］.商业经济研究，2015（31）：76-77.

载着传承人精湛技艺，保留了先进的技术和人文因素。由此，我们提出以下假设：

H1：区域因素是影响农产品区域品牌的重要因素。

2. 经营管理因素

农产品品牌的市场效率依赖于政府政策的有效引导、行业管理以及农产品企业的有效管理。苏朝晖（2009）研究了政府与行业协会在区域品牌营销中的作用①。文宇（2013）认为行业协会是促进农产品区域品牌运作公平与效率的主体，应不断提升行业协会管理水平②。农产品作为区域公用品牌，有效的经营管理策略是影响品牌形象的重要因素。由此，我们提出以下假设：

H2：经营管理是影响农产品区域品牌的重要因素。

3. 产业因素

国内研究产业对农产品区域品牌的影响主要集中在产业集群对农产品区域品牌的影响。张国良等（2017）基于竹产业集群分析了区域品牌建设、渠道拓展、服务提升方面存在的问题和对策③。产业的发展对品牌的建设有着重要的影响。产业在发展过程中产业集群的管理水平、营销模式决定着区域品牌形象和知名度与美誉度。由此，我们提出以下假设：

H3：产业因素是影响农产品区域品牌的重要因素。

4. 政府因素

政府政策规制、基础设施建设、营销指导与组织深刻影响着区域农产品品牌的发展。程杰贤等（2018）从政府政策规制与农户关系角度分析了政府政策的作用，认为政府政策会影响农户的投资行为、采用新技术行为，对农产品质量安全具有重要影响④。在区域农产品品牌战略的建设中，政府是市场的调控者，政府进行基础设施的完善，引入先进的技术，促进农产品品牌主体进行品牌营销、进行区域品牌监管，保护区域农产品质量。由此，我们提出以下假设：

H4：政府因素是影响农产品区域品牌的重要因素。

（二）模型构建

模型构建如图 5–8 所示。

---

① 苏朝晖. 政府与行业协会在区域品牌管理与营销中的作用 [J]. 理论前沿, 2009（21）: 23–24.

② 文宇. 农产品区域品牌管理的效率与公平问题探讨 [J]. 人民论坛, 2013（26）: 79–81.

③ 张国良, 陈倩男, 叶雯. 基于生态文明的竹产业集群区域品牌建设发展路径研究 [J]. 科学管理研究, 2017, 35（6）: 65–69.

④ 程杰贤, 郑少锋. 政府规制对农户生产行为的影响——基于区域品牌农产品质量安全视角 [J]. 西北农林科技大学学报（社会科学版）, 2018, 18（2）: 115–122.

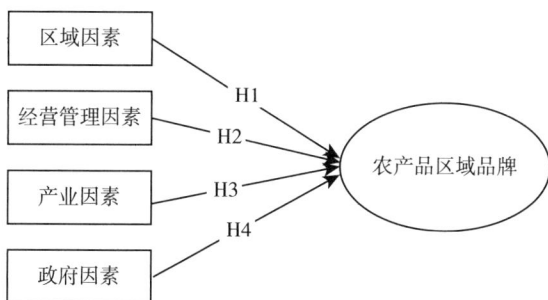

图 5-8　模型构建

四、研究设计与数据分析

（一）调查问卷设计

本次调研主要以问卷的形式进行资料的收集，问卷主要以选择题进行设计。本次问卷包括两个部分：第一部分是基本资料以及对宁夏中宁枸杞品牌的了解程度进行调查，此部分调查问卷主要是从调查者的性别、年龄、学历、职业和对于宁夏中宁枸杞品牌的了解程度进行调查，主要分析调查者的结构特征，以及是否适合这份问卷。第二部分是对宁夏中宁枸杞品牌战略的影响因素进行调查。从前面的农产品区域影响因素的分析中可以看出，宁夏中宁枸杞品牌战略可以从区域、产业、经营管理和政府等方面进行分析。将各因素分为五个等级，即非常同意、同意、一般、不同意以及非常不同意。调查者根据自己的情况进行选择，结合自己实际情况选择适合自己的选项。通过对问卷调查得到的数据进行整理分析，对调查者认为宁夏中宁枸杞品牌影响因素进行总结，并且提出宁夏中宁枸杞品牌发展的对策。

（二）数据来源

1. 问卷的前期工作

2020 年 3 月中旬，研究组进行了一次预发放。通过因子分析、KMO 值的计算，检测问卷是否可以进行因子分析。通过对问卷的分析，研究组发现调查者对于问卷都是盲目选择，导致问卷数据出现偏差；问卷在设计上也存在一定的问题。4 月初，对问卷进行了修改。在发放问卷的时候，研究组先与被调查者进行沟通，以保证被调查者愿意花费自己五分钟的时间进行真实的填写。

2. 问卷的发放人群

本次问卷主要在网上进行发放，被调查者通过微信朋友圈、微信群、QQ 说说等进行填写。本次调查问卷的填写者中 60% 的调查对象为 21~30 岁。在受教育程度上，65% 是大学生；并且 80% 的调查者对于宁夏中宁枸杞的品牌了解是一般。本次收回的有效问卷为 152 份，并将问卷进行整理与分析。

（三）信度与效度分析

1. 信度分析

信度分析是一种测度综合评价体系是否具有稳定性和可靠性的有效分析方法，本次分析主要对克朗巴哈 α 系数进行分析。如果克朗巴哈 α 系数大于 0.8，则认为信度很高；如果克朗巴哈 α 系数大于 0.7 小于 0.8，则认为内在信度是可一般；如果克朗巴哈 α 系数小于 0.7，则认为该问卷存在一定的问题。本次问卷通过 SPSS 可靠性的检测发现，调查问卷的总量表的 Alpha 系数为 0.752，如表 5-2 所示；删除项后的信度系数也均在 0.7 以上，如表 5-3 所示，说明本次发放的问卷信度较好。

表 5-2　可靠性统计

克朗巴哈 α 系数	项数
0.752	15

表 5-3　项总计统计

	删除项后的标度平均值	删除项后的标度方差	修正后的项与总计相关性	删除项后的克朗巴哈 α 系数
Q6	29.95	30.371	0.483	0.727
Q7	30.03	31.645	0.345	0.740
Q8	30.05	33.015	0.208	0.751
Q9	28.87	30.275	0.330	0.743
Q10	28.76	29.931	0.366	0.739
Q11	28.68	30.585	0.334	0.742
Q12	28.71	31.098	0.258	0.752
Q13	30.14	32.615	0.272	0.746
Q14	30.09	30.301	0.536	0.724
Q15	30.13	31.693	0.392	0.737
Q16	29.92	33.202	0.118	0.762
Q17	30.13	31.038	0.430	0.733
Q18	30.10	29.381	0.567	0.718
Q19	30.07	30.958	0.465	0.730
Q20	30.10	31.381	0.346	0.740

2. 效度分析

效度就是测量结果的有效性，它指某项测量活动能够测出待测量事物的程度。一般我们进行检测通常采取的方法是用 KMO 值进行模式适合性评估，KMO 就是 Kaiser-Meyer-Olkin 的取样适合性量度。KMO 值的取值范围在 0~1，越接近于 1，说明变量间的相关性越强，越适合做因子分析。KMO 值的参考范围如下，0.5 以下表示极不适合，0.6 表示不太适合，0.7 表示一般，0.8 表示适合，0.9 以上表示非常适合。如表 5-4 所示本次调查分析的 KMO 值为 0.771，Bartlett 球形度检验的 Sig 值为 0.000，低于 0.05，这说明本次问卷适合进行下面的分析。

表 5-4　KMO 和巴特利特检验

KMO 取样适切性量数		0.771
巴特利特球形度检验	近似卡方	617.173
	自由度	105
	显著性	0.000

（四）因子分析

在进行提取因子的步骤时，首先，将问卷录入 SPSS 中选择相关因子提取的分析方法。其次，在 SPSS 统计分析软件中选择因子分析法。选取初始特征值中累计变量最大的值作为因子，旋转后的总计值大于 1，就可以作为显著因子。

从表 5-5 可以看出，在初始变量特征值中，前四个累计值最大。旋转后总计值大于 1 的有四个因子且累计解释变异量为 64.17%。所以我们可以提取这四个因子，将这四个因子作为显著性因子进行分析。

表 5-5　总方差解释

成分	初始特征值			提取载荷平方和			旋转载荷平方和		
	总计	方差的 %	累积 %	总计	方差的 %	累积 %	总计	方差的 %	累积 %
1	4.177	27.849	27.849	4.177	27.849	27.849	3.187	21.244	21.244
2	3.205	21.366	49.215	3.205	21.366	49.215	2.786	18.573	39.817
3	1.217	8.115	57.330	1.217	8.115	57.330	1.875	12.502	52.320
4	1.026	6.840	64.170	1.026	6.840	64.170	1.778	11.850	64.170

　　从组件号图 5-9 可以发现，组件号 4 之前的图形变化速度比较快，组件号 4 之后的图形比较平缓。所以取前四个因子是比较合理的。

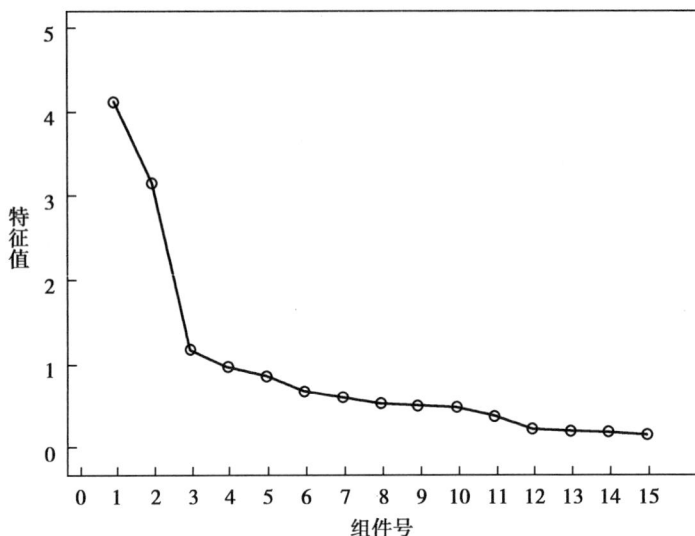

图 5-9　碎石图

　　如表 5-6 所示，旋转后的因子比较集中，能更好地解释主因子。我们在每个因子组合中选择特征值大于 0.5 以上的样本结合，从表中我们可以看出因子一与品质、规模、现代化、经营服务一体化关系密切；因子二与地理环境、人文优势、区域监督关系密切；因子三与多渠道营销、科技投入、品牌保护关系密切；因子四与政府促进品牌意识、政策、培训与服务关系密切。这说明 15 种因素对宁夏中宁枸杞品牌战略的影响程度各不相同。

表 5-6　旋转后的成分矩阵

成分	1	2	3	4
规模化	0.874	−0.025	0.101	0.008
现代化	0.873	−0.092	−0.034	0.108
经营服务一体化	0.837	0.057	−0.099	−0.141
品质优良	0.791	0.086	−0.117	0.019
监督管理	0.051	0.786	0.190	0.173
区域地理环境优势	0.230	0.722	−0.043	0.174
区域人文优势	−0.149	0.707	0.095	0.160
政府区域营销	−0.079	0.479	0.203	0.321

续表

成分	1	2	3	4
多渠道品牌营销	0.006	0.018	0.832	0.107
科技投入	−0.081	0.509	0.661	−0.024
进行品牌保护	−0.024	0.499	0.567	0.077
区域历史传承优势	−0.131	0.043	0.496	0.372
政府政策支持	0.188	0.321	0.067	0.796
品牌意识薄弱	−0.347	0.171	−0.002	0.684
政府培训服务	0.175	0.194	0.291	0.609

（五）因子命名及解释

1. 因子一：产业因素

该因子共由四项组成，此因子变量的主要变量描述的是宁夏中宁枸杞产业对宁夏中宁枸杞品牌战略的影响。主要包括宁夏中宁枸杞生产的品质、规模化、现代化、经营服务一体化的影响。选择该因素的消费者认为产业对于宁夏中宁枸杞的品牌的影响很大，并且不容易接受其他因素的影响。因此 H1 成立。

2. 因子二：区域因素

因子二共由三项组成，此因子内的变量主要描述的是区域方面的因素对宁夏中宁枸杞品牌战略的影响。人们认为地理环境、人文优势、区域监督对于品牌的发展和保护有很大的影响作用。优良的区域因素是促进枸杞品牌发展的基础。因此 H3 成立。

3. 因子三：经营管理因素

因子三共由三项组成，此因子内变量主要是描述经营管理对于宁夏中宁枸杞品牌战略的影响。主要包括多渠道营销、科技投入、品牌保护。枸杞品牌的发展要经营但更重要的是要保护，选择该因素的人们认为经营管理在宁夏中宁枸杞品牌的战略中扮演着非常重要的角色。因此 H2 成立。

4. 因子四：政府因素

因子四共由三项组成，此因子内变量主要是描述品牌的意识与政府方面的力量对于宁夏中宁枸杞品牌战略有很大的影响。主要包括政府促进经营者品牌意识增强，与政府对宁夏中宁枸杞各方面的支持，这极其有利于宁夏中宁枸杞品牌战略的实施。因此 H4 成立。

宁夏中宁枸杞区域品牌发展的影响因素主要有区域、产业、政府和经营管理等。宁夏中宁枸杞有一定的区域优势，对宁夏中宁枸杞品牌的发展有积极的影响力。目前在产业因素方面，中宁枸杞在规模化、现代化等方面还存在一定的问题；在经营管理方面，对宁夏中宁枸杞品牌的保护不够全面，存在大量的假冒产品；在政府方面，政府应该加强对宁夏中宁枸杞品牌的宣传以及重视对枸杞种植的培训。

五、宁夏中宁枸杞品牌战略实施对策

（一）发挥宁夏中宁枸杞的区域优势

区域优势是宁夏中宁枸杞品牌发展的基础，是宁夏中宁枸杞品牌发展的良好支柱，我们要对区域优势进行良好的利用。宁夏中宁县的地理环境非常适合枸杞的种植，它的气候、水源、土壤等塑造了品质优良的宁夏中宁枸杞。拥有600年历史的宁夏中宁枸杞，经过历史的沉淀，传承了很多的枸杞文化，这些文化能够增强人们对宁夏中宁枸杞品牌的认可度和忠诚度。在如今宁夏中宁枸杞品牌发展的建设中，我们要发挥这些优势。

（二）加强宁夏中宁枸杞品牌的经营管理

现今，枸杞行业的竞争非常激烈，宁夏中宁枸杞要想在枸杞行业中处于永不败落的地位，就要加强对品牌的经营管理。对于科学技术的欠缺，可以与高校进行合作，引进一批优秀的人才。人才是促进宁夏中宁枸杞品牌发展的活水之源，他们更容易掌握先进的技术，带动枸杞品牌的发展。同时也要提高品牌意识，对宁夏中宁枸杞品牌进行保护，防止品牌的滥用对宁夏中宁枸杞品牌发展带来损害，对宁夏中宁枸杞质量进行保证。可以拓宽宁夏中宁枸杞品牌营销的渠道，通过多种渠道对宁夏中宁枸杞品牌进行宣传，扩大宁夏中宁枸杞品牌的影响力和知名度。

（三）不断完善宁夏中宁枸杞的产业

加强宁夏中宁枸杞规模化建设，规模化是宁夏中宁枸杞品牌发展的基础。减少宁夏中宁县农户分散的种植，加大投入从而进行高标准化的规模化种植。生产绿色、无公害、有机的宁夏中宁枸杞，提高宁夏中宁枸杞品牌发展的质量。宁夏中宁枸杞发展也要进行现代化建设，例如生产的机械化、科技化、信息化以及提高劳动者的素质等。宁夏中宁枸杞产业现代化的发展，更加加强了枸杞的标准化，带动宁夏中宁枸杞品牌的发展。

（四）提高政府的扶持的精准度

宁夏中宁枸杞品牌的发展离不开政府强有力的支持，政府是区域农产品品牌发展的重要领导因素。对于宁夏中宁枸杞品牌的建设，政府应该加强在各种政策上的支持。对于在宁夏中宁枸杞品牌发展中的困难，及时地提供帮助，鼓励宁夏中宁枸杞品牌发展。不断完善基础设施，为宁夏中宁枸杞规模化的生产提供帮助。政府也可以进行区域营销，例如举办枸杞文化节、发布广告、开展交流会等对宁夏中宁枸杞品牌进行宣传，提高宁夏中宁枸杞的知名度。政府应该打击仿冒宁夏中宁枸杞的产品，保障宁夏中宁枸杞品牌的质量。对于宁夏中宁品牌的发展制定一定的规划，使得宁夏中宁枸杞的发展市场更加规范化。对于枸杞的种植，政府要合理安排技术指导，对宁夏中宁枸杞的质量进行严格的检测，保证质量的安全。对于品牌做得好的企业进行奖励，促进宁夏中宁枸杞品牌的发展。

第三节　宁夏贺兰山葡萄酒区域品牌形象研究 [①]

一、问题的提出

开发优质的当地农产品，并培养知名的农产品品牌是农产品经营的重要政策。近年来，各地区农业逐步转方式、调结构，迫切需要农产品品牌战略推进农产品供给侧改革。同时，随着中国经济的快速发展、城乡居民收入增加和生活水平提高，基于农产品品牌形象背书的农产品代表着标准化生产、质量安全、营养健康，适应消费升级。因此，加强农产品品牌建设，不断提升农产品品牌形象以满足农产品消费结构不断转型。

宁夏贺兰山东麓是洪积倾斜平原与黄河冲积平原交汇地带，总面积20万公顷。该地区日照充足，昼夜温差大，热量丰富；土壤透气性好，富含矿物质；降水量少，黄河灌溉便利。独有的风土条件，使产区的葡萄具有香气发育完全、色素形成良好、糖酸度协调、病虫害少等特征，具备生产中高档葡萄酒的基础。2013年被列入《世界葡萄酒地图》，这标志着贺兰山东麓产区成为世界葡萄酒产区的新板块。1984年以来，宁夏区政府探索在贺兰山东麓种植葡萄，经过30多年的发展，贺兰山东麓已成为宁夏葡萄的主要产区，也是中国四大葡萄酒产区之一，宁夏贺兰山葡萄酒也成为全国知名葡萄酒品牌。截至2019年底，宁夏葡萄种植面积达到57万亩，占全国的1/4，是全国最大的酿酒葡萄集中连片产区，现有酒庄211家，年产葡萄酒1.3亿瓶，产业综合产值达到260亿元，产区葡萄酒已远销德国、美国、比利时、澳大利亚等20多个国家和地区 [②]。但是，在快速发展过程中宁夏贺兰山葡萄酒也暴露出了一些问题，如缺乏全国知名的有竞争力的产品品牌，酒庄酒的大众消费能力不足；品牌形象

---

① 本节是北方民族大学商学院2016级工商管理班杨振南同学参与课题研究的成果，收入本书时做了较大幅度的修改。

② 宁夏葡萄酒产业综合产值已达260亿元［EB/OL］．新华网，2020-04-06.

没有建立起来；缺乏系统的葡萄酒产品的营销规划和设计；等等。探索影响宁夏贺兰山葡萄酒品牌的因素，不断提升葡萄酒知名度和美誉度，提升宁夏贺兰山葡萄酒品牌形象具有重要的意义。

二、理论基础

（一）农产品品牌理论

农产品品牌理论起源于区域品牌的概念。区域品牌通常被认为是"一个地区的附加吸引力，塑造区域品牌的核心问题是构建区域品牌识别"[①]。一般学者从区域名称、产品或服务组合、标志或者政治／地理框架来研究区域品牌。国内学者对区域品牌的研究主要集中在以一般工业品、消费品或以产业集群为依托的区域品牌为研究对象，对农产品区域品牌的研究较少[②]。国内对农产品区域品牌的研究通常从农产品的安全性、农产品标志、农产品营销角度来研究。但伴随着我国农产品市场的逐步开放和发展，类似"山东寿光蔬菜""宁夏大米"等区域农产品声誉逐步提升，以农产品产业集群、农业合作社、农业龙头企业为代表的新兴事物逐步出现，农产品品牌的研究逐步为学术界所重视。目前对于农产品品牌的主要概念包括：农产品区域品牌、农产品企业品牌、农产品公用品牌、农产品地理标志品牌等，这些概念结合品牌资产理论、区域品牌理论构成农产品品牌理论的内涵。

（二）原产地效应理论

原产地效应理论是农产品区域品牌理论的重要理论基础之一。原产地效应是指消费者对原产地印象、产品形象的整体评价[③]。它代表一个国家和国际市场上的消费者的认知和评价。国外研究主要从品牌与产品原产国之间的关系来研究，原产地效应与产品形象和国家形象之间具有显著关联[④]。原产地是消费者认知产品的重要线索，在某些特定的情况下，能够引起消费者的情感共识，在特定情况下购买原产地产品演变为一种身份的象征，提升消费者的自尊心。因此，原产地效应是影响消费品的重要因素，对农产品营销更为重要。

（三）品牌形象理论

美国著名的广告大师大卫·奥格威（David Ogilvy）在 20 世纪 50 年代提出

---

① 孙丽辉，毕楠，李阳，等.国外区域品牌化理论研究进展探析［J］.外国经济与管理，2009，31（2）：40-49.

② 关纯兴.区域农产品品牌协同管理研究［J］.学术研究，2012（6）：74-79.

③ 王海忠，赵平.品牌原产地效应及其市场策略建议——基于欧、美、日、中四地品牌形象调查分析［J］.中国工业经济，2004（1）：78-86.

④ 金镛准，李东进，朴世桓.原产国效应与原产地效应的实证研究——中韩比较［J］.南开管理评论，2006（2）：44-51.

品牌形象是消费者接触产品的质量、价格和历史形成的印象。品牌形象理论是广告创意策略的重要流派，核心观点认为品牌打造的每支广告，其实都是对该品牌的长期投资。一般研究认为品牌形象需要从品牌个性、象征意义、心理认知以及综合意义的角度来分析①，著名品牌专家戴维·阿克认为品牌形象可以从应用属性、品牌个性和企业形象三个维度测评②。以上理论构成现代品牌形象理论的基本内涵。品牌形象理论决定了品牌在消费者心目中的印象，也决定了品牌的价值、品牌效应和品牌在市场的知名度、美誉度，为分析农产品品牌建立了重要的理论基础。

三、研究假设与模型构建

（一）研究假设

品牌形象建构在品牌价值的基础上。Baldinger 和 Rubinson（2006）认为品牌价值由产品功能利益、服务承诺以及情感的象征性价值等构成，品牌价值构成了品牌形象的基础③。好的产品通常会有良好的包装，而具有较高品牌价值的农产品通常在市场也具有良好的表现，高价值的农产品更加容易被消费者接受。最著名的地区农产品品牌将为该地区消费者带来强烈的自豪感，无论他们是否居住在自己的家乡。这种地区自豪感都构成一种情感上的寄托，由此提出以下假设：

H1：品牌价值正向影响品牌形象。

David Oglivy（2005）认为品牌象征价值是一种错综复杂的象征，与品牌属性、名称以及历史等外在的形象有密切关系④。农产品品牌是一个地区的象征，是独特的地区标志。通过独特的区域联想可以帮助消费者做出购买选择，例如当消费者想购买哈密瓜时，一般大脑中先出现的都会是新疆哈密瓜，为什么消费者会首先想到新疆哈密瓜？由于新疆独特的地理环境，此购买决策取决于区域联想，这不仅增加了新疆哈密瓜的市场份额，也提高了品牌知名度。品牌效应主要有三个维度：农产品质量、品牌社会价值和品牌功能。农产品质量是一种主观的因素，包括产品味道、健康、便利和包装。自然条件和生产区域对属于农业生产地区的消费者产生不同心理认识的影响。具有强大的区域品牌效应

---

① 杨保军. 回族老字号品牌形象进化路径的质性研究［J］. 北方民族大学学报（哲学社会科学版），2014（2）：35-40.

② Aakcr，J. L. Dimensions of Brand Personality［J］. Journal of Marketing，1997，34（3）：347-356.

③ Baldinger，Rubinson，J. Brand Loyalty. The Link between Attitude and Behavior［J］. Journal of Advertising Research，2006，36（6）：22-34.

④ David Oglivy.Brand chartering-getting to a common understanding of the brand［J］. Journal of Brand Management，2005（3）：145-155.

的农产品将给消费者带来良好的品质感。农产品独特的品牌效应带来良好的品牌形象。好的农产品的价值一般会和该地区的地理环境相互作用，通常消费者做出购买决策时，一般都会产生原产地的联想，从而产生其品牌选择。

H2：品牌效应正向影响品牌形象。

品牌忠诚度是品牌建设的基本目的。品牌忠诚可以带来显著的营销效应，如促进顾客反复购买；降低企业的营销成本；可以使顾客忽视竞争对手产品和服务；等等①。在区域品牌形象建设中，通过建立品牌忠诚度促进购买，提升品牌形象。因此，提出如下假设：

H3：品牌忠诚度正向影响品牌形象。

品牌知名度表示品牌在消费者心目中的知名程度，通常来说，品牌知名度反映品牌形象在消费者心目中的知晓程度。对于品牌知名度与品牌形象的关系已有许多文献进行了研究，杨桂菊等（2015）学者认为，品牌知名度并不能提升老字号的顾客感知价值及顾客忠诚度，品牌知名度和品牌形象不一定能带来品牌资产②。从农产品实际的运行来看，二者之间的关系的影响是正向的。因此，本文提出如下假设：

H4：品牌知名度正向影响品牌形象。

（二）模型构建

随着品牌发展和相关研究的不断完善，品牌在各行各业都拥有重要的地位。如何打造好优秀的农产品品牌形象，是当今农产品营销发展的重要问题。一个优秀农产品的品牌形象，不仅对于农产品的销售、生产具有极其重要的作用，而且对农产品日后的发展影响颇大。本文根据相关的文献资料，将影响农产品品牌形象的因素概括为以下四方面：即品牌价值、品牌效应、品牌知名度、品牌忠诚度。根据四个因素构建模型如图5-10所示。

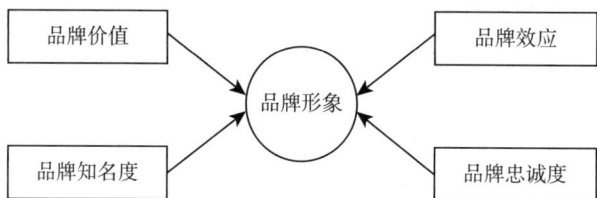

图5-10 品牌形象影响因素模型

① 吴水龙，刘长琳，卢泰宏.品牌体验对品牌忠诚的影响：品牌社区的中介作用［J］.商业经济与管理，2009（7）：80-90.
② 杨桂菊，侯丽敏，柏桦，李斌.老字号品牌知名度、形象与支持：资产还是包袱？——基于品牌资产的顾客忠诚度研究［J］.经济与管理研究，2015，36（5）：138-144.

四、研究对象与问卷设计

（一）宁夏贺兰山葡萄酒现状

宁夏贺兰山东麓产区葡萄种植已经有多年的历史，20世纪80年代初，在宁夏区政府的政策驱动下，农户逐渐在贺兰山东麓种植地区大面积种植酿酒葡萄，此后种植面积和产量连年提升。2015年，葡萄酒产量达到9.5万吨，产值达166亿元。2016年，生产面积达到61万亩，其中包括酿酒葡萄53万亩。截至2019年，宁夏贺兰山新增加的酿酒葡萄种植基地为18356亩，年产葡萄酒六千万瓶，已成为宁夏产业链最长、发展潜力最大的特色优势产业。宁夏贺兰山葡萄酒的生产和销售始于2006年，张裕酒业公司与宁夏农业执行局达成协议，在黄羊滩农场建设30000亩的酿酒葡萄基地。同年，自治区林业局启动了一项综合计划对酿酒葡萄基地进行改造。2007年7月，宁夏西夏王酒业有限公司成立，通过整合玉泉营的种植、加工企业资源，发展成为一个拥有基地20000亩、加工能力20000吨的企业集团。随后中国的主要葡萄酒品牌和世界葡萄酒业巨头相继落户贺兰山，包括长城、王朝、保乐力加以及轩尼诗等。2014年9月，宁夏国际葡萄酒贸易博览会正式成立，这是我国中西部首个葡萄酒贸易博览会；宁夏建立了国际葡萄酒电子信息交易和结算平台，把贺兰山葡萄酒推向全国乃至世界。2018年，贺兰山葡萄酒在全国地理标志产品100强中排名第14位，成为宁夏农产品品牌名片[①]。

（二）问卷设计

通过大量的文献阅读，参考了大量的阅读资料，本书认为影响品牌形象的因素主要有4个方面，并根据这4个因素制定以下量表。调查包括品牌形象、品牌价值、品牌效应、品牌知名度和品牌忠诚度5个维度共15个问项，调查采用李克特五级量表的形式进行测量，如表5-7所示。

（三）数据来源

本次调查从2020年3月1日至2020年3月10日，针对不同的消费者发放问卷。共发放问卷200份，回收问卷189份，回收率为94.5%，其中有效问卷189份，无效问卷9份。该调查以不同组别的葡萄酒消费作为抽样对象，下表为样本人口统计变量的分组。调查了4个人口统计变量，即性别、年龄、职业和收入。如表5-8所示。

---

① 宁夏贺兰山东麓葡萄酒品牌排名全国第14位［EB/OL］. 中国日报网，https：//baijiahao.baidu.com/s?id=1600043175504056152&wfr=spider&for=pc. 2018-05-10.

表 5-7   贺兰山葡萄酒区域品牌形象各维度问题

测量维度	测量选项
品牌形象	1. 提到葡萄酒，我首先会想到贺兰山葡萄酒 2. 贺兰山葡萄酒很出名 3. 贺兰山葡萄酒购买方便 4. 贺兰山葡萄酒在葡萄酒行业占据了很大的市场 5. 贺兰山葡萄酒有自己的特点
品牌价值	1. 贺兰山葡萄酒的自然条件赋予葡萄酒独特的口感 2. 贺兰山葡萄酒的包装非常诱人 3. 贺兰山葡萄酒是送礼首选
品牌效应	1. 贺兰山葡萄酒营养价值高 2. 贺兰山葡萄酒质量非常好
品牌知名度	1. 贺兰山葡萄酒宣传力度非常好 2. 贺兰山葡萄酒经常会举行活动
品牌忠诚度	1. 每次买葡萄酒时，我都会第一考虑贺兰山葡萄酒 2. 购买贺兰山葡萄酒能够享受好的服务 3. 如果贺兰山葡萄酒消失我会非常想念的

表 5-8   样本统计变量分析情况

	选项	小计	比例（%）
性别	男	100	52.91
	女	89	47.09
年龄	23 岁以下	34	17.99
	24~35 岁	61	32.28
	36~50 岁	53	28.04
	50 岁以上	41	21.69
职业	学生	25	13.23
	公务员及事业单位人员	43	22.75
	企业员工	42	22.22
	离退休人员	0	0
	自由职业者	40	21.16
	其他	39	20.63
收入（元）	1000 以下	19	10.05
	1000~3000	7	3.7
	3000~5000	58	30.69
	5000~7000	53	28.04
	7000 以上	52	27.51

通过表 5-8 我们可以得出以下结论：

（1）在性别分布上男性为 100 人（52.19%），女性为 89 人（47.09%）。从性别上来看，本次调查研究男性购买的人数大于女性（在本次调查中，样本量过少而男女比例相差不大，在统计中性别对购买葡萄酒的影响不做研究）。

（2）在年龄分布上 23 岁以下 34 人（17.99%），24~35 岁 61 人（32.28%），36~50 岁 53 人（28.04%），50 岁以上 41 人（21.69%）。从有效调查问卷中我们清楚看到购买葡萄酒的人年龄段主要在 24~35 岁和 36~50 岁，他们占了此次调查人口半数以上。反映出以下问题，即年轻人和中年人更容易接受线上的问卷调查。

（3）在职业分布上，在校学生 25 人（13.23%），公务员及事业单位人员 43 人（22.75%），企业员工 42 人（22.22%），离退休人员 0 人，自由职业者 40 人（21.16%）。本次调查研究对象的职业分布相对比较均匀，退休人员为 0。退休人员不太容易接受线上问卷的调查，但并不影响整体数据分析。

（4）在收入水平分布上，1000 元以下 19 人（10.5%），1000~3000 元 7 人（3.7%），3000~5000 元 58 人（30.69%），5000~7000 元 53 人（28.04%），7000 元以上 52 人（27.51%）。从有效调查问卷中我们可以看出，本次调查人群的收入主要集中在 3000~7000 元，中收入人群所占比重相对较大，低收入人群所占比例相对较低，因为其中有 13.23% 的消费者是在校学生，其平均月收入一般都在 1000 元以下，属于低（无）收入阶层。

（四）问卷信度与效度分析

信度分析反映调查问卷的可靠性。问卷项目之间具有较好的内部一致性代表量表具有较高的可靠性。信度分析使用 Cronbach's α 系数，可靠性系数通常在 0.7 以上，而 0.6~0.7 表示可靠性一般。如果系数低于 0.6，则该问卷无效。信度检测如表 5-9 所示。

表 5-9　各维度之间信度检测

变量	Cronbach's α 系数	项数
品牌形象	0.838	5
品牌价值	0.703	3
品牌效应	0.705	2
品牌知名度	0.642	2
品牌忠诚度	0.807	3

问卷效度通常用 KMO 值进行模型适用性评估，抽样适用性度量 KMO 值越高，意味着变量之间的共同因素越多，就越适合进行因素分析。如果 KMO

值低于 0.7，则表示不适合进行因子分析。经过计算可以得出，KMO 的上值是 0.952>0.7，表明变量之间的相关性很强，表明此量表适合进行因子分析。巴特利特球形度测试结果：卡方值为 1539.810，数据较大，证明所对应 P 值 <0.001，巴特利特球形度检测具有显著意义，并且变量之间存在相关性，具有显著效度。

五、数据分析

（一）问卷特征分析

本次问卷调查设计将贺兰山葡萄酒购买状况共分 9 项：消费者是否有购买葡萄酒的习惯，购买葡萄酒时的第一因素，比较倾向于购买的品牌，对贺兰山葡萄酒品牌了解程度，贺兰山葡萄酒品牌发展强度，通过何种渠道了解葡萄酒品牌，购买葡萄酒时心理预期价格，消费者更加倾向于哪种营销模式，以及贺兰山葡萄酒在哪些方面还需要改善。以下就购买特征的具体数据进行描述统计分析。

如表 5-10 所示，其中从不购买的为 16 人（8.47%），偶尔购买的为 103 人（54.5%），经常购买的为 70 人（37.04%），从表中数据我们可以看出总共购买过葡萄酒的占 91.54%，葡萄酒消费还是具有非常大的发展潜力。

表 5-10 消费者购买葡萄酒的习惯

选项	小计	比例（%）
从不购买	16	8.47
偶尔购买	103	54.5
经常购买	70	37.04

顾客购买葡萄酒时考虑的第一因素调查如表 5-11 所示，其中注重质量的为 59 人（31.22%），注重品牌的为 52 人（27.51%），注重价格的为 53 人（28.04%），注重包装的为 25 人（13.23%），可以看出消费者在购买葡萄酒时更多关注的还是质量、品牌和价格这三部分，消费者对包装的考虑因素最低。

表 5-11 购买葡萄酒时考虑的第一因素

选项	小计	比例（%）
质量	59	31.22
品牌	52	27.51
价格	53	28.04
包装	25	13.23

从表 5-12 可以看出，在调查的 189 人中共有 99 人（52.38%）选择了长城品牌，长城葡萄酒是中粮集团旗下"全球 500 强企业"的知名品牌，也是中国葡萄酒的第一品牌，长城葡萄酒多年来生产和销售排名均为全国第一，也是葡萄酒行业的领军企业，所以其他品牌应该更多地向长城葡萄酒学习其品牌战略。

表 5-12　购买葡萄酒时更倾向于哪些品牌

选项	小计	占总人数的比例（%）
西夏王	61	32.28
长城	99	52.38
香格里拉	89	47.09
轩尼诗	79	41.8
保罗力加	50	26.46
张裕	37	19.58
王朝	13	6.88
其他	15	7.94

从表 5-13 可知只有 31 人（16.4%）非常了解宁夏葡萄酒，24 人（12.7%）完全没有听说过，可见宁夏贺兰山葡萄酒在消费者心中的知名度并不是非常高，还要继续加强宣传让消费者更多地了解宁夏贺兰山葡萄酒品牌。

表 5-13　顾客对宁夏贺兰山葡萄酒品牌的了解

选项	小计	比例（%）
非常了解	31	16.4
了解一点	66	34.92
不了解	68	35.98
没有听说过	24	12.7

根据表 5-14 可知，选择网络为 111 人（58.73%），家人以及朋友介绍为 101 人（53.44%），微信等软件为 93 人（49.21%），说明消费者主要从网络、家人朋友和微信来了解贺兰山葡萄酒。现如今是互联网新媒体时代，消费者更多还是通过接触网络来了解，这也可以为今后贺兰山葡萄酒的品牌营销提供方向。

表 5-14　消费者了解贺兰山葡萄酒的品牌渠道

选项	小计	比例（%）
广告	74	39.15
网络	111	58.73
家人及朋友介绍	101	53.44
微信等软件	93	49.21
其他	54	28.57

（二）相关性分析

在相关性分析中，Pearson 相关系数 ≥ 0.7，表示关系非常紧密；相关系数在 0.4~0.7，表示关系紧密；相关系数在 0~0.2 表示该关系一般。由表 5-15 中可以看出品牌忠诚度、品牌价值、品牌效应、品牌知名度和品牌形象的相关系数分别为 0.796、0.768、0.727、0.679 并且在 0.01 水平（双侧）上均显著相关。因此品牌价值、品牌效应、品牌知名度、品牌忠诚度和品牌形象为正向紧密相关关系。而口感、包装和品牌形象的相关系数为 0.567、0.618，说明其和品牌形象正向紧密相关。表 5-16 为口感、包装与品牌形象的相关性结果。

表 5-15　各维度之间相关性检测

	品牌忠诚度	品牌价值	品牌效应	品牌知名度	品牌知名度
品牌忠诚度	1				
品牌价值	0.732**	1			
品牌效应	0.641**	0.722**	1		
品牌知名度	0.748**	0.666**	0.622**	1	
品牌形象	0.796**	0.768**	0.727**	0.679**	1

注：** 表示在 0.01 水平（双侧）上显著相关。

表 5-16　口感包装与品牌形象的相关性

	口感	包装	品牌形象
口感	1		
包装	0.457**	1	
品牌形象	0.567**	0.618**	1

注：** 表示在 0.01 水平（双侧）上显著相关。

（三）回归分析

通过相关性分析，可以看出这 4 个影响因素与贺兰山葡萄酒的品牌形象建设具有显著正向相关。为了确定各个因素在其中扮演的作用，通过回归分析确定多个变量对固定变量的影响关系。本次线性回归分析以品牌价值（x_1）、品牌效应（x_2）、品牌知名度（x_3）、品牌忠诚度（x_4）为自变量；品牌形象为因变量，用 Y 表示。根据相关关系，假设被解释变量与解释变量之间具有线性相关关系，用回归分析方程表示为：

$$Y=\beta+\alpha_1 x_1+\alpha_2 x_2+\alpha_3 x_3+\alpha_4 x_4$$

由表 5-17 可知，Durbin-Watson 值是 1.894，近似于标准数值 2，表明模型的构建良好。表 5-18 中 F 检验统计量的值为 129.470，显著性对应的 Sig 值（0.000）<0.05。由此可见，本次线性回归分析中建立模型因素可以进入回归方程。

表 5-17　模型回归汇总

模型	R	R^2	调整 R^2	标准估计的误差	Durbin-Watson
	0.859a	0.738	0.732	0.472	1.894

表 5-18　回归分析 Anova 表

模型	平方和	df	均方	F	Sig.
回归	115.257	4	28.814	129.470	0.0000
残差	40.950	184	0.223		
总计	156.207	188			

根据表 5-17 可知 R^2 和调整 R^2 分别为 0.738 和 0.732，说明该模型可以解释 73.8% 变动，说明拟合度较好。表 5-19 中 VIF<5，说明模型没有多重共线性问题，模型构建良好。根据以上回归结果可以得到贺兰山葡萄酒的品牌形象回归模型：

表 5-19　系数表

模型		非标准化系数		T	Sig.	VIF
		B	标准误差			
	（常量）	0.373	0.156	2.394	0.018	
	品牌价值	0.259	0.065	3.957	0.000	2.876
	品牌效应	0.232	0.053	4.353	0.000	2.289
	品牌知名度	0.238	0.053	5.711	0.000	2.519
	品牌忠诚度	0.368	0.057	6.451	0.000	2.965

$$Y=0.373+0.259x_1+0.232x_2+0.238x_3+0.368x_4$$

品牌形象主要由品牌价值、品牌效应、品牌知名度、品牌忠诚度等因素影响。为了更好地分析具体某一指标的具体结论，以口感、包装等因素得出以下验证关系：品牌价值对品牌形象具有正向显著影响，品牌效应对品牌形象具有正向显著影响，品牌知名度对品牌形象具有正向显著影响，品牌忠诚度对品牌形象具有正向显著影响。具体如表5-20所示。

表5-20　计算结果

研究假设	相关关系	判断
品牌价值	品牌价值与品牌形象存在正相关关系	成立
	口感与品牌形象存在正相关关系	成立
	包装与品牌形象存在正相关关系	成立
品牌效应	品牌效应与品牌形象存在正相关关系	成立
品牌知名度	品牌知名度与品牌形象存在正相关关系	成立
品牌忠诚度	品牌忠诚度与品牌形象存在正相关关系	成立

品牌忠诚度对品牌形象具有正向显著影响，消费者从普通消费者变为忠实消费者，表明他们认可该品牌，并且将来会增加购买意愿；反之则会降低购买意愿。区域品牌知名度对品牌形象具有正向显著影响，加大品牌的宣传和推广，可以建立良好的品牌形象，从而降低消费者购买产品时的风险。品牌价值对品牌形象具有正向显著影响，在消费者对产品认可后，在同类产品激烈的竞争中，品牌价值可以提高产品市场竞争力。

六、对贺兰山葡萄酒的品牌形象建设建议

（一）加强贺兰山葡萄酒的宣传，提高品牌的知名度

根据模型预测，品牌知名度对品牌形象有显著的影响效果。品牌知名度不仅能让消费者了解产品，还能够促使消费者在购买一般的商品时快速做出抉择。例如，当消费者购买抽纸、卷纸等低价值的日用品时，有时并不会去考虑产品的特点，而会通过熟悉的品牌，如维达、洁柔这些知名品牌就可以做出购买决策。虽然贺兰山葡萄酒不断获得各种荣誉，但在国内品牌知名度并不高，因此加强贺兰山葡萄酒的品牌推广宣传，让更多的消费者了解熟悉贺兰山葡萄酒，建立良好的知名度和市场口碑非常重要。具体有以下几种方式：第一，借助互联网开展网络营销活动，通过线上线下的营销推广活动打开市场；第二，

开展葡萄酒节和葡萄酒展销会，这样不仅可以拓宽葡萄酒的销售渠道，也能让贺兰山葡萄酒的品牌被消费者熟知；第三，通过媒体广告和纪录片，大力宣传贺兰山葡萄酒的诞生与发展，让消费者感受到贺兰山葡萄酒独特的优势；第四，开设贺兰山葡萄酒专卖线下体验店，选择入驻重要的商场超市，增加消费者线下体验，加强产品的推广和品牌形象传播。

（二）提升贺兰山葡萄酒的包装，增加品牌价值

通过数据分析可以看出，品牌价值对品牌形象具有正向显著作用，品牌价值是品牌形象塑造的重要组成部分，因此提升品牌价值成为塑造品牌形象的核心。消费者关注的品牌价值通常由产品质量决定，而包装则由这些内在因素构成。贺兰山具有天然的地理优势，是种植和酿造葡萄酒的绝佳场所，其质量一直都得到消费者认可，但其内外包装仍需要进行优化。厂家可以在内外包装上添加一些自己的区域品牌风格，例如将贺兰山区域地貌、景观、区域文化、习俗和品牌结合，以创造和增强消费者对品牌的情感归属，增加产品的附加值。包装不仅可以提高消费者对产品的认可度，而且可以增强品牌形象。

（三）加强与消费者之间沟通交流，提高用户对品牌的忠诚度

品牌忠诚度与品牌形象之间存在显著正相关关系。现如今葡萄酒市场已今非昔比，同类的葡萄酒产品，消费者在做出购买决策时，可供消费者选择的品牌非常多。面对如此众多的葡萄酒产品，消费者通常会犹豫，如果之前购买过类似的产品，他们往往选择再次购买之前产品的品牌，以降低风险。消费者忠诚度的前提是用户满意，优质的服务可以增加产品的销售量，提高品牌的声誉，并树立良好的品牌形象。

（四）加强品牌文化效应

宁夏地处西北，背靠贺兰山，黄河从中穿过并孕育了大半个宁夏。自古以来宁夏依托自己独特的回族文化和众多的优秀产业，不断突破自己。要让全国各地认识和熟知宁夏，那么贺兰山葡萄酒产业的发展就不应该只是其品牌的发展，更应该将宁夏本土特色的优秀文化和其产业发展结合，这样不仅能带动葡萄酒行业的全面发展，又能使宁夏文化得到发展。打造贺兰山葡萄酒和文化输出相结合的发展模式，既能通过贺兰山葡萄酒的销售拉近与消费者的距离，又能强化贺兰山葡萄酒品牌魅力和核心竞争力，形成独特的宁夏贺兰山葡萄酒文化产业。

第四节 宁夏硒砂瓜区域品牌价值共创研究 [①]

改革开放以来，我国农业取得了举世瞩目的成就，农产品实现了从长期短缺到供求基本平衡、丰年有余的历史性转变，成为我国农业和农村经济结构战略性调整的重要途径。随着消费者对品牌个性化的追求和高品质的需求，消费者参与品牌价值共创已然变成一种极其流行的消费趋势。本节内容以消费者参与的品牌价值创造理论为研究基础，通过对消费者参与特色农产品品牌价值共创理论的实证研究来深入探索产品品牌价值共创的构成要素，使消费者参与品牌价值共创理论更加完善。

硒砂瓜作为宁夏的农业主打品牌，要想使该产业稳步持续发展，提高宁夏硒砂瓜品牌在农业市场的占有率，单靠外销硒砂瓜是远远不够的，必须通过各种品牌推广手段，提高品牌知名度，让越来越多的顾客参与到品牌价值共创中，从而实现高收益、高市场份额、高品牌知名度。因此，分析消费者参与宁夏硒砂瓜品牌价值共创的影响因素就必不可少。本研究不仅需要丰富价值共创理论研究的内涵，还需要探究影响消费者价值共创意愿的要素，继而得到影响消费者参与宁夏特色农产品品牌价值共创的因素。因此，通过对品牌价值共创理论的研究可以更深入地探索农产品品牌价值共创路径，并为农户提供有效的建议以及强有力的政策指导。

一、理论基础

品牌价值是区别于同类竞争品牌的最重要特征。品牌价值分为用户价值和自我价值两大类。品牌的用户价值指顾客使用品牌时对价值的感知，其大小取决于品牌的特性、质量和价值；品牌的自我价值指品牌自身的价值，其大小取决于品牌的知名度、美誉度和普及度。Aaker 提出的品牌资产是品牌价值最普遍使用的定义 [②]。随着产品或服务的不断发展，消费者对商品的注重程度越来越高，企业更加积极地鼓励消费者参与。消费者在与企业的互动交往中，不仅只是简单地接受商品或服务，而是逐渐开始创造服务价值，获得自我效能感。面对产品或服务，如今的顾客已经开始由被动变为主动，甚至主导价值创造，与

[①] 本节是北方民族大学商学院 2016 级工商管理班马巧燕同学参与课题研究的成果，收入本书时做了较大幅度的修改。

[②] Aaker David. Measuring brand equity across products and markets ［J］.California Management Review，1996，38（Spring）：102-120.

企业共创品牌价值。

（一）价值共创及相关文献综述

价值共创（Value Co-production）是指以消费者为中心，由消费者和企业共同创造价值。共创价值理论为价值创造提供了新的路径和诠释，作为一种全新的价值创造理论，近年来备受各个领域的关注，学术界目前对价值共创概念的理解有以下几种看法：一是 Prahalad 和 Ramaswamy（2004）认为价值共创是企业与顾客通过互动共同创造顾客体验的过程，且价值融入在消费者个性化体验中 ①。二是 Vargo 和 Lusch 在 2004 年正式提出"服务主导逻辑"的价值共创理论，强调价值是由企业和顾客一同创造的，企业提出价值主张和提供服务的同时，顾客使用和消费产品或服务，在此过程中与企业共同创造价值 ②；Payne 等（2008）指出在服务主导逻辑下，服务是交换的普遍内容，并且顾客参与顾客价值创造、企业价值创造和冲突三个过程，展示了顾客学习和组织学习共同创造价值的内容 ③；Payne 等（2009）基于服务主导逻辑研究了价值共创情境下的品牌体验，都是以早期服务主导逻辑为基础 ④。三是 Gronroos 和 Voima 认为顾客可以独立创造价值，企业的角色从价值创造主导者转变为价值协助者，顾客在一定的社会情境下利用知识、技能、社会角色、社会位置及与他人的社会关系、企业的产品与服务等资源，通过个人与产品的互动或者顾客彼此间的互动进行价值创造 ⑤。我国学者许世震、赵新宇等（2018）研究发现价值共创被广泛应用于品牌管理、学习与创新、品牌社区等管理学领域，基于服务主导逻辑的价值共创理论得到了进一步发展 ⑥。陶威、刘平峰（2016）从服务生态系统的视角研究了服务生态系统中不同的经济参与者组成的价值共创单元如何通过整合内、外部的资源而产生更大的价值，由此基于服务生态系统的价值共创理论得以开展 ⑦。吴瑶、肖静华等（2017）指出价值共创是产品或服务的提供者与

---

① Prahalad C. K., Ramaswamy V. Co-creating value with your customers［J］. Inform Global, 2004, 1（3）: 60-66.

② Vargo S. L., Lusch R. F. The four service marketing myths: Remnants of a goods-based manufacturing model［J］. Journal of Service Research, 2004, 6（4）: 324-335.

③ Payne A. F., Managing the co-creation of value［J］. Journal of the Academy of Marketing Science, 2008, 36（1）: 83-96.

④ Payne A., Storbacka K., Frow P., Knox S., Co-creating brands: Diagnosing and designing the relationship experience［J］.Journal of Business Research, 2009, 62（3）: 379-389.

⑤ Gronroos C., Voima P. Critical service logic: Making sense of value creation and co-creation［J］.Journal of the Academy of Marketing Science, 2013, 41（2）: 133-150.

⑥ 许世震, 赵新宇, 赵红. 虚拟社区价值共创中的顾客创新动机及行为研究［J］. 数学的实践与认识, 2018, 48（2）: 288-297.

⑦ 陶威, 刘平峰. 基于价值共创共享的信息服务生态系统协同机制研究［J］. 科技视界, 2016（18）: 59, 73.

消费者在直接交易中的联合行动①。姚鹏（2018）认为价值共创的核心是消费者间的互动、分享和相互影响，表现为消费者参与品牌价值创造活动中的相互交流、信息分享以及参考其他消费者推荐进行购买决策的意愿②。巫月娥（2019）认为满足消费者日益个性化的需求是基于"互联网＋大规模定制"的生产模式来实现的，企业尝试与顾客在定制中通过品牌价值共创达到企业与顾客的双赢③。

（二）关于品牌价值的研究

随着我国经济的不断繁荣和企业的营销理念以及营销策略的不断发展，从消费者视角研究品牌价值理论越来越备受关注。我国学者范秀成、冷岩（2000）认为品牌价值是品牌在消费者中的反映，通过消费者对品牌购买的忠诚度进而体现品牌价值④。李友俊、崔明欣（2005）认为品牌反映的是企业与其他竞争者、企业与消费者的关系，这种关系的品牌实力是品牌价值的本质⑤。韩旭（2014）认为品牌价值不仅取决于企业，更取决于消费者的认可和青睐，是企业与消费者一系列综合互动作用的结果⑥。许静（2020）认为品牌价值直接体现了企业的核心竞争力，品牌价值越高则说明企业核心竞争力越强，同时，企业竞争力的提升与品牌价值的提升呈正比关系⑦。不同学者对消费者参与品牌价值共创有不同的界定。李朝辉（2014）指出消费者参与价值共创的过程即为消费者积极参与企业产品研发、生产、销售等方面的互动交往过程⑧。卜庆娟、金永生等（2016）提出顾客参与价值共创是主要通过虚拟品牌社区这一互动平台，顾客与企业通过互动来实现共创价值⑨。王玖河、刘琳（2017）从企业和顾客两个角度对价值共创的结果进行了研究，得出了价值共创行为对顾客感知价值和顾客忠诚度的影响及两者之间的关系⑩。朱良杰、何佳讯等（2018）认为品

① 吴瑶，肖静华，谢康等 . 从价值提供到价值共创的营销转型——企业与消费者协同演化视角的双案例研究［J］. 管理世界，2017（4）：138–157.
② 姚鹏 . 农业品牌真实性和网络口碑对顾客价值共创意愿的影响［J］. 安徽农业科学，2018，46（34）：215–220.
③ 巫月娥 . 顾客参与价值共创对顾客忠诚的影响——基于互联网＋大规模定制模式的研究［J］. 重庆邮电大学学报（社会科学版），2019，31（2）：101–109.
④ 范秀成，冷岩 . 品牌价值评估的忠诚因子法［J］. 科学管理研究，2000（5）：50–56.
⑤ 李友俊，崔明欣 . 品牌价值构成及灰色评估［J］. 商业时代，2005（24）：47–48.
⑥ 韩旭 . 品牌价值评估方法的改进与案例研究［D］. 西南交通大学，2014.
⑦ 许静 . 中小企业品牌价值评价标准体系研究［A］. 中国软科学研究会 2019 年中国软科学文集［C］.2020：14.
⑧ 李朝辉 . 虚拟品牌社区环境下顾客参与价值共创对品牌体验的影响［J］. 财经论丛，2014（7）：75–81.
⑨ 卜庆娟，金永生，李朝辉 . 虚拟品牌社区顾客价值共创互动行为的测量及验证［J］. 当代财经，2016（5）：76–86.
⑩ 王玖河，刘琳 . 顾客参与价值共创机理研究——基于结构方程模型的量化分析［J］. 企业经济，2017（2）：73–81.

牌拟人化能够更有效地促进消费者价值共创意愿[①]。纪雪洪等（2018）通过燃油汽车和电动汽车的产品偏好实验发现，产品微小属性与品牌评价具有相关性[②]。吕玉明（2019）认为品牌与消费者进行社会互动有利于品牌成长[③]。在分析消费者参与品牌价值共创的研究中，还有文献分析了享乐价值以及奖励活动对品牌价值具有显著影响。

从总体来看，国外学者对价值共创的研究相比国内学者更早一步，涉及的范围也较为广泛，"价值共创"这一概念也被大多数国内学者作为研究点，使消费者价值创造内涵不断丰富。在消费领域的共创价值研究中，消费领域共创价值集中表现在品牌社群中的价值创造，而且消费者参与品牌价值创造对品牌影响及其研究路径也是更加多样化。但现有国内文献关于消费者参与品牌价值创造领域的研究少有涉及，而价值创造又影响品牌成长，因而探究消费者参与农产品品牌价值共创就显得极其有意义。

二、研究假设

新生代的消费者不但追求高质量的生活，也对好的产品更加充满需求，并愿意为其埋单，因而企业中的"以消费者为中心"的经营理念变得越来越重要。新时代下的价值创造模式强调企业和消费者共同创造的是体验价值，对每位消费者来说，他们不再仅仅是关注拥有的农产品，更关注自己的体验价值及消费过程的价值创造。以消费者为中心要求企业从消费者出发，竭力为消费者创造价值，得到消费者的认同。通过消费过程建立消费者与企业、消费者与农户、企业与农户的直接联系，形成消费者与生产者的共同协作。例如"宁夏百瑞源枸杞"，作为枸杞行业的领军品牌，其以"为客户创造"为奋斗目标，"好枸杞可以贵一点"为品牌定位，来吸引消费者消费商品和互动，为实现品牌价值共创提供了物质基础。

当今时代，用户参与价值创造的重要途径即是参与社群互动。社群互动可以通过互联网与企业以及其他消费者群体建立直接的互动联系，由此形成了一个在线品牌社群。在线品牌社群中，顾客往往通过微信群、QQ群、论坛、贴吧等形式来发表其对品牌农产品的见解以及购买产品时的经验，使其他消费成员能够获取更多的品牌知识。社群中其他消费成员则通过参与回复主贴或群聊的

① 朱良杰，何佳讯，黄海洋.品牌拟人化促进消费者价值共创意愿的机制研究［J］.管理学报，2018，15（8）：1196-1204.
② 纪雪洪，张思敏，杨一翁，童泽林.产品微小属性对品牌评价的影响：基于产品核心价值视角［J］.预测，2018，37（5）：15-21.
③ 吕玉明.基于消费者社会互动的中小企业品牌成长策略研究［J］.商业经济研究，2019（24）：120-122.

方式来回答顾客所提出的问题，在反复互动的过程中逐渐熟悉产品自身的价值以及产品的不足，共同体验消费乐趣。长此以往，既有利于让企业了解消费者、基于消费者的个性化需求进行产品改造，也有利于消费者自我价值得到提升从而提高其参与企业价值共创的意愿。以"江小白"公司为例，它的独特之处就在于制作广告文案、在线投放广告以及制作海报等一系列宣传活动，让广大消费者了解该产品，从而引起消费者的共鸣，通过建立在线品牌社群，使社群中的成员能够积极参与到品牌活动中来，与企业共同创造价值。本书认为消费者参与品牌价值共创产生影响的因素有：产品特性、互动特性、享乐价值以及奖励活动。

品牌的产品特性可以影响消费者参与品牌价值创造。消费者在选择购买硒砂瓜时，通常以质量和品牌作为一定的判断准则，当宁夏硒砂瓜品牌得到消费者的认可时，就可以引起消费者的持续购买愿望，甚至是参与宁夏硒砂瓜品牌价值共创的意愿。消费者希望通过参与价值创造，可以提升宁夏硒砂瓜的品牌价值，从而实现自身满足感以及利益最大化。

H1：产品特性和消费者参与价值共创呈正相关关系。

消费者的互动特性对参与宁夏硒砂瓜品牌价值共创存在正向影响，即在价值创造的过程中，消费者对交流越渴望，则对农产品品牌价值创造过程越会有更大的参与意愿。消费者通过微信、QQ、微博、绿洲、贴吧等互动交往的方式将其自身所买产品的感受分享给其他消费者、帮助其他消费者解决有关问题，从而可以结识更多志趣相投的消费者，扩大其生活社交圈。

H2：互动特性和消费者参与价值共创呈正相关关系。

消费者的享乐价值对参与品牌价值共创有一定的正向影响，当消费者在参与品牌价值创造的过程中，消费者所感受到的享乐喜悦感越剧烈，自我满足感越强，其参与品牌价值创造的意愿也越强烈。就比如当消费者通过参与品牌价值创造活动时，其能获得以前可能从未拥有的自我价值感，这种感觉越强烈，消费者就会更乐意参与品牌价值共创活动。

H3：享乐价值与消费者参与价值共创呈正相关关系。

奖励活动对消费者参与品牌价值创造的意愿也存在一定的影响。即在价值创造过程中，通过现金、实物、折扣等奖励机制会使消费者参与品牌价值创造活动的意愿更加强烈。因此提出以下假设：

H4：奖励活动和消费者参与品牌价值共创存在正相关关系。

三、数据问卷设计与数据来源

（一）调查对象现状

硒砂瓜是宁夏特色农产品，基地位于宁夏中部干旱带中卫市，独特的自然气候和光热条件孕育了宁夏硒砂瓜特色农产品品质。据中卫市政府颁布的《中卫市硒砂瓜品质品牌保护提升三年（2019—2021年）行动方案》资料："截止到2018年，全市硒砂瓜种植面积87.9万亩、建设万亩富硒小产区6个，硒砂瓜总产量达136万吨，实现销售收入18亿元，主产区人均来自硒砂瓜产业的收入近万元，惠及全市干旱山区141个村28万人。"在未来发展中，中卫市将硒砂瓜产业作为"一带两廊"建设和实施乡村振兴的核心产业，提出发展富硒产业，打造"中国塞上硒谷"的发展目标。本节将以中卫硒砂瓜消费者为调查对象，针对中卫硒砂瓜区域品牌建设进行研究。

（二）调查问卷设计

在调查问卷的第二部分，选取了50份问卷作为调查样本。通过大量的文献阅读，以产品特性、互动特性、享乐价值和奖励活动作为测量维度，分析消费者参与价值共创影响因素的重要程度，制定了表5-21。

表5-21　问卷测量维度及选项

测量维度	测量题项
产品特性	您觉得宁夏硒砂瓜质量安全，无污染
	您觉得宁夏硒砂瓜品牌知名度比较高，品牌值得信赖，并愿意成为该品牌的忠实顾客
	您觉得宁夏硒砂瓜品牌口感独特
	购买硒砂瓜时您能很快认出宁夏硒砂瓜品牌
互动特性	您很乐意参与宁夏硒砂瓜品牌价值创造活动，与其他消费者共创价值
	您觉得通过参与宁夏硒砂瓜品牌价值创造活动，您可以把购买硒砂瓜的经验分享给其他消费者
	您觉得通过参与宁夏硒砂瓜品牌价值创造活动，您可以帮助其他消费者解决有关问题
享乐价值	您觉得通过参与农产品品牌价值创造活动，能够实现自身价值的提升
	您觉得在参与宁夏硒砂瓜品牌价值共创过程中，获得喜悦和放松的感觉
奖励活动	您觉得通过参与宁夏硒砂瓜品牌价值共创，可以得到现金等奖励
	您觉得通过参与宁夏硒砂瓜品牌价值共创，价格合理，优惠多
	您觉得通过参与宁夏硒砂瓜品牌价值共创，可以直接获得更多的实物奖赏

（三）数据来源

本次调研主要采用问卷形式通过线上收集资料，调查问卷全部以选择题形式出现，问卷的内容分为两个部分：第一部分为消费者基本信息统计调查，第二部分为消费者参与品牌价值共创影响因素调查。本节研究的调查样本对象是有可能参与或已经参与过宁夏硒砂瓜品牌价值创造的消费群体，通过制作调查问卷，进行在线发放和回收问卷。发放问卷共计 128 份，其中 6 份为无效问卷，122 份为有效问卷，回收率为 95%。本研究中，我们通过采用匿名调查，保障数据的真实性及可靠性。

问卷第一部分描述了消费者个人基本信息，包括性别、年龄、所在地区、职业、月平均收入以及受教育程度，具体数据如表 5-22 所示。在 122 个调查样本中，男性有 48 名，占总样本的 39.4%；女性有 74 名，占总样本的 60.6%。

表 5-22　样本基本情况统计特征分析

样本描述	分类	样本数量	比例（%）
性别	男	48	39.4
	女	74	60.6
年龄	18 岁以下	11	9.1
	18~25 岁	70	57.3
	26~35 岁	18	14.7
	36~45 岁	13	10.7
	46 岁以上	10	8.2
所在地区	市区	22	18
	县城	50	41
	农村	50	41
职业	在校学生	67	55
	公务员	10	8.2
	企业单位人员	13	10.6
	个体户	13	10.6
	其他	19	15.6
月平均收入（元）	1000 以下	61	50
	1000~2000	17	14
	2000~3000	14	11.5
	3000~4000	17	14
	4000~5000	8	6.5
	5000 以上	5	4
受教育程度	高中及以下	18	14.8
	专科	35	28.7
	本科	60	49.2
	研究生及以上	9	7.3

在年龄分布上，年轻的消费者占大多数，年龄在 18 岁以下受访者有 11 人，占总样本数的 9.1%；18~25 岁的受访者有 70 人，占总样本数的 57.3%；26~35 岁的受访者有 18 人，占总样本数的 14.7%；36~45 岁的受访者有 13 人，占总数的 10.7%；46 岁以上的受访者有 10 人，占总数的 8.2%。在地区方面，来自市区的人数有 22 人，占样本总数 18%；来自县城和农村的人数均为 50 人，各占样本总数的 41%。在职业分布上，在校学生有 67 人，占比最高，占样本总数的 55%；公务员有 10 人，占样本总数的 8.2%；企业单位人员和个体户都有 13 人，各占 10.6%；其他职业人员有 19 人，占样本总数的 15.6%。在月平均收入方面，1000 元以下就有 61 人，占样本总数的一半；1000~2000 元的有 17 人，占样本总数的 14%；2000~3000 元的有 14 人，占样本总数的 11.5%；3000~4000 元的有 17 人，占样本总数的 14%；4000~5000 元的有 8 人，占样本总数的 6.5%；5000 元以上的仅有 5 人，占样本总数的 4%，由此可见当前消费者收入还存在明显差异。在受教育程度方面，本科学历居多，有 60 人，占比为 49.2%；其次是专科有 35 人，占比为 28.7%；高中及以下有 18 人，占样本总数的 14.8%；最后是研究生及以上学历有 9 人，占比为 7.3%。

（四）信度与效度分析

1. 信度分析

信度分析即可靠性分析，它是指采用同一种方法对同一个对象反复测量时所得结果的一致性程度，也即组成李克特量表题项的一致性程度是否可以体现。α 信度系数法是目前信度分析法中最常用的信度系数，即通过内在一致性系数进行检验，通常认为信度系数越大，表示测量的可信程度越大。α 信度系数在 0.60~0.65（最好不要），0.65~0.70（最小可接受值），0.70~0.80（相当好），0.80~0.90（非常好）。由此，一份信度系数好的量表或问卷，总量表的 Cronbach's α 系数高于 0.80 是最好的，在 0.70~0.80 相对来说可以接受；分量表的 Cronbach's α 系数在 0.70 以上最好，0.60~0.70 可以接受。若总量表的信度系数低于 0.80 或者分量表的内部一致性系数低于 0.60，则应当考虑重新制订量表或选择增删题项。本研究通过统计分析软件 SPSS19.0 对各变量的测量题项进行信度分析，得到总量表的信度系数为 0.913，整体信度十分可信，分量表的信度系数都在 0.9 以上。通过表 5-23 可以看出，本次调查问卷的测量题以及所选变量具有较好的一致性、可靠性以及较高的质量。

2. 效度分析

效度分析是指尺度量表达到测量指标准确程度的分析，实则就是对问卷样本数据测量质量的一种分析方法。效度分析的方法很多，其中因素分析是效度分析的最理想的方法。因此，通常采用因素分析法对问卷结构的有效性进行检

表 5-23 各变量信度系数分析

变量	题项	Cronbach's α 系数
产品特性	Q2	0.907
	Q3	0.901
	Q4	0.903
	Q5	0.911
互动特性	Q1	0.904
	Q6	0.908
	Q7	0.908
享乐价值	Q8	0.904
	Q9	0.901
奖励活动	Q11	0.911
	Q10	0.901
	Q12	0.911

验，分析之前需使用 KMO 样本度量以及巴特利特球形度检验值进行测量，以便检验样本数据是否适合使用因素分析法分析。当 KMO 检验系数 >0.5 且巴特利特球形度检验显著性概率 P 值 <0.05 时，则说明样本数据十分适合进行因素分析。本研究运用统计软件 SPSS19.0 分析得到，样本总体 KMO 检验系数为 0.761>0.5，P 值为 0.000<0.05，符合检验要求，适合进行因素分析。结果如表 5-24 所示。

表 5-24 KMO 和 Bartlett 球形度检验

取样足够度的 Kaiser–Meyer–Olkin 度量		0.761
Bartlett 球形度检验	近似卡方	369.770
	df	66
	Sig.	0.000

四、数据分析及假设结果检验

（一）主成分分析

基于以上检验分析，本研究采用主成分分析法提取因子，同时利用最大方差法对各因子进行正交旋转，总共提取了 4 个因子的特征值大于 1 且解释总体变量为 77.073%（见表 5-25），说明这 4 个因子可以作为显著性因子进行分析。

从表 5-25 中我们可以看出因子一在品牌、质量、口感三个题项上的特征值都大于 0.5，这三个题项反映产品特性，因此将该因子命名为产品特性；因子二在参与活动、经验分享、解决问题三个题项上的特征值都大于 0.5，这三个题项反映互动特性，因此将该因子命名为互动特性；因子三在提升自身价值与获得喜悦感觉两个题项上的特征值都大于 0.5，这两个题项反映享乐价值，因此将该因子命名为享乐价值；因子四在现金、优惠、实物奖励三个题项上的特征值都大于 0.5，这三个题项反映奖励活动，因此将该因子取名为奖励活动。

表 5-25　总方差解释表

成分	初始特征值			提取平方和载入			旋转平方和载入		
	合计	方差的 %	累积 %	合计	方差的 %	累积 %	合计	方差的 %	累积 %
1	6.381	53.178	53.178	6.381	53.178	53.178	2.699	22.493	22.493
2	1.134	9.450	62.628	1.134	9.450	62.628	2.514	20.954	43.446
3	0.990	8.250	70.878	0.990	8.250	70.878	2.212	18.437	61.883
4	0.743	6.195	77.073	0.743	6.195	77.073	1.823	15.189	77.073

在表 5-26 中，第一列代表每个题项的名称，每一行代表一个题项与每个提取的因子的对应关系，若每一分析项对应的"因子载荷系数"绝对值在 0.4 以上，则说明该题项与该因子有关联。

表 5-26　旋转成分矩阵

名称	成分			
	产品特性	互动特性	享乐价值	奖励活动
Q2	0.883	0.227	0.056	0.024
Q3	0.668	−0.040	0.303	0.312
Q4	0.662	0.276	0.165	0.367
Q5	0.602	0.492	0.388	0.073
Q1	0.104	0.872	0.101	0.140
Q6	0.260	0.698	0.299	0.309
Q7	0.254	0.657	0.262	0.478
Q8	0.178	0.234	0.861	0.082
Q9	0.177	0.148	0.836	0.259
Q11	0.480	0.463	0.494	0.519
Q10	0.104	0.389	0.152	0.830
Q12	0.477	0.151	0.254	0.656

在第 1 个主因子产品特性中，Q2、Q3、Q4、Q5 变量均有较大因子载荷系数，分别为 0.883、0.668、0.662、0.602，这一情况说明了产品特性与这四个因素的相关关系都很强，但与其他因素关系不大，即在消费者参与宁夏硒砂瓜品牌价值创造的影响因素之一的产品特性中，我们应尽量提升宁夏硒砂瓜的品牌知名度，提高产品的质量、安全性以及口感度。

第 2 个主因子主要由变量 Q1、Q6、Q7 组成，它们作用在第 2 个因子上的载荷较高，分别是 0.872、0.698、0.657。这三个指标主要反映了在消费者参与品牌价值创造活动过程中，不但要注重经验分享，同时更要重视解决问题。

从第 3 个主因子中的各种变量关系上看，只有变量 Q8、Q9 的因子载荷系数均大于 0.4，分别为 0.861、0.836，它们主要反映了消费者参与创造活动的价值及其感觉对品牌价值共创具有较大的影响。因此，提升消费者自身价值，让消费者获得喜悦之感是使消费者乐于参与农产品品牌价值创造的重要一环。

从第 4 个主因子中的各种变量关系上看，第 4 个主因子主要由 Q10、Q11、Q12 三个变量所决定，它们作用在第 4 个主因子上的载荷分别是 0.830、0.519 及 0.656。这三个指标从不同的角度反映了奖励活动在消费者参与宁夏硒砂瓜品牌价值共创中的重大作用。因此，要想提高消费者参与宁夏硒砂瓜品牌价值共创的意愿，就必须加大奖励投入。

（二）相关性分析

相关分析是指对两个或多个具备相关性的变量元素进行分析，从而衡量两个变量因素的相关密切程度。本节采用的是 Pearson 相关分析法，相关分析一个重要指标是显著性，显著性显示为 0.000 时，说明 P<0.05，有线性关系；另一个重要指标是相关系数 r，用来检验各个变量之间的密切程度，r>0 代表两变量正相关，r<0 代表两变量负相关。其中，当 |r| 大于等于 0.8 小于 1 时，可以认为两变量间呈高度相关关系；|r| 大于等于 0.5 小于 0.8 时，可以理解成两变量存在中度相关关系；|r| 大于等于 0.3 小于 0.5 时，即认为两个变量是低度相关关系；当 |r| 小于 0.3 时，两个变量总体之间无相关关系。本研究通过 SPSS19.0 统计分析工具对各变量进行相关性分析，其结果如表 5-27 所示。

由表 5-27 可知，产品特性、互动特性、享乐价值、奖励活动四个变量的相关系数都在 0.5~0.8，从而表明产品特性对互动特性（r=0.626）、享乐价值（r=0.640）、奖励活动（r=0.571）具有显著正向影响；互动特性对产品特性（r=0.626）、享乐价值（r=0.668）、奖励活动（r=0.628）均具有显著正向影响；享乐价值对产品特性（r=0.640）、互动特性（r=0.668）、奖励活动（r=0.731）具有显著正向影响；奖励活动对产品特性（r=0571）、互动特性（r=0.628）、享乐价值（r=0.731）具有显著正向影响。

表 5-27　变量的相关系数

		产品特性	互动特性	享乐价值	奖励活动
产品特性	Pearson 相关性显著性（双侧）	1			
互动特性	Pearson 相关性	0.626**	1		
	显著性（双侧）	0.000			
享乐价值	Pearson 相关性	0.640**	0.668**	1	
	显著性（双侧）	0.000	0.000		
奖励活动	Pearson 相关性	0.571**	0.628**	0.731**	1
	显著性（双侧）	0.000	0.000	0.000	

注：** 表示在 0.01 水平上显著相关。

（三）数据分析结论

通过对统计资料的整理和消费者参与品牌价值共创的相关性分析以及效度分析，得出以下结论：

表 5-28　研究假设验证

研究假设	相关关系	判断
产品特性	产品特性与消费者参与价值共创存在正相关关系	成立
互动特性	互动特性与消费者参与价值共创存在正相关关系	成立
享乐价值	享乐价值与消费者参与价值共创存在正相关关系	成立
奖励活动	奖励活动与消费者参与价值共创存在正相关关系	成立

1. 产品特性与消费者参与价值共创存在正相关关系

一般来说，产品特性越是鲜明，消费者对产品的认可度就越强烈。消费者在购买硒砂瓜时，通常将产品的质量和品牌作为一定的判断准则。比如，宁夏硒砂瓜在初期上市时，因其皮薄、瓜瓤甜脆嫩爽等特性赢得了消费者的青睐，使得其在短时期内就享誉全国。近年来，由于瓜农单纯追求产量，在硒砂瓜生长期内增施化肥，导致品质下降、价格下调，形成滞销局面。

2. 互动特性与消费者参与价值共创存在正相关关系

消费者购物大多都带有主观因素，消费者对产品特性的了解度越低，他们就越不乐意参与宁夏硒砂瓜品牌价值共创的活动之中。因此，应加大广告宣传力度，提高宁夏硒砂瓜的知名度，增强消费者认知度，提高消费质量。

3. 享乐价值与消费者参与价值共创存在正相关关系

如果消费者购买硒砂瓜仅仅只是想满足自己的生活需求，而不是通过购买硒砂瓜去提升自身的价值，以及向其他消费者分享自己的购买经验，帮助其他消费者解决问题，从而提升互动特性，获得享乐价值，那么他们将不会考虑是否乐意参与宁夏硒砂瓜品牌价值创造的活动之中；反之，当消费者将对宁夏硒砂瓜的消费作为一种生活品质提升的象征时，那么宁夏硒砂瓜才能成为一种真正的知名品牌，从而获得消费者的认知感，使该消费成为追求高品质生活的象征之一。

4. 奖励活动与消费者参与价值共创存在正相关关系

硒砂瓜与其他耐用消费品、快速消费品、生产性产品在消费或使用方式、参与方式、参与便利性以及奖励机制等方面都有所不同，如果购买硒砂瓜时获得的奖励相对较低，则消费者参与品牌价值共创的意愿也就越低；反之，当奖励等互动活动搞得有声有色时，消费者参与度就会越高，消费活动就会频繁，参与价值共创的意识会得到极大的开发，从而真正意义上实现价值共创。

五、对策建议

基于影响消费者参与宁夏硒砂瓜农产品品牌价值共创因素的实证结果，表明了产品特性、互动特性、享乐价值和奖励活动四个因素对消费者参与品牌价值共创意愿的影响较为显著，因此企业可以通过一定方式有的放矢地刺激消费者参与，以便可以有效提高消费者参与宁夏特色农产品品牌价值创造的意愿。综合以上几方面论述，本节现提出以下对策，可以更好地为企业与消费者带来利益。

（一）适当提升产品特性以提高消费者参与品牌价值共创的意愿

近几年，硒砂瓜产量持续上升，种植技术水平也在不断提高，大多数瓜农为了短期增加自身经济利益，大量施用化学肥料，虽然产量在一定程度上有所上升，但产品质量却呈下滑趋势，影响了宁夏硒砂瓜品牌所独有的特色。而农产品的质量及品牌一直是消费者关注的重心，因此要提高消费者参与价值创造的意愿，首先要做好硒砂瓜产地对品牌的保护，保持硒砂瓜香甜脆嫩、无茎籽少等产品特性，禁止瓜农种植嫁接的瓜苗，始终做好宁夏硒砂瓜品牌特性的保护工作；其次要做好硒砂瓜品牌的传播与推广，由于宁夏受地域局限，宁夏硒砂瓜在区内知名度较高，而在区域外知名度低，硒砂瓜品牌要寻找更有效的传播沟通方式，不断向消费者传达特征信息，从而提高硒砂瓜品牌价值和知名度，让消费者都能熟知硒砂瓜品牌；最后政府要鼓励瓜农继续种植种子西瓜，加强农业生产投入品的使用管理，保证产品质量和安全性，从而提升产品特性，达到品牌共创价值。

（二）通过开展线下活动，使消费者自由互动

现在的消费者，敢于尝试新鲜事物，对有趣的内容拥有强烈的好奇心和参

与的欲望。本章实证分析结果表明：消费者的互动特性对消费者参与价值共创行为有显著影响。因此，企业要抓住当下消费人群的这一心理特征，将品牌价值创造活动延伸到线下，和消费者近距离接触，让消费者更方便地参与到活动中，进行自由的互动沟通、信息分享和不断完善品牌价值。同时，这种具有一定挑战性的活动也能激发消费者的胜负欲，吸引他们参与进来，使消费成员之间对品牌达成共识，进而产生共同创造价值的动力。

（三）提升自身价值促进消费者的享乐价值

大多数消费者认为硒砂瓜并不是生活中的必需品，所以他们在购买硒砂瓜时仅仅只是为了满足自己的生活需求，而不是通过购买硒砂瓜去提升自身的价值，获得喜悦感和放松感。但通过前面实证分析，享乐价值与消费者参与价值共创存在正相关关系。作为季节性消费产品的硒砂瓜的营销必须要让消费者产生强烈的购买欲望，因此，要想让消费者乐意参与硒砂瓜品牌价值创造活动，就必须先改变其消费观念，通过互联网平台以及其他途径帮助消费者发现自身能力以及提高自我效能的信心，从而通过品牌价值创造活动提升消费者自身价值。

（四）加大奖励活动的投入以刺激消费者参与的积极性

俗话说："得消费者得天下。"在这个"以消费者为中心"的时代，消费者自然是营销的重中之重。现在，高度碎片化的信息不断分散着大众的注意力，能够引发他们注意力的大多是和自己有关的内容。大多数受访者都表示购买硒砂瓜一部分原因还是产品价格低廉，并且能获得现金奖励、实物奖励等优惠。随着网络经济时代的发展，积分奖励制度起着越来越重要的作用，除了有着重要的价值，对于品牌来说，在与消费者间建立更好的联系方面也有着巨大潜力。因此，企业可以通过采取积分奖励制度、现场抽奖活动等不同措施加大奖励活动的投入以激励消费者参与品牌价值创造的意愿，从而达到价值共创目的。

本研究通过对价值共创理论的阐述，并运用 SPSS19.0 统计软件工具对消费者参与宁夏硒砂瓜品牌价值共创实证分析，得出以下结论：①通过引入消费者参与品牌价值共创理论，研究了影响消费者参与宁夏硒砂瓜品牌价值共创的因素，通过因子分析，验证了产品特性、互动特性、享乐价值以及奖励活动对消费者参与价值共创活动有一定的影响。②通过消费者参与宁夏硒砂瓜品牌价值共创影响因素的实证分析，提出消费者参与宁夏硒砂瓜品牌价值共创发展对策。通过探究消费者参与价值创造的有关问题，一方面可以帮助宁夏硒砂瓜企业改进品牌营销战略，提高宁夏硒砂瓜品牌的市场竞争力；另一方面也可以使有关政府机构加大硒砂瓜市场监管力度，改善宁夏硒砂瓜品牌市场现状。

　　本节主要是利用调查问卷得出的数据进行实证分析以及通过阅读大量文献，得出影响消费者参与品牌价值共创的四个因素，分别为产品特性、互动特性、享乐价值和奖励活动。由于对相关知识的理解不到位以及自身经验欠缺，致使撰写本节时存在很多不足。通过线上发放问卷进行调查时，仅收集到100多份有效问卷，数量相对较少，会使结论具有一定片面性。本节只对有可能参与或已经参与过宁夏硒砂瓜品牌价值创造的消费群体进行了研究，对于没有参与过宁夏硒砂瓜品牌价值共创的消费者未进行分析。

第六章

农产品区域品牌营销与政策建议

第一节　农产品区域品牌营销模式

　　农产品品牌是可以将农产品环境、文化、产品以及农产品形象统一的内部营销资源，农产品品牌就是农产品的名片、农产品的营销理念，是农产品针对目标顾客的外显性的资源，在农产品营销资源中具有重要地位，构建基于传统文化和区域文化相融合的农产品形象。英国的克莱纳和迪尔洛夫从企业文化的角度指出，文化是品牌之间最有力的连接。"终极品牌之所以能够经受住时间的考验，并不是因为广告的花费、良好的公关或是不断的促销，而是因为根植于品牌之后的文化力量。对于许多终极品牌来说，企业文化已经与品牌紧密地联系在一起。"显然，单纯的品牌传播是乏力的，需要一定的农产品文化底蕴。打造能够市场化的产品，形成能够被顾客接受和购买的产品；探索适合农产品销售的营销模式，从现代营销理念视角销售产品；探索农产品区域品牌传播的策略，让农产品不仅"特优"，而且更要"畅销"。

一、找出农产品区域品牌的营销痛点

（一）农产品品牌主体之痛

　　农产品品牌运营的主体是谁？这个问题一直困扰着农产品经营领域和学术界。农产品品牌运营主体是指在农产品品牌营销过程中承担品牌运营、管理、监督等责任的组织或个人。对于工业品牌来说，品牌产权清晰，责任明确，品牌运营主体较为清楚。但对于农产品来说，由于经营分散、品类众多、管理难度高，需要清晰界定农产品品牌运营主体，才能有效促进农产品品牌营销。从研究层面来看，政府主体论者认为，农业企业不能完全通过市场机制运营区域

品牌，"只有通过政府的引导才能完成区域品牌整合、规范企业行为，最终走向合作发展的路径"①。多元主体论者认为："农户、农业企业和农业专业协会作为农产品品牌化直接责任主体，承担农产品品牌建设与管理责任，政府、消费者和社会公众组织作为间接责任主体，是农产品品牌化重要补充力量。"②从理论上被大多数研究所认可，政府作为政策制定者和产业规划者有责任引导产业发展，为农产品品牌运营提供良好的市场环境和政策环境，促进农产品区域品牌的发展。行业协会或合作组织对上承接政府行业管理职能，对下有运营品牌的能力和动力，承担品牌运营、策划、品牌保护和传播的责任。农业企业作为农产品企业品牌的主体，承担农产品基地建设、企业品牌属性打造、品牌形象传播和运营的责任。农户则按照农产品品牌质量要求规范生产，提供合格农产品获取种植收益，作为消费者和社会公众承担市场监督和舆论监督责任。但从实际运营来看，由于各地区市场环境、经济发展水平不同，政府所起的作用不同，农产品品牌运营主体各有不同。如中宁枸杞区域品牌由中宁县枸杞产业办公室持有和运营，硒砂瓜由中卫市富硒产业发展领导小组办公室运营，在农产品品牌运营初期政府在产业规划、政策扶持、资金扶持方面打造品牌具有重要价值，但在进一步运营过程中，如果不积极培育行业协会或农产品合作组织，政府在品牌运营、品牌传播以及行业利益分配方面深陷其中，难以做好市场裁判的作用，这将成为今后宁夏农产品品牌运营的痛点。

（二）产品整体之痛

营销大师菲利普·科特勒认为，产品不仅仅是产品本身，包括产品实体和服务。农产品是不是产品？这个本应该在农产品市场销售时已经解决的问题，在今天依然是一个问题。相对于市场上销售的众多产品，农产品还停留在地产销售、产品包装的层次上，如何将农产品分类，如何将按照市场标准生产，如何按照顾客需求定制；等等，换句话说就是如何将农产品作为一个现代的产品在市场上销售并进行规划的营销运作，而不仅仅是作为区域特产。虽然基于长期历史文化原因或区域地理因素，部分特产在区域内或国内具有一定的知名度，但这离市场运营的长销单品还有一定的距离。一些特色农产品深加工不够，长期只能卖资源。从营销角度来看，这些特色农产品特色过度，受众过小；或者受气候条件或地理条件的制约产品范围小、生产量有限等，这恰恰是众多农产品销售的制约条件。娄向鹏在《大特产——让地方特产卖遍全国》一书中提出特产想做大，产品要"四化"，即口味普适化、形态快消化、传播时尚化、价值健康

① 王军，李鑫.区域特有农产品品牌整合的政府行为研究——以长白山人参品牌为例［J］.农业经济问题，2014，35（5）：21-26.
② 王仁强，徐杰.农产品品牌化责任主体职责研究［J］.农业经济与管理，2018（3）：19-26.

化①，这具有较大的参考价值。因此，挖掘农产品的营销卖点，打造市场需要的产品并成为市场长销产品是重中之重，这也是当前农产品销售的痛点所在。

（三）农产品市场细分之痛

伴随着现代市场竞争，市场营销经历了以企业为中心的时代、以顾客为中心的现代营销时代，发展到今天的营销3.0时代，消费者更多地参与到产品营销过程中，价值共创已成为市场营销的趋势。但对于众多农产品来说还没有同步进入新的时代，众多农产品还是立足于追求产品特色和顾客利益至上，产品品种较为单一，市场表现为同质化竞争，各种替代品和模仿品不断出现。农产品通过什么方式塑造品牌形象、满足消费者的心理需要等还做得远远不够，尤其是农产品市场细分和市场定位工作还没有深入推进，如何发现新的细分市场、如何满足潜在顾客的需求、如何找到属于农产品的市场位置和满足消费者的心理诉求等工作还需要更为深入的探索。

（四）服务供应链之痛

农产品营销不仅取决于农产品本身、品牌形象，支持农产品销售的服务供应链也是农产品销售的关键环节。农产品服务供应链连接农产品生产、运输、销售的上下游网络。在互联网信息技术的急速发展和经济全球化的背景下，农产品服务供应链的发展与农产品营销相互作用、相互交错，最后融合成供应链一体化组织模式。但在当前农产品营销过程中，服务供应链还停留在单打独斗的局面中，信息共享、网络组织、组织协同还没有形成，成为农产品销售的短板。

二、积极探索宁夏农产品区域品牌营销模式

在新一轮西部大开发和共建"一带一路"倡议的大背景下，宁夏农产品面临着重大的发展机遇。积极培育宁夏农产品区域品牌市场运营主体，打造出一个传承区域文化特色、个性鲜明的农产品品牌，获取市场营销优势具有重要意义。为此，应从以下几个方面着手：

1. 积极培育农产品区域品牌市场运营主体

农产品是典型的二元结构的产品，一方面基于地理、自然条件和气候特点，农产品只能在特定区域内生产，成为"特产"，经营主体分散、多样，具有公用型特点；另一方面与一般产品相同，在市场中运营的农产品由各经营主体提供，具有差异性特征。这种"公地"特征决定了政府在农产品经营和品牌建设中发挥重要作用。同时，市场特性决定了各参与主体的私有属性，积极培育农产品区域品牌市场运营主体对宁夏农产品区域品牌的长期发展具有重要意

---

① 娄向鹏. 大特产——让地方特产卖遍全国［M］. 北京：机械工业出版社，2018.

义。首先，积极发挥政府在区域品牌的导向作用。促进政府在产业规划、区域品牌扶持、区域品牌申报、区域农产品产地认证、区域农产品质量标准体系保障、农产品检测体系建设等方面发挥作用，以有效规范和建立良好的市场秩序，积极保障市场主体发挥作用。其次，积极促进行业协会和农业合作组织在农产品区域品牌建设中的市场主体作用，推动市场主体在品牌建设、市场策划、品牌保护等方面发挥作用。最后，构建以企业品牌为中心的农产品品牌体系。农产品品牌的竞争力建立在区域品牌和企业品牌上，着力培育区域品牌和企业品牌成为当务之急。在农产品产业规划中，发展方向是壮大产业规模、提高产业科技含量与附加值、优化产业结构，促进产业生态化和可持续发展。积极培育区域内龙头企业，打造具有市场竞争力的企业品牌，形成具有竞争优势的农产品品牌。

2. 明确农产品的品牌定位

农产品品牌是农产品区域整体品牌，代表着区域整体形象，具有层次性。农产品品牌体系定位，决定了农产品的发展方向，要从农产品的地理区位、历史文脉、资源禀赋以及品牌背后的价值观等诸多方面去发掘培育，这样才能培育出农产品个性。农产品品牌体系定位包括：①农产品空间定位。涉及农产品发展的地理区位、资源禀赋等方面。②农产品文化与精神定位。涉及品牌背后独特的历史与文化。③农产品功能与属性定位。这涉及产品与品牌差异。在农产品品牌体系定位中农产品功能与属性定位是核心，文化与精神定位是农产品定位的灵魂，空间定位是品牌拓展的方向。首先，根据宁夏农产品规划以及农产品品牌营销的现状，在农产品品牌传播中应围绕总体品牌来定位农产品品牌体系，挖掘黄河文化、贺兰山文化与区域文化的关系和营销资源，进行品牌塑造。其次，积极探索特色农产品私人订制的品牌定位。对于贺兰山葡萄酒、中宁枸杞等特色农产品来说，面对细分的小众客户，积极探索营销渠道，走私人订制的营销模式也是符合品牌属性和产品功能特点的营销路径。

3. 完善传统营销渠道，强化线下营销优势

传统的农产品是通过批发市场、超市等渠道进行销售，主要以走量取胜。伴随着农产品区域品牌的不断建设，农产品品牌首先是完善传统营销渠道，强化线下营销优势：第一，以某一品类的农产品为主打销售品种，完善营销渠道，实现农产品销量的提升。第二，建立特色农产品专卖店，通过区域品牌和企业品牌实现高品质农产品品类的销售。第三，在重点中心城市建立连锁店，通过店面形象展示推广品牌。第四，利用会展、博览会等方式设站台推广农产品。以上这些方式许多农产品都在积极探索，其核心在于农产品营销渠道的完善和经营。

4. 积极探索网络营销模式

网络营销是当前许多农产品都在尝试的营销模式。根据当前许多农产品成功的经验，宁夏农产品区域品牌的网络营销模式应从以下几个方面着手：第一，积极探索O2O模式，借鉴褚橙的销售经验，打造线上展示和销售、线下体验方式，有效融合线上线下销售渠道。第二，联合大电商运营平台，打造区域大电商模式。通过阿里巴巴、京东商城、拼多多商城等电商平台，借鉴甘肃成县经验，以整个县或中心城市为推广平台，打造区域大电商模式。

5. 整合农产品营销资源，积极强化农产品品牌传播策略

在以市场为导向的农产品营销战略发展中，农产品营销资源成为农产品营销活动赖以持续发展的动力基础，是农产品通过制定并实施营销战略和策略而获得营销竞争力、取得营销绩效的基础。农产品营销资源是农产品品牌营销传播最基础的层次，是建构在中心农产品营销基础上的一系列资金、人力、组织制度、相关的营销能力以及知识、信息等要素的组合。农产品品牌的传播就是将区域品牌建设中具有特色、优势和个性化的农产品及品牌内容加以整合，使农产品顾客及公众对农产品区域品牌产生积极感知。宁夏农产品品牌的传播策略也可以从以下几个方面着手：第一，形象广告传播策略。农产品的广告传播应以形象广告为主。通过对农产品独特的历史文化和营销资源的整合，提炼出能够体现农产品独特风貌的形象广告。第二，公共关系传播策略。公关传播重在向公众传播农产品的经济、社会和文化形象。因此，在传播中要从科技、文化、体育多个角度对周边农产品顾客进行传播，借助企业营销主题进行传播，以提升农产品品牌的对外公众形象。第三，网络传播策略。农产品必须大力开展网络传播渠道，整合农产品的营销资源，挖掘农产品历史文化资源信息、产业发展信息、企业品牌及产品服务信息、招商引资信息，利用现代网络渠道推广农产品区域品牌。第四，空间传播策略。在农产品建设过程中，机场、车站、风景名胜区、农产品基地等都是农产品品牌传播的重要载体。所以，应充分挖掘农产品传播渠道，传播农产品的区域品牌形象。第五，重大节事活动传播策略。农产品的品牌传播可以运用重大活动、节事进行品牌传播，带动中心农产品的品牌形象传播。

第二节　打造宁夏农产品区域品牌的政策建议

打造有较高知名度和影响力的宁夏农产品区域品牌是地方政府和企业的重要战略目标，也是实现脱贫攻坚、提升农民收入的重要路径。为此，自治区政

府先后出台了《现代农业十三五发展规划》《宁夏回族自治区农业特色优势产业发展布局十三五规划》《自治区人民政府办公厅关于加快推进宁夏特色优质农产品品牌建设的意见》《宁夏回族自治区农产品市场流通体系建设规划》等多项规划推进农产品区域品牌建设。在《自治区人民政府办公厅关于加快推进宁夏特色优质农产品品牌建设的意见》中提出的目标是 2020 年"培育农产品区域公用品牌超过 30 个，各类国家级农业产业化龙头企业及知名企业超过50 个，特色优质农产品品牌超过 100 个，农产品电商品牌超过 10 个，使我区农产品品牌价值得到大幅提升"。现在时间已经过半，能否达到预期目标，实现宁夏特色农产品区域品牌价值提升成为当务之急。在课题研究的过程中，课题组成员深入百瑞源公司、自治区葡萄酒局、枸杞种植农户、顾客中，通过重点访谈、调查问卷、实地观察等方式进行深入研究发现，特色农产品区域品牌与农户、服务供应链、政府部门以及相关服务企业密切相关，因此区域品牌需要多元主体共同打造，这一过程具有地域性、公共性的重要特征，应以行业协会、龙头企业、服务供应链企业为主体，坚持市场化运营，充分发挥政府政策支持和战略引导作用，坚持区域品牌共建共享，这样才能打造出具有宁夏地域特色，具有竞争力的区域品牌。基于研究结论，课题组提出以下政策建议：

一、加强顾客沟通，构建农产品区域品牌价值

顾客作为创造农产品区域品牌价值的重要组成部分，本课题实证了顾客与农产品区域品牌价值共创的关系。顾客在购买农产品的过程中扮演着感知者的角色，基于自身的产品体验和兴趣爱好为农产品提出一些意见或建议；同时顾客也是重要的品牌传递者，将自己对农产品的感受和认知传递给周围的人。由此应从以下几方面着手：

（1）开展市场细分，明确宁夏农产品区域品牌的目标顾客。农产品的顾客是多元的，既有本地的居民也有外来的观光游客，更有来自国际市场的顾客。因此，作为依靠区域资源优势、技术优势、文化优势建立起来的农产品区域品牌首先应将整体市场进行市场细分，切割出有明确市场特点的细分市场，然后进行选择，确定目标顾客，只有这样才能塑造出差异化的市场，进行差异化营销。

（2）加强区域特色农产品的市场定位战略设计，实现差异化营销。在当前，各地都在做特色产品的推广，如何在众多各具特色的农产品中脱颖而出，就需要区域品牌主体有效协调各种资源和力量，进行明确的市场定位，促进经济社会发展的愿景实现。

（3）积极吸纳顾客参与到农产品区域品牌创建过程中，加强顾客互动，

提升宁夏特色农产品区域品牌口碑。注重与顾客的交流和联系，通过构建通信联系、品牌社群、在线网络渠道等方式建立顾客沟通渠道，提升农产品区域品牌价值。构建网络平台，积极打造"互联网＋特色农产品品牌"计划，形成线上线下协同的销售渠道，通过网络平台提升顾客口碑，并通过网络渠道传播顾客口碑，以电子商务思维连接农产品与顾客关系。

（4）以顾客为中心加强区域品牌传播。对产品做出精确定位、扩大品牌传播是有效提升加工零售企业品牌产品营销能力和销售量的有效途径之一。加工零售企业需要根据所选目标市场的情况对自己的产品进行清晰的定位，制定合理的、符合大众购买者心理能接受的产品价格。同时，根据不同年龄、不同需求的消费者，加工零售企业制造出不同功效和作用的产品，以满足不同消费者的个性化需求，从而更容易培养出一些有价值且忠诚的消费者。此外，在提供多种类产品的同时，加工零售企业更应该充分利用资源，通过传统大众媒介（包括杂志、电视、广播、路牌等）与新型传播媒介（包括网络直播、微博、微视频等）相结合的多种方式、多个渠道对产品进行宣传，或者定期举办区域品牌农产品展销会、促销会等，加强区域品牌的传播力度，扩大区域品牌产品的影响力，深化消费者对产品的印象，强化消费者对产品的认知度，提高区域品牌知名度和竞争力，这有利于增加区域品牌农产品的销售量。单依靠各企业自己宣传和推广品牌显然不能达到理想的效果，所以也需要政府的大力支持和推广，将宁夏"六大之乡"和一批"原字号""老字号""宁字号"品牌打出去，协同宁夏三大电信运营商发送宣传宁夏特色农产品公益短信；协调央视、宁夏电视台等国内知名电视台拍摄、制作、播出宁夏特色优质农产品品牌专题片；在《今日头条》《宁夏日报》客户端等受众面广的新媒体，开展宁夏特色优质农产品专题宣传、广告宣传；在国内一二线城市、重点城市、主要旅游城市的主要公共场所和机场、高速公路等重要交通节点开展宁夏区域公用农产品品牌广告宣传、推介活动等；也可以选用政府重要人物形象进行宣传和推广；积极组织区内龙头企业、专业流通合作组织和运销大户参与国内外、区内外各类展览展销活动、贸易洽谈活动，以此展示形象，扩大影响。在政府的参与和支持下，使各方资源得到充分合理的配置和利用，使农产品区域品牌形象更加深入人心，大幅增强消费者对产品的信任感和认可度，培育壮大消费群体，可以有效提升宁夏特色农产品区域品牌的美誉度和市场竞争力，扩大市场占有率。

二、构建高效的服务供应链，共创农产品区域品牌价值

实证研究论证了服务供应链对农产品区域品牌价值共创具有显著影响，顾

客、服务供应链以及政府均对绩效产生影响，但必须通过农产品区域品牌价值共创的中介作用才能产生显著的影响。从特色农产品服务供应链整体来看，通过对区域品牌价值共创维度和路径进行规划调整，可以有效地将农产品区域品牌价值共创各维度进行优化和管理，并整合其资源，实现信息共享和共同协作，从而共同促进农产品区域品牌价值共创，有效提升绩效。从当前宁夏农产品服务供应链现状来看，其缺乏完整的农产品信息平台，从而不能为服务供应链中各主体提供可靠的数据信息；整体物流体系发展缓慢，冷链物流运输硬件设备严重缺乏；农产品种植农户与合作社的生产技术水平严重滞后，对农产品质量安全和能力的认识不足；农产品的加工转化率水平较低，对农产品质量也具有一定的影响；宁夏的冷链物流运输体系发展不够完善导致在运输途中的农产品质量有所下降。因此，本研究主要从服务供应链企业的信息服务与共享能力、资源调配与运输能力以及管理决策能力来分析，具体建议如下：

（1）完善农产品供应链信息流服务体系，提高信息服务与共享能力。当前宁夏的农产品信息网络建设不完整，导致服务供应链中各上下游主体之间沟通存在障碍，信息不能够及时传递和分享，从而严重阻碍了宁夏区域品牌农产品的贸易。因此，加强规划协调作用，以市场为导向，做好农产品市场信息的实时采集、整理和发布工作。政府和企业应加大对信息基础设施的投入，一是加快宁夏农产品信息网的建设，为农产品区域品牌价值共创服务供应链中的各主体搭建交流平台，提供实时准确的农产品市场信息，帮助农户和企业分析预测农产品产量和价格等发展趋势，加深各主体对市场的把控程度，提高各主体对市场状况的反应能力。二是推进物流企业信息平台的建设，鼓励物流企业通过自主开发、系统租赁、委托开发等方式构建企业物流信息系统，并与整个服务供应链中其他上下游主体的信息系统实现无缝对接，做到本企业物流信息、仓储情况及时汇报，掌握本区域生鲜农产品的实时产销情况，有效收集、存储、分析、传递信息，将物流资源、物流需求信息有效匹配，与上下游主体实现资源共享、互联互通、协同发展。另外，力争与客户之间实现信息对接，及时接收客户的请求，满足客户对订单数量和配送时间的要求，从而更加精准无误地为客户服务，不但可以提高物流运输效率，还有利于提高订单完成率，提升消费者的满意度；同时有利于构建农产品质量安全追溯体系，实现"生产有记录、信息可查询、流通可追溯"。以此，提升服务供应链中各主体信息服务与共享的能力。

（2）完善冷链物流基础设施设备，提高资源调配与运输能力。冷链物流设施设备的配备数量和分布情况反映着一个区域的物流运输能力和配送能力，影响着该区域生鲜农产品和农业经济的发展。宁夏地处西北内陆，交通条件、经济发展较为滞后，先进的冷链物流设备较为缺乏，严重影响该区域农产品运输工作。因此，各物流企业需要增加对冷链物流方面运输设备的资金投入，提高冷链物流设备采购、检修以及更新等方面的投入力度，同时需要提高冷链物流设备的质量与使用率。并购置满足需求的、具备信息化的温控集装箱和相应数量的运输车辆，以保证并满足宁夏当前农产品对冷链运输设备的需求，提高设备在冷链物流运输途中的作用和物流运输能力，从而降低运输途中农产品的腐损率，提高配送效率，保障农产品鲜活率。此外，可以积极借鉴国内外先进经验，积极筹建涵盖全市的农产品冷链物流中心，实现农产品的统一采购和配送，通过构建农产品冷链物流行业的龙头企业和大物流网络，实现农产品产销的有效对接，合理布置和构建冷链物流中心，提高全省农产品的鲜活率，提升企业资源调配和运输能力，促进农产品区域品牌的发展和构建，进一步提升区域品牌价值。

（3）发挥农户与合作社在农产品服务链中的关键作用，保证农产品质量。区域品牌农产品主要依靠农户与合作社来提供，农户在整个服务供应链中是一个重要的起点，是初级农产品质量安全与品质的保证者，是品牌农产品发展的基础创造者。区域品牌农产品质量的把控要先从第一步——种植抓起。一是帮助农民学习先进的生产技术，农民生产技能的高低直接关系着农业生产和农产品品牌发展的水平。因此，在农闲期间定期培训农民学习先进的生产技术，增强他们对新生产技术的认识；在农产品种植期间，组织专业的生产技术人员集中对农户进行现场种植操作指导，将理论与实践充分结合，更有利于农户对先进生产技术的吸收，并促进农户生产技术水平的提高，有利于提高种植农产品的质量。二是提高农户对农产品质量安全意识和能力的认知，增强农户对农药和化学肥料的了解。农药的使用对农产品品质和消费者食用都有着严重的影响，而绝大多数农户文化水平有限，对一些农药、化学肥料施用不合理导致的恶劣后果认识不够到位，所以，需要加大宣传力度，持续通过农产品安全知识进村入户和电子显示屏等多种方式进行农产品质量安全的培训教育，一方面使农户对农产品质量安全有一个深刻的认识；另一方面可指导农户如何使用各种农药和化学肥料，并要求在种植过程中按照标准规定的操作规程使用，合理使用药品和肥料对农产品质量的提高具有非常重要的影响。

（4）发挥加工零售企业在农产品服务供应链中的作用，促进区域品牌价值提升。根据实地调研，宁夏部分特色农产品如枸杞、葡萄酒、亚麻籽油等均是通过加工零售的方式进行销售，其在服务供应链中直接面向终端消费者，肩负着倾听消费者需求、制造令消费者满意的农产品的重要使命，提高农产品转化率，保障农产品质量是其重要的责任。因为对于今天的消费者来说，产品价格已经不再是促使他们选择哪家产品的主要衡量因素，产品质量的高低取而代之成为决定因素。就农产品而言，消费者更多的是在乎其新鲜程度和营养价值等方面。因此，农产品的转化率在这其中起着至关重要的作用。首先，利用先进的加工处理设备和新技术，并严格把控和参照标准生产制造流程，开发新产品、对老产品进行改进升级，从而可以更加有效地防止农产品营养成分的流失，更大程度地保存农产品原始口感和味道。其次，加工零售企业在提升农产品质量的同时要加强企业的管理和售后服务水平，实现全员、全过程、全方位的监控，保障农产品的生产质量，提高农产品的可信度，保护消费者利益，为品牌奠定扎实的品质基础，逐步提升品牌美誉度和顾客忠诚度。

（5）发挥物流企业在服务供应链中的核心作用，有效保证农产品服务供应链质量。在农产品服务供应链中，物流运输起着重要的承上启下衔接作用，其服务质量严重影响着农产品从田间地头到消费者手中的完好程度，农产品的季节性、易腐性和时效性等特殊性对冷链物流运输具有较高的要求。因此，从以下几方面提高物流企业服务质量：一是物流企业与政府共同出资购置满足需求的速冻装置、冷藏保温车、冷藏集装箱、冷藏柜等冷藏保鲜硬件设备，保证在运输途中为不同农产品的不同要求提供适宜的温度，减少农产品营养成分的流失，保证农产品配送到消费者手里的新鲜度；二是根据物流企业信息平台发布的数据实行精益配送，对物流企业的冷藏库存容量和农产品的配送数量进行实时跟踪，在保证物流链完整性的同时与上下游企业之间保持紧密的联系，不但可以合理有序地进行农产品配送，还有效减少了中间不必要的环节，大大缩短农产品在运输途中的时间，提升了物流配送的效率，确保农产品能够以最佳状态送达消费者手中，提高消费者对农产品质量的满意度。

由此表明，农产品区域品牌价值共创不是一朝一夕、单打独斗就可以完成的，必须拥有一条复杂而又完整的、高效而又灵活的服务供应链才能实现。在农产品从种植到消费者手里的整个流通过程中所有的参与者均是服务供应链的主体，他们之间有着错综复杂的关系，只有在政府的牵头和引领下，才能使各主体之间资源相互整合、信息相互共享，凝聚力量共同作用、共同发力，没有政府主导，各参与主体像一盘散沙；没有各参与主体配合，政府主导不能够落到实处。因此，只有政府和各参与主体各司其职，互为依托，各取所长，相辅相成，才可以构建一条具备强大的服务能力和优质的服务质量的服务供应链，进而实现农产品区域品牌价值共创。

三、加强政府在提升农产品区域品牌价值的参与和支持作用

政府对农产品区域品牌价值共创具有显著影响已得到本书的证实。政府的

参与和支持，不仅可以保障农产品的质量和品质，还可以给予各企业一定的帮助以降低企业成本，增强消费者对产品的信赖和认同。在农产品区域品牌形成的过程中，政府可通过政策引导和规制农户农资投入、新技术引进，促使农产品品质提升；通过农业产业政策规划引导协同区域内企业积极参与区域品牌构建；通过农产品品牌战略的制定和政策引导，促进区域品牌价值逐步提升；通过制定相应的经济政策，提供公共产品，拓展政府营销，都将对农产品区域品牌的构建具有显著的影响。具体来说有以下建议：

（1）积极培育宁夏农产品区域品牌建设主体。鼓励农业龙头企业、合作社、行业协会等主体加强协作，积极培育、申报生态原产地保护和地理标志证明商标、集体商标，打造宁夏农产品区域品牌。在整个服务供应链中应该明确各参与主体所处的位置和重要性，明确自己的责任和义务，加强与上下游企业的合作意识。农户和农产品合作社应注重在种植过程中种植技术和方法以及农药、化学肥料的施用，以保证农产品的质量和一定的产量；加工零售企业应注重充分利用和发挥新技术的优势和能力，制造出满足消费者需求的、高品质的农产品，并对市场进行精确的定位和细分，同时需要进行品牌传播和营销，提升区域品牌影响力和竞争力，从而提高市场占有率；物流运输企业应注重利用其先进的冷链技术和运输设备，在运输途中对农产品加以保护，尽可能地缩短运输时间，保障农产品的新鲜，精确准时送达客户。在做好自己的本职工作之外，各参与主体之间要以建立长期稳定、互利共赢的服务供应链合作伙伴关系为目标，加强在职能、技术、信息以及资源等多方面的协作，创造一种多边共赢的关系。这样才能提高整条服务供应链的资源调配能力、信息共享能力、快速应变能力和客户需求满足能力，充分发挥服务供应链的作用。

（2）构建宁夏农产品质量安全检验监测体系和特色农产品供求信息采集、分析和发布的信息平台，强化质量安全和产销信息体系建设，促进宁夏回族自治区农产品进入大市场、大流通，确保特色农产品畅销。加强品牌农业标准化生产，制定符合当地农业生产实际的技术规范，全面推进特色优质农产品标准化生产应用，加强品牌农产品质量安全监测监管，从政府规范角度全面提升农产品供给质量。

（3）通过政策引导企业以现代营销的思维提升宁夏农产品的品牌价值，把"原字号""老字号""宁字号"农产品通过整合资源，以区域文化、自然生态、技术创新、现代服务等新内容，建立宁夏农产品品牌目录制度，从服务供应链的视角设计政策，促进宁夏农产品区域品牌价值的提升。

（4）加强农产品区域品牌管理保护，制定出适合区域经济发展的农产品品牌管理制度，加大对农产品市场的监管，对超标农产品和假冒伪劣品牌农产品行为严厉打击，确保农产品质量的安全稳定，并合理保护农产品区域品牌。在政府的支持下，每个农产品区域品牌创造主体的服务能力和服务质量均会得到进一步提升。

特色农产品区域品牌建设关系到顾客、企业、政府等多方面价值创造主体，本研究基于服务供应链视角提出了对特色农产品区域品牌价值创造和绩效的有益结论和管理启示，但依旧存有不足之处：本研究仅从顾客互动、服务供应链协作和政府支持三个维度衡量了农产品区域品牌价值共创，后续研究应进一步探索其他对农产品区域品牌价值共创有影响的因素；本书只选取了宁夏地区的特色农产品进行实证分析，研究结论的普适性还需扩大研究范围进行深入的分析，并针对特色农产品区域品牌价值共创的机理深入研究，这是今后研究的方向。

参考文献

中文部分

［1］菲利普·科特勒.营销管理［M］.何佳讯，等，译.上海：上海人民出版社，2016.

［2］瓦拉瑞尔·泽斯曼尔，玛丽·乔·比特纳.服务营销［M］.张金成，白长虹，译.北京：机械工业出版社，2002.

［3］克里斯汀·格罗鲁斯.服务管理与营销［M］.韦福祥，译.北京：机械工业出版社，2008.

［4］马文成.文化嵌入与农产品营销组织治理研究［M］.大连：东北财经大学出版社，2016.

［5］韩志辉，刘鑫淼.农业区域品牌价值战略［M］.北京：中国农业出版社，2018.

［6］马双，王永贵.价值共创研究的理论探讨——基于服务业的实证研究［M］.北京：清华大学出版社，2017.

［7］李怀斌，李响.企业的社会嵌入与营销创新——基于社会网络嵌入的后现代营销研究［M］.北京：北京师范大学出版社，2012.

［8］陈春花，朱丽.协同：数字化时代组织效率的本质［M］.北京：机械工业出版社，2020.

［9］刘玲，刘森.供应链协同优化管理［M］.北京：社会科学文献出版社，2019.

［10］花永剑.基于产业集群的农产品供应链优化研究——以浙江省为例［M］.杭州：浙江大学出版社，2011.

［11］黄逸珺.供应链管理在服务运营管理领域的理论与实践［M］.北京：人民邮电出版社，2015.

［12］乔治·S.达伊.市场驱动型组织［M］.白长虹，等，译.北京：机械工业出版社，2003.

［13］郭福利，马歆，王韵.产品服务化供应链管理［M］.北京：中国水利水电出版社，2019.

［14］娄向鹏.品牌农业：从田间到餐桌的食品品牌革命［M］.北京：企业管理出版社，2018.

［15］娄向鹏.大特产：让地方特产卖遍全国（第十五版）［M］.北京：机械工业出版社，2018.

［16］关新华，谢礼珊.价值共创视角下的客户知识分享行为：前置和后置因素研究［M］.北京：清华大学出版社，2018.

［17］文丹枫，周鹏辉.智慧供应链：智能化时代的供应链管理变革［M］.北京：电子工业出版社，2019.

［18］薛哲.互联网环境下的品牌共创研究［M］.合肥：安徽师范大学出版社，2016.

［19］迈克尔波特.竞争优势［M］.陈小悦译.北京：华夏出版社，1997.

［20］戴维·阿克.管理品牌资产［M］.吴进操，常小虹，等，译.北京：机械工业出版社，2012.

［21］戴维·阿克.创建强势品牌［M］.李光丰，译.北京：机械工业出版社，2012.

［22］戴维·阿克，埃里克·乔基姆塞勒.品牌领导［M］.耿帅，译.北京：机械工业出版社，2012.

［23］杨保军，王金云.中心城市营销［M］.银川：阳光出版社，2010.

［24］纪良纲，刘东英.农产品供应链整合研究［M］.北京：人民出版社，2016.

［25］李季芳.农产品供应链管理研究［M］.北京：经济科学出版社，2011.

［26］栾东庆.服务供应链协调：能力合作的视角［M］.北京：中国劳动社会保障出版社，2018.

［27］王丽娟.基于物联网的生鲜农产品供应链集成系统研究［M］.北京：人民邮电出版社，2019.

［28］刘健.供给侧结构改革互联网 + 重塑农业产业链［M］.北京：人民邮电出版社，2016.

［29］宋华.服务供应链［M］.北京：中国人民大学出版社，2011.

［30］姚树俊.嵌入式驱动的产品服务化供应链服务能力演进配置研究［M］.北京：经济管理出版社，2019.

［31］克劳斯·施瓦布，尼古拉斯·戴维斯.第四次工业革命——行动路线图：打造创新型社会［M］.北京：中信出版社，2018.

［32］金立印.服务供应链管理、顾客满意与企业绩效［J］.中国管理科学，2006，14（2）：100-106.

［33］田宇，吴佩勋.物流服务供应链收益分享合同模型［J］.科技管理研究，2006（1）：227-229.

［34］余海宏.基于服务供应链契约协调机制的农村流通供应链运作优化研究［D］.浙江大学，2011.

［35］宋华，于亢亢.服务供应链的结构创新模式——一个案例研究［J］.商业经济与管理，2008（7）：3-10.

［36］秦立公.服务供应链整合对服务创新能力的影响机理——知识共享的中介作用和环境动态性的调节效应［J］.商业经济研究，2019（7）：5-8.

［37］郑秀芝.三方协调背景下的物流服务供应链信息平台搭建［J］.中国流通经济，2015（10）：82-89.

［38］张建军，赵启兰.产品供应链与物流服务供应链协调发展研究：一个研究框架［J］.当代经济管理，2019，41（2）：31-37.

［39］彭永涛，罗建强，许丹，李丫丫.考虑服务外包的产品服务供应链网络均衡决策［J/OL］.计算机集成制造系统：1-16.［2020-03-03］.http：//kns.cnki.net/kcms/detail/11.5946.TP.20200113.1146.022.html.

[40] 王纪龙，陆琳. 农产品供应链食品安全保障研究［J］. 理论观察，2013（9）：60-61.

[41] 王晓宇，郑文生，郑亚琴. 电子商务视角下的生鲜农产品供应链模式研究［J］. 重庆科技学院学报（社会科学版），2014（12）：60-63.

[42] 邓彬. 农产品供应链管理机制博弈分析与反思［J］. 商业经济研究，2016（12）：154-156.

[43] 张素勤. 农产品供应链"四流"的创新与整合——基于云服务平台的农产品供应链新模式［J］. 商业经济研究，2016（5）：145-147.

[44] 姜阳光，孙国华. 我国绿色农产品供应链的组织模式分析［J］. 物流技术，2009，28（11）：151-153.

[45] 纪良纲，刘东英，郭娜. 农产品供应链整合的困境与突破［J］. 北京工商大学学报（社会科学版），2015，30（1）：16-22.

[46] 林德萍. 基于消费者利益的农产品供应链整合［J］. 商业经济研究，2016（3）：158-160.

[47] 王宁，黄立平. 基于信息网络的农产品物流供应链管理模式研究［J］. 农业现代化研究，2005（2）：126-129，144.

[48] 张建军，赵启兰. 基于"互联网+"的产品供应链与物流服务供应链联动发展的演化机理研究——从"去中间化"到"去中心化"［J］. 商业经济与管理，2017（5）：5-15.

[49] 李美云. 论服务业的跨产业渗透与融合［J］. 外国经济与管理，2006（10）：25-33，42.

[50] 于亢亢. 服务供应链的模型与构建［J］. 现代商业，2007（21）：156-158.

[51] 田宇. 物流服务供应链构建中的供应商选择研究［J］. 系统工程理论与实践，2003（5）：49-53.

[52] 资武成，廖小刚. 供应链管理视角下我国农产品流通中信息服务模式研究［J］. 物流科技，2011，34（5）：18-20，29.

[53] 韩冀，陈娟，雄东毕. 创新信息服务方式推进农业信息化建设［J］. 农业网络信息，2006（11）：32-33.

[54] 卫海英，姚作为，梁彦明. 基于企业—顾客—利益相关者三方互动的服务品牌资产研究：一个分析框架［J］. 暨南学报（哲学社会科学版），2010（1）.

[55] 简兆权，令狐克睿，李雷. 价值共创研究的演进与展望——从"顾客体验"到"服务生态系统"视角［J］. 外国经济与管理，2016（9）.

[56] 武文珍，陈启杰. 价值共创理论形成路径探析与未来研究展望［J］. 外国经济与管理，2012（6）.

[57] 钟振东，唐守廉，Pierre Vialle. 基于服务主导逻辑的价值共创研究［J］. 软科学，2014（1）.

[58] 张婧，邓卉. 品牌价值共创的关键维度及其对顾客认知与品牌绩效的影响：产业服务情境的实证研究［J］. 南开管理评论，2013（2）.

[59] 高志军，刘伟，高洁. 服务主导逻辑下物流服务供应链的价值共创机理［J］. 中国流通经济，2014（11）.

[60] 唐玉生，曲立中，孙安龙. 品牌价值构成因素的实证研究［J］. 商业研究，2013（9）.

[61] 周华. 供应链企业品牌共生机制研究［J］. 中国流通经济，2009（2）.

［62］李淑梅.供应链产品销售与定价策略研究——基于品牌价值差异化的分析与选择［J］.价格理论与实践，2017（12）.

［63］［美］迈克·波特.竞争优势［M］.北京：华夏出版社，1997.

［64］杨保军，黄志斌.基于知识进化视角的技术创新与品牌进化耦合机制研究［J］.自然辩证法研究，2014（12）.

［65］陈晔，白长虹，曹振杰.内部营销对员工品牌内化行为的影响关系与路径研究——以服务型企业为例［J］.管理学报，2011（6）.

［66］侯式亨.北京老字号［M］.北京：中国对外经济贸易出版社，1998.

［67］郭彦，孙明贵.老字号品牌价值共创机理及对策研究——基于服务主导逻辑视角［J］.统计与信息论坛，2016，31（9）：89-100.

［68］彭建仿.农业社会化服务供应链的形成与演进［J］.华南农业大学学报（社会科学版），2017，16（4）：45-52.

［69］简兆权，李雷，柳仪.服务供应链整合及其对服务创新影响研究述评与展望［J］.外国经济与管理，2013，35（1）：37-46.

［70］金立印.服务供应链管理、顾客满意与企业绩效［J］.中国管理科学，2006，14（2）：100-106.

［71］赖俊明.服务供应链中资源整合及其演化关系的案例研究［J］.中国流通经济，2019，33（3）：10-18.

［72］胡正明，王亚卓.农产品区域品牌形成与成长路径研究［J］.江西财经大学学报，2010（6）：64-68.

［73］李腾，张盼盼.服务供应链视角下生鲜农产品品质不确定性因素研究［J］.保鲜与加工，2018，18（3）：116-126.

［74］贝斐.农产品流通服务供应链集成对流通绩效的影响［J］.商业经济研究，2018（6）：132-134.

［75］沈蕾，何佳婧.平台品牌价值共创：概念框架与研究展望［J］.经济管理，2018，40（7）：193-208.

［76］杨保军.企业品牌价值共创关键维度与路径案例研究［J］.北方民族大学学报（哲学社会科学版），2019（2）：73-81.

［77］田佳勉，沈蕾，陈叶.网络共享情境下平台企业品牌价值共创及策略研究——基于顾客产消视角［J］.现代经济探讨，2018（2）：127-132.

［78］许基南，李建军.基于消费者感知的特色农产品区域品牌形象结构分析［J］.当代财经，2010（7）：71-78.

［79］张婧，邓卉.品牌价值共创的关键维度及其对顾客认知与品牌绩效的影响：产业服务情境的实证研究［J］.南开管理评论，2013，16（2）：104-115，160.

［80］程杰贤，郑少锋.政府规制对农户生产行为的影响——基于区域品牌农产品质量安全视角［J］.西北农林科技大学学报（社会科学版），2018，18（2）：115-122.

［81］池仁勇，何明明.区域品牌对企业绩效的影响机理——以"浙江制造"为例［J］.技术经济，2017，36（8）：40-47.

［82］武文珍，陈启杰.价值共创理论形成路径探析与未来研究展望［J］.外国经济与管理，

2012，34（6）：66–73，81.

［83］王永贵，马双.虚拟品牌社区顾客互动的驱动因素及对顾客满意影响的实证研究［J］.管理学报，2013（9）：1375–1383.

［84］吴明隆，涂金堂.SPSS与统计应用分析［M］.大连：东北财经大学出版社，2012.

［85］王晶.标准化与农产品品牌建设探讨［A］.中国标准化协会，郑州市人民政府.第十六届中国标准化论坛论文集［C］.中国标准化协会，郑州市人民政府：中国标准化协会，2019：237–240.

［86］薛颖，来臣军，褚建坤.绿色农产品区域品牌价值共创路径研究［J］.纳税，2019，13（35）：208.

［87］齐文娥，欧阳曦，唐雯珊.农户生鲜农产品品牌投入意愿研究——基于广东荔枝种植户的实证［J］.农林经济管理学报，2018，17（4）：398–405.

［88］胡彦蓉，廖露露，刘洪久，戴丹.原产地品牌认知及购买行为分析——以临安山核桃为例［J］.江苏林业科技，2019，46（4）：41–48.

［89］张甜甜.农业龙头企业品牌价值共创策略研究［D］.浙江农林大学，2018.

［90］陈文军，黄颖.顾客参与品牌共创对品牌关系质量、品牌对抗忠诚的影响［J］.商业经济研究，2020（4）：74–77.

［91］奚路阳.企业品牌价值共创系统模型及核心路径研究——基于消费者参与互动主导逻辑的视角［J］.企业经济，2020，39（1）：36–41.

［92］崔剑峰.发达国家农产品品牌建设的做法及对我国的启示［J］.经济纵横，2019（10）：123–128.

［93］华进.电商网络视野下特色农产品品牌建设与秒杀策略研究［J］.农业经济，2018（12）：120–122.

［94］段玲玲，黄庆华.中国西部重庆市农产品品牌建设研究：基于国际经验借鉴［J］.世界农业，2017（12）：225–229.

［95］王良健，吴佳灏.基于IAD模型的空心村治理农户参与意愿分析［J］.经济地理，2019，39（8）：185–191.

［96］徐雯，赵微.政治效能感、社会资本对农地整治农户参与意愿的影响研究［J］.中国土地科学，2019，33（3）：105–113.

［97］付文凤，姜海，房娟娟.农村水污染治理的农户参与意愿及其影响因素分析［J］.南京农业大学学报（社会科学版），2018，18（4）：119–126，159–160.

［98］郭利颖.网络经济下基于消费者参与的农产品品牌价值共创研究［D］.湖南农业大学，2018.

［99］张松毅.地理标志农产品供应链价值共创研究［D］.重庆工商大学，2019.

［100］沈蕾，何佳婧.平台品牌价值共创：概念框架与研究展望［J］.经济管理，2018，40（7）：193–208.

［101］卜庆娟，金永生，李朝辉.虚拟品牌社区顾客价值共创互动行为的测量及验证［J］.当代财经，2016（5）：76–86.

［102］卜庆娟，李朝辉.价值到底是由谁创造的？——价值创造模式的演化及创造主体的角色变迁［J］.德州学院学报，2016，32（6）：68–73，77.

［103］肖萌，马钦海．价值共创中顾客资源对顾客价值的作用［J］．东北大学学报（自然科学版），2019，40（8）：1205-1210，1216.

［104］周文辉，陈凌子，邓伟，周依芳．创业平台、创业者与消费者价值共创过程模型：以小米为例［J］．管理评论，2019，31（4）：283-294.

［105］张婧，何勇．服务主导逻辑导向与资源互动对价值共创的影响研究［J］．科研管理，2014，35（1）：115-122.

［106］钟振东，唐守廉，Pierre Vialle．基于服务主导逻辑的价值共创研究［J］．软科学，2014，28（1）：31-35.

［107］张培，刘凤．基于多主体的价值共创过程机理——以广东品胜电子股份有限公司为例［J］．中国科技论坛，2016（12）：154-160.

［108］王晓灵．品牌价值的结构、影响因素及评价指标体系研究［J］．现代管理科学，2010（11）：95-97.

［109］袁婷，齐二石．价值共创活动对顾客价值的影响研究——基于顾客体验的中介作用［J］．财经问题研究，2015（6）：100-105.

［110］詹刘满．价值共创品牌化演进与营销学演进逻辑对比［J］．商业研究，2013（8）：91-98.

［111］张曙临．品牌价值的实质与来源［J］．湖南师范大学社会科学学报，2000，29（2）：38-42.

［112］王成荣，邹珊刚．论品牌价值的来源及构成［J］．商业研究，2005（9）：7-10.

［113］宋国栋，邓黎黎．品牌认知价值来源及构成探析［J］．现代商贸工业，2011，23（4）：136-137.

［114］王玖河，刘琳，王勇．顾客参与价值共创影响因素研究——基于演化博弈的视角［J］．数学的实践与认识，2018，48（9）：60-69.

［115］王玖河，刘琳．顾客参与价值共创机理研究——基于结构方程模型的量化分析［J］．企业经济，2017，36（2）：73-81.

［116］易加斌，王宇婷．组织能力、顾客价值认知与价值共创关系实证研究［J］．科研管理，2017，38（S1）：259-266.

［117］关辉国，耿闯闯，陈达．顾客消费体验对品牌资产影响效应路径研究——基于线上价值共创的新视角［J］．西北民族大学学报（哲学社会科学版），2018（1）：80-88.

［118］杨学成，徐秀秀，陶晓波．基于体验营销的价值共创机理研究——以汽车行业为例［J］．管理评论，2016，28（5）：232-240.

［119］余涤非．我国农业产业化龙头企业战略研究［D］．中国海洋大学，2012.

［120］陈洪隽．评价企业经营业绩的方法——企业财务评价指标与分析［J］．企业管理，1994（1）：38-41.

［121］王艳．非财务指标在企业业绩评价体系中的运用——兼评卡普兰和诺顿的平衡记分测评法［J］．贵州财经学院学报，2003（1）：16-19.

［122］申洋洋．企业财务分析存在的问题及对策思考［J］．中国商论，2020（8）：197-198.

［123］黄园．企业财务分析存在的问题及对策思考［J］．纳税，2019，13（32）：63-64.

［124］王治安，向显湖．试论企业财务报表分析的表外信息［J］．财会月刊，1999（6）：5-6.

［125］伍柳绿.关于科创板创新型企业财务评价指标体系的探讨［J］.会计师，2020（2）：
44–45.

［126］夏甜.财务评价指标体系研究［J］.合作经济与科技，2019（15）：154–155.

［127］吴金克.企业财务评价指标体系及其运用［J］.中国商论，2016（21）：39–40.

［128］刘金芳，段如月.新时期企业财务绩效评价指标体系微探［J］.全国流通经济，2020
（2）：182–183.

［129］赵喜仓，张平.因子分析法在企业经济效益综合评价中的应用研究［J］.江苏理工
大学学报，1997（2）：97–102.

［130］顾文炯.用因子分析法对农业上市公司进行财务评价［J］.安徽大学学报，2005（3）：
136–139.

［131］许彪，卢凤君，傅泽田，侯丽薇.农业类上市公司经营绩效评价［J］.农业技术经
济，2000（6）：36–39.

［132］朱顺泉.基于因子分析法的上市公司财务状况评价研究［J］.统计与信息论坛，2004
（4）：44–48.

［133］朱丽莉，王怀明.农业上市公司经营绩效的因子分析［J］.南京农业大学学报（社
会科学版），2004（4）：39–43.

［134］程湛，罗华伟，季正韵.基于因子分析法的农业上市公司盈利能力评价［J］.安徽
农业科学，2009，37（32）：16052–16054.

［135］钟燕，盛智颖.我国农业上市公司经营绩效的实证研究——基于主成分分析、因子
分析与聚类分析［J］.技术经济与管理研究，2009（6）：21–23，40.

［136］朱家明，邢康.基于因子分析法的我国农业类上市公司综合能力评价［J］.山东农
业工程学院学报，2018，35（7）：1–4.

［137］何宜强.农业上市公司绩效综合评价的实证分析［J］.江西财经大学学报，2005（5）：
51–53.

［138］林乐芬.中国农业上市公司绩效的实证分析［J］.中国农村观察，2004（6）：66–70.

［139］刘伟，杨印生.我国农业上市公司业绩评价与分析［J］.农业技术经济，2006（4）：
47–52.

［140］郑少锋，何凤平，霍学喜.农业上市公司经营业绩的时序多指标综合评价［J］.中
南大学学报（社会科学版），2008（1）：84–88.

［141］吴敬学，李轶男，朱梅.农业上市公司经济绩效影响因素的实证分析［J］.农业经
济与管理，2010（3）：22–27，45.

［142］王玉荣.主成分分析法在上市公司财务分析中的应用探讨［J］.商讯，2019（33）：
57–59.

［143］陆凤莲.基于主成分分析法的广西上市公司财务分析［J］.改革与战略，2006（6）：
107–110.

［144］林海明，刘照德，詹秋泉.因子分析综合评价应该注意的问题［J］.数理统计与管
理，2019，38（6）：1037–1047.

［145］薛薇.统计分析与SPSS的应用［M］.北京：中国人民大学出版社，2017.

［146］钟燕，盛智颖.我国农业上市公司经营绩效的实证研究——基于主成分分析、因子

分析与聚类分析［J］.技术经济与管理研究，2009（6）：21-23，40.

［147］张秀萍.中宁县枸杞产业发展现状、存在的困境及未来发展的方向［J］.宁夏林业，2017（5）：40-43.

［148］任珩，王君兰.我国枸杞产业发展现状及提升路径［J］.科技促进发展，2019，15（3）：310-317.

［149］张玥.零售商自由品牌战略及成长路径比较研究［J］.商业经济研究，2018（5）：61-63.

［150］郭卫春，高巨辉.中宁县枸杞品牌发展现状及对策分析［J］.宁夏农林科技，2016（10）：24-25.

［151］胡志权."互联网＋"时代农产品品牌定位研究［J］.沈阳农业大学学报（社会科学版），2017，19（1）：1-6.

［152］王启万，朱虹，王兴元.品牌生态理论研究动态及展望［J］.企业经济，2017（3）：14-22.

［153］李爱萍.山西省"互联网＋农产品"营销模式研究［J］.经济问题，2018（4）：70-76.

［154］陈磊，姜海，孙佳新，等.农业品牌化的建设路径与政策选择——基于黑林镇特色水果产业品牌实证研究［J］.农业现代化研究，2018（2）：203-210.

［155］吴佳明.农产品区域公用品牌的构建研究［D］.江西农业大学，2018.

［156］杨扬.农产品区域公用品牌宁夏枸杞的品牌架构思考——基于《宁夏枸杞品牌建设调研报告》的创作分析［D］.西安外国语大学，2019.

［157］王策.农业产业集群与农产品区域品牌竞争力提升策略探析［J］.农家参谋，2019（2）：18.

［158］朱达克.新疆枸杞实施品牌战略研究——以精河县为例［D］.塔里木大学，2018.

［159］李静.内蒙古农产品区域品牌发展研究［D］.内蒙古农业大学，2017.

［160］张传统.农产品区域品牌发展研究［D］.中国农业大学，2015.

［161］罗旭鹏.青海省枸杞产业发展现状与优势分析［J］.青海农林科技，2019（4）：42-45，81.

［162］王岱，杨琛.乡村振兴背景下农产品品牌战略研究［J］.价值理论与实践，2017（4）：134-137.

［163］温海燕，刘小燕.宁夏贺兰山东麓葡萄酒产业的发展战略研究［J］.科技经济导刊，2019，27（34）：89-90.

［164］刘松涛，李茜，吕雯，秦萍.中国葡萄酒产业现状及发展趋势——以宁夏贺兰山东麓产区为例［J］.现代农业科技，2019（9）：241-243.

［165］曹柠，王振平.宁夏贺兰山东麓葡萄酒产业SWOT分析与发展策略［J］.中外葡萄与葡萄酒，2018（6）：112-115.

［166］罗芳.宁夏特色农产品品牌建设研究［D］.宁夏大学，2016.

［167］李旭峰.博弈视角下贺兰山东麓葡萄酒品牌建设研究［D］.宁夏大学，2019.

［168］刘兵.基于扎根理论的农产品区域品牌建设研究［D］.中南民族大学，2018.

［169］李小侠.区域农业形象品牌及其发展路径研究［J］.安徽农业科学，2019，47（15）：234-237.

［170］吴佳锐.阿克苏冰糖心苹果区域品牌建设研究［D］.武汉轻工大学，2019.

［171］熊爱华，韩召，张涵.消费者的农产品品牌认知与情感对品牌忠诚度的影响研究
　　　　［J］.山东财经大学学报，2019，31（1）：62-72.

［172］陈堃辉.福建省农产品区域品牌的效应研究［D］.福建农林大学，2018.

［173］周锡萍.成都市农产品区域品牌建设研究［D］.电子科技大学，2019.

［174］范秀成，冷岩.品牌价值评估的忠诚因子法［J］.科学管理研究，2000（5）：50-56.

［175］李友俊，崔明欣.品牌价值构成及灰色评估［J］.商业时代，2005（24）：47-48.

［176］韩旭.品牌价值评估方法的改进与案例研究［D］.西南交通大学，2014.

［177］许静.中小企业品牌价值评价标准体系研究［A］.中国软科学研究会2019年中国软
　　　　科学文集［C］.2020：14.

［178］许世震，赵新宇，赵红.虚拟社区价值共创中的顾客创新动机及行为研究［J］.数
　　　　学的实践与认识，2018，48（2）：288-297.

［179］陶威，刘平峰.基于价值共创共享的信息服务生态系统协同机制研究［J］.科技视
　　　　界，2016（18）：59，73.

［180］吴瑶，肖静华，谢康，等.从价值提供到价值共创的营销转型——企业与消费者协
　　　　同演化视角的双案例研究［J］.管理世界，2017（4）：138-157.

［181］姚鹏.农业品牌真实性和网络口碑对顾客价值共创意愿的影响［J］.安徽农业科学，
　　　　2018，46（34）：215-220.

［182］巫月娥.顾客参与价值共创对顾客忠诚的影响——基于互联网＋大规模定制模式的
　　　　研究［J］.重庆邮电大学学报（社会科学版），2019，31（2）：101-109.

［183］李朝辉.虚拟品牌社区环境下顾客参与价值共创对品牌体验的影响［J］.财经论丛，
　　　　2014（7）：75-81.

［184］朱良杰，何佳讯，黄海洋.品牌拟人化促进消费者价值共创意愿的机制研究［J］.管
　　　　理学报，2018，15（8）：1196-1204.

［185］温铁军，张俊娜，邱建生，罗加铃.农业1.0到农业4.0的演进过程［J］.当代农村
　　　　财经，2016（2）：2-6.

［186］高强，孔祥智.我国农业社会化服务体系演进轨迹与政策匹配：1978~2013年［J］.
　　　　改革，2013（4）：5-18.

［187］宋志刚，赵启兰.物流服务供应链的研究——从供应到需求的视角转变［J］.商业
　　　　经济与管理，2015（3）.

［188］简兆权，李雷，柳仪.服务供应链整合及其对服务创新影响研究述评与展望［J］.外
　　　　国经济与管理，2013（1）.

［189］祝华.我国物流服务供应链发展问题研究［J］.商业经济研究，2017（5）.

［190］单泪源，吴宇婷，任斌.一种服务供应链拓展模型构建研究［J］.科技进步与对策，
　　　　2011（11）.

英文部分

［1］Aaker D. A. Measuring brand equity across products and markets［J］.California Management
　　　Review，1996，38（3）：102-120.

［2］Aaker David.Measuring brand equity across products andmarkets［J］.California Management Review，1996，38（Spring）：102-120.

［3］Baldinger，Rubinson，J. Brand Loyalty. The link be-tween attitude and behavior［J］.Journal of Advertising Research，2006，36（6）：22-34.

［4］Baron R. M.，Kenny D. A. The moderator-mediator variable distinction in social psychological research：Conceptual，strategic，and statistical considerations［J］. Journal of Personality and Social Psychology，1986，51（6）：1173-1182.

［5］C. Ennew，M. R .Binkes. Impact of participative service relationships on quality，satisfaction and retention：An exploratory study［J］. Journal of Business Research，1999（46），121-132.

［6］Cermak D S P, File K M, Prince R A. Customer participation in service specification and delivery［J］. Journal of Applied Business Research（JABR），1994, 10（2）：90-97.

［7］D. Kellogg，D. Bowen. On the relationship between customer participation and satisfaction：Two frameworks［J］.International Journal of Service Industry Management，1997，8（3）：206-218.

［8］David A.Aaker. Managing brand equity：Capitalizing on the value of a brand name［M］.New York：The Free Press，1991.

［9］David Oglivy. Brand chartering-getting to a common understanding of the brand［J］. Journal of Brand Management，2005（3）：145-155.

［10］Duan Y E. Research on Integrated Information Platform of Agricultural Supply Chain Management Based on Internet of Things［J］. JSW, 2011, 6(5)：944-950.

［11］Ellram L.M.，et al. Understanding and managing the services supply Chain［J］.Journal of Supply Chain Management，2004，40（4）：17-32.

［12］GotzL, M Njavro, J H Hanf, A Pieniadz .Vertical coordination and grower organization in the supermarket fruit and vegetables supply chain in croatia.［J］.German Journal of Agricultural Economics, 2009, September 3 – 6：1-12.

［13］Grönroos C. Service logic revisited: who creates value? And who co-creates?［J］. European business review, 2008（4）：298-314.

［14］Gronroos C. Voima P.Critical service logic：Making sense of value creation and co-creation［J］. Journal of the Academy of Marketing Science，2013，41（2）：133-150.

［15］Hamel G, Prahalad C K. The core competence of the corporation［J］. Harvard business review, 1990, 68（3）：79-91.

［16］Howard J. A. Consumer behavior：Application of theory［M］. New York：McGraw-Hill，1977：25.

［17］Keller K L, Lehmann D R. How do brands create value?［J］. Marketing management, 2003, 12（3）：26-26.

［18］Krajaysri W. Effective Supply Chain Management Strategy for Food Products: An Insight to Linked Partnerships［M］//Societal Impacts on Information Systems Development and Applications. IGI Global, 2012: 68-81.

［19］Kurata H, Yao D Q, Liu J J. Pricing policies under direct vs. indirect channel competition and national vs. store brand competition［J］. European Journal of Operational Research, 2007, 180（1）: 262-281.

［20］McDonald M H B, Chernatony L, Harris F. Corporate marketing and service brands-Moving beyond the fast-moving consumer goods model［J］. European Journal of Marketing, 2001, 35（3-4）: 335-352.

［21］Merz M. A., He Y., Vargo S. L. The evolving brand logic: A service dominant logic perspective［J］. Journal of the Academy of Marketing Science, 2009, 37（3）: 328-344.

［22］Ouyang B. The Application of Busywork Flow in Supply Chain Management of Fruits［J］. Asian Agricultural Research, 2012, 4（1812-2016-143174）: 115-119.

［23］P.Kelley, R. Fisk. Participating the service encounter: A theoretical framework: Service marketing in a changing environment［C］.Chicago: American Mar Keting Association, 1985: 117-121.

［24］Payne A. F. Managing the co-creation of value［J］.Journal of the Academy of Marketing Science, 2008, 36（1）: 83-96.

［25］Payne A., Storbacka K., Frow P., Knox S. Co-creating brands: Diagnosing and designing the relationship experience［J］.Journal of Business Research, 2009, 62（3）: 379-389.

［26］Prahalad C. K., Ramaswamy V. Co-creation experiences: The next practice in value creation［J］. Journal of interactive marketing, 2004, 18（3）: 5-14.

［27］Prahalad C. K., Ramaswamy V. Co-creating value with your customers［J］. Inform Global, 2004, 1（3）: 60-66.

［28］Prahalad C. K., Ramaswamy V.Co-opting customer competence［J］.Harvard Business Review, 2000, 78（1）: 79-90.

［29］Reche A. Y. U., Junior O. C., Estorilio C. C. A., et al. Integrated product development process and green supply chain management: Contributions, limitations and applications［J］. Journal of Cleaner Production, 2020, 249: 119429.

［30］Silpakit P., Fisk R. Participating the service encounter: A theoretical framework［J］. Services Marketing in a Changing Environment, 1985, 28（2）: 65-72.

［31］Szabo, Gabor G.Integration of small and medium size farmers by co-operatives in the hungarian fruit and vegetable sector-case study［J］.Europe-an Association of Agricultureal Econmists, 2007（9）: 5-8.

［32］Vargo S. L., Lusch R. F. Evolving to a new dominant logic for marketing［J］. Journal of marketing, 2004, 68（1）: 1-17.

［33］Vargo S. L., Lusch R. F. Service-dominant logic: continuing the evolution［J］. Journal of the Academy of marketing Science, 2008, 36（1）: 1-10.

［34］Vargo S L, Lusch R F. Service-dominant logic［J］. The service-dominant logic of marketing: Dialog, debate, and directions, 2006: 43 - 56.

［35］Vargo S. L., Lusch R. F. The four service marketing myths: Remnants of a goods-based manufacturing model［J］.Journal of Service Research, 2004b, 6（4）: 324-335.

［36］Vargo S.L., Lusch R.F.Service-dominant Logic: Continuing the Evolution［J］. Journal of the Academy of Marketing Science, 2008, 36（1）.

［37］Vargo S.L., Lusch R.F.Evolving to a new dominant logic for marketing［J］.Journal of Marketing, 2004, 68（1）: 1-17.

［38］Verdouw C N, Beulens A J M, Trienekens J H, et al. Business process modelling in demand-driven agri- food supply chains［J］. Proceedings in Food System Dynamics, 2010: 307-322.

［39］Warrt D. D., Kremper S. Five steps to service supply chain excellence［J］.Supply Chain Management Review, 2004, 8（1）: 28-35.

［40］Yong Liu, JiaoLi, WenwenRen, Jeffrey Yi-Lin Forrest. Differentiated products pricing with consumer network acceptance in a dual-channel supply chain［J］. Electronic Commerce Research and Applications, 2020（39）.

［41］Zander K. How to Defend Market Shares against Foreign Competitors: The Case of Organic Apples in Germany［J］. Proceedings in Food System Dynamics, 2012: 84-93.